能源互联网企业建设背景下的
线损精益管理

刘宏新　等主编

THE MANAGEMENT OF LINE LOSS WHICH UNDER
THE BACKGROUND OF THE ENERGY INTERNET
ENTERPRISE CONSTRUCTION

中国电力出版社
CHINA ELECTRIC POWER PRESS

内 容 提 要

近年来，我国经济步入了从高速发展向高质量发展的新时代，在经济发展新常态下，在产业结构调整与环境污染治理的双重压力下，线损管理也迫切需要步入新时代，融合能源变革与数字变革新业态，引入能源互联网新理念，构建新型的线损精益管理体系，满足线损管理各参与方深层次需求，持续释放线损管理价值，进一步向精益管理要效益。本书在这些方面进行了深入的研究与探索。本书共分为五章，第一章分析了新时代线损精益管理的变革需求，第二章阐述了线损管理的变革方向，第三、四章分别提出了新时代线损管理必须实施数字化赋能、效益化驱动策略，第五章给出了线损管理生态化的新思想及实施途径。

本书可供电网公司、能源上网单位、用电企业等开展创新性降损节能管理使用，对相关科研机构、高等院校、软件研发等人员也有较大参考价值。

图书在版编目（CIP）数据

能源互联网企业建设背景下的线损精益管理 / 刘宏新等主编 .—北京：中国电力出版社，2021.1

ISBN 978-7-5198-5575-8

Ⅰ.①能… Ⅱ.①刘… Ⅲ.①能源工业—工业企业管理—线损计算—中国 Ⅳ.① F426.272

中国版本图书馆 CIP 数据核字（2021）第 069527 号

出版发行：中国电力出版社
地　　址：北京市东城区北京站西街 19 号（邮政编码 100005）
网　　址：http：//www.cepp.sgcc.com.cn
责任编辑：杨敏群（010-63412531）　马玲科
责任校对：黄　蓓　常燕昆
装帧设计：北京宝蕾元科技发展有限责任公司
责任印制：钱兴根

印　　刷：三河市万龙印装有限公司
版　　次：2021 年 1 月第一版
印　　次：2021 年 1 月北京第一次印刷
开　　本：710 毫米 ×1000 毫米　16 开本
印　　张：17
字　　数：274 千字
定　　价：58.00 元

本书编委会

本书编写组

编写组组长 霍成军

编写组副组长 李蒙赞 孟 强 孟 丹 王慧阳 谢艳菲 吕振铎

编写组成员 李东明 张 琪 马镛湛 张燕丽 李 刚 刘云峰 乔晓东 孟承志 田 原 郭嘉奇 李 勤 闫 键 何云波 严 伟 李 涛 侯俊国 胡 丹 卫 栋 张文岗 袁 军 宰洪涛 郑 江 张晓鹏 王建云 徐海鸣 马 宁 宁 静 董 鑫 赵育峰 张 颖

序
Preface

党的十九大明确指出，我国经济由高速增长阶段转向高质量发展阶段，必须坚持质量第一、效益优先，以供给侧结构性改革为主线，推动经济发展质量变革、效率变革、动力变革，提高全要素生产率；构建清洁低碳、安全高效的能源体系，推动互联网、大数据、人工智能和实体经济深度融合。国家电网有限公司“建设具有中国特色国际领先的能源互联网企业”的战略目标也对企业经营业绩、资源配置能力和运营效率效益提出了更高要求。

线损管理作为电网企业降低能源损耗、提升管理效益的关键内容，贯穿发、输、变、配、用等电力生产经营全过程。在经济下行压力增大、严峻复杂的内外部形势驱动下，电网企业必须精耕细作、精益管控，保持稳健经营。因此，在线损管理工作中，需要深化精益管理理念，有效应用数字化手段，深入挖掘数据价值、唤醒数据能量，促进线损管理模式由“被动”向“主动”、由“精细”向“精准”转变，充分调动线损管理各参与方的主动性和内生动力，切切实实将“数据”作为重要生产要素进行管理，进一步向“精益管理”要效益。

新时代对线损管理带来新挑战，当前社会及能源电力行业管理技术面临新趋势，山西省作为全国首个能源革命综合改革试点需要承担新责任，面对以上新要求，国网山西省电力公司围绕线损管理的数字化赋能、效益化驱动和生态化激活，积极探索能源互联网企业建设背景下的线损精益管理提升路径。具体包括以主要业务数据价值挖潜和数据运行可视智能为核心开发应用平台，实现数字化赋能增效；以客户为中心驱动全业务流程再造，从源头上消除高损风险；以“吸引多方参与、消除资源浪费”“互利互惠、创造服务价值”为核心，探索构建线损精益管理价值生态链。

能源互联网建设是推动电网向能源互联互通、共享互济发展的过程，也是用互联网技术改造提升传统电网的过程，其本质是推动电网形态、业务模式、管理方式、经营理念全面发展，带动产业转型升级，形成共赢共享的能源互联网生态圈。因此，线损精益管理提升也需要大胸怀，不能因循守旧，故步自封，相互封闭。国网山西省电力公司以建设具有中国特色国际领先的能源互联网企业为目标，遵循问题导向，在有机融合数字化、效益化和生态化，率先构建并实施基于价值生态链的线损精益管理体系方面做出了非常有意义、有价值的创新探索和实践。

周虽旧邦，其命维新。在改革攻坚、创新发展的道路上，线损管理也还有很长的路要走。希望本书的出版，能将电网企业线损精益管理带上一个新的层次，在为电网企业线损管理工作提供经验借鉴的同时，带动电网企业进一步深入探索研究更多的新技术、新方法、新应用，共同推进能源互联网建设背景下线损精益管理跨入新时代！

国网山西省电力公司董事长、党委书记

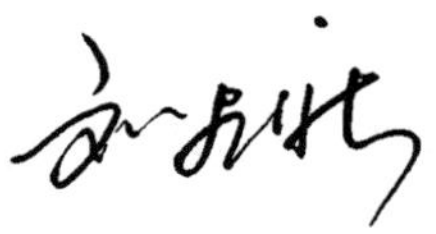

前言
Foreword

党的十九大报告提出了“推进能源生产和消费革命，构建清洁低碳、安全高效的能源体系”“贯彻新发展理念，把发展经济的着力点放在实体经济上，推动互联网、大数据、人工智能和实体经济深度融合”的新要求，习近平主席宣布了“中国力争于2030年前二氧化碳排放达到峰值、2060年前实现碳中和”的目标，通过对行业进行数字重组，构建以数据为核心的产业生态链，是实现党的十九大能源体系转型新要求和“碳达峰、碳中和”要求的必经之路。

随着电力体制改革深入推进，市场主体多元化、利益诉求多样化的趋势日益显现，电网企业面临售电市场放开的竞争、电价下调压力和经营风险。与此同时，电网持续大规模建设，输电网和配电网发展进入关键阶段，投资需求持续高涨，发展需求与投资能力矛盾显现。在经济发展新常态下，在产业结构调整与环境污染治理的双重压力下，客观上要求电网企业高度重视线损管理问题，创新线损管理模式，巩固“以客户为中心”的基础，融合能源变革与数字变革新业态，引入能源互联网新理念，构建新型的线损精益管理体系，满足线损管理各参与方深层次需求，持续释放线损管理价值，进一步向精益管理要效益。

国网山西省电力公司根据新趋势对线损管理进行了精心谋划和系统建构：国网山西省电力公司立足同期线损系统，深入挖掘海量数据价值，以“数据实时展示、指标自动预警、缺陷精准定位、原因智能分析、损耗经济评价、业务全面融合”为目标拓展系统功能，以“概念定义现代化、职责分工科学化、专业流程精益化、人员培训场景化”为核心构建线损精益管理体系，以“数据价值共生、专业管理协同”为保障搭建数据应用与评价等机制，初步形成各专业主动参与、良性互动、迭代更新、价值共享的线损精益管理生态链，在建立线损管理生态体系方面进行了实践探索和深入思考。

本书的主要内容是对上述工作的概括与总结，共分为五章。第一章深入分析了新时代对线损管理带来的新挑战和能源电力行业管理与技术变革新趋势，提出新形势下线损管理的新需求。第二章简要介绍了线损管理模式，并在此基础上提出线损精益管理的新方向，明确线损精益管理提升的数字化、效益化和生态化需求。第三章阐述了线损管理数字化赋能的主要工作，包括建立线损可视化智慧管控平台，在同期线损系统的基础上，通过数字化应用开发，进一步挖潜数据价值，并从线损智能分析、线损移动作业、线损仿真实训和线损精准治理四个方面进行实践。第四章介绍了线损管理效益化驱动的主要工作，包括从全生命周期角度审视线损管理流程，重塑线损管理的内涵，通过与其他专业相结合的前置化管控，在源头上消除可能导致高损的风险；以数字化工具实现线损治理过程的实时化、智能化无缝连接，提高治理质效和经济性。第五章进行了线损管理生态化激活的思考，包括线损管理生态化的内涵、子生态构建和支撑体系建设，并明确线损管理生态化的实施路径。

本书以电网企业从业人员、各级企业管理人员、精益化研究人员以及高等学校电力专业在校学生为读者对象，希望不同读者从各自视角都能有所收获。

本书在编写过程中得到了国网安徽省电力有限公司奚振乾，国网河南省电力公司牛迎水，河海大学但唐军，北京厚德人力资源开发有限公司张篷、林渡等同行们的大力支持，在此一并表示感谢。

限于编者水平，虽然对书稿进行了反复推敲，仍难免有疏漏与不足之处，敬请读者批评指正。

编者

2021年3月

目录
Contents

第一章
线损精益管理的变革需求

CHAPTER 1

第一节　新时代对线损管理带来的新挑战

一、国家提出能源电力行业需要数字化经济转型

加快数字化智能化升级是贯彻落实习近平总书记重要指示精神和党中央决策部署的必然要求。当今世界，信息通信技术发展日新月异，已经全面融入社会生产生活，正在对经济发展、社会进步、国际政治经济格局等方面产生重大而深远的影响。牢牢把握当前机遇，大力推进信息通信技术和我国经济社会发展深度融合，以数字化智能化升级驱动社会主义现代化建设，对实现“两个一百年”奋斗目标具有十分重大的意义。

党的十八大以来，习近平总书记准确把握时代大势，积极回应实践要求，在党的十八届五中全会上提出要实施网络强国战略，在党的十九大上进一步提出建设网络强国、数字中国、智慧社会等战略目标，并多次就大数据、人工智能、区块链等前沿信息技术主持中央政治局集体学习，强调要加快传统产业数字化智能化，做大做强数字经济，引导数字经济和实体经济深度融合，推动经济高质量发展。

加快数字化智能化升级是实现能源体系转型和“碳达峰、碳中和”目标的必经之路。近年来，我国在前沿科技领域不断取得重大突破，正在从“跟跑”向“并跑”“领跑”转变，5G、量子通信、语音识别、超级计算机、移动支付、共享经济、在线购物、机器人制造等蓬勃发展，实现了历史性的重大进步。同时，我国在关键核心技术、信息资源共享、产业支撑能力、人才队伍建设等方面还存在一定的差距和不足。对此，我们需要加快数字化智能化升级步伐，在重要领域实现跨越发展，在新一轮全球竞争中赢得战略主动。

党的十九大报告提出了“推进能源生产和消费革命，构建清洁低碳、安全高效的能源体系”“贯彻新发展理念，把发展经济的着力点放在实体经济上，推动互联网、大数据、人工智能和实体经济深度融合”的新要求。习近平主席在世界经济论坛“达沃斯议程”对话会特别致辞中强调，“中国将继续促进可持续发展。中

国将全面落实联合国2030年可持续发展议程。中国将加强生态文明建设，加快调整优化产业结构、能源结构，倡导绿色低碳的生产生活方式。中国力争于2030年前二氧化碳排放达到峰值、2060年前实现碳中和。”

通过对行业进行数字重组，构建以数据为核心的产业生态链，是实现党的十九大能源体系转型新要求和“碳达峰、碳中和”要求的必经之路。

加快数字化智能化升级是抢抓科技和产业革命历史机遇的重大举措。历史表明，科技和产业革命深刻改变着世界发展格局。谁能把握科技和产业革命机遇，谁就能走在时代前列、引领未来发展。当前，云计算、大数据、区块链、人工智能、移动互联网等基础性技术和前沿热点技术加快迭代演进，深度融入社会各个领域，不断迸发创新活力，信息化日益成为推动经济社会发展的先导力量，数字经济正在成为全球产业变革和经济增长的核心要素，世界各主要国家都把数字化智能化升级作为谋求国际竞争新优势的战略方向。

党的十九届四中全会提出要加快发展现代产业体系，推动经济体系优化升级。坚持把发展经济着力点放在实体经济上，坚定不移建设制造强国、质量强国、网络强国、数字中国，推进产业基础高级化、产业链现代化，提高经济质量效益和核心竞争力。要提升产业链供应链现代化水平，发展战略性新兴产业，加快发展现代服务业，统筹推进基础设施建设，加快建设交通强国，推进能源革命，加快数字化发展。

二、精益管理成为电网企业推动转型升级的重要载体

近年来，国有企业坚决贯彻习近平总书记重要指示精神和党中央决策部署，加快推动企业数字化智能化转型，积极参与网络强国、数字中国、智慧社会建设，为我国经济社会持续健康发展作出了重要贡献。面向未来，必须全面落实新发展理念，深入实施创新驱动发展战略，加快建设网络基础设施、突破关键核心技术、强化信息安全保障、打造骨干龙头企业、提升产业支撑能力，不断增强国有经济的竞争力、创新力、控制力、影响力、抗风险能力，努力在我国经济社会数字化智能化升级行动中走在前列、作出表率。对电网企业而言，提高精益管理水平成

为推动企业转型发展和增强竞争力的重要因素。

精益管理是国家电网有限公司推动战略目标落地的重要方式。2020年，国家电网有限公司党组坚决贯彻党中央、国务院决策部署，一手抓疫情防控和复工复产不动摇，一手抓经营发展不放松，在积极应对复杂局面、不断破题前行的同时，深入学习贯彻习近平总书记关于国企改革、国企党建、能源电力发展等系列重要讲话精神和指示批示精神，提出建设“具有中国特色国际领先的能源互联网企业”的战略目标，同时，围绕促进战略目标落地实施，提出了“八大战略工程”，即强根铸魂工程、企业治理工程、电网升级工程、科技强企工程、精益管理工程、卓越服务工程、国际拓展工程、企业生态工程。

精益管理是国家电网有限公司实现数字化转型的重要基础。2020年1月，国家电网有限公司发布了《特大型电网企业推动数字化转型的多维精益管理变革》相关内容，多维精益管理成为国网泛在电力物联网建设的重要内容之一。国网多维精益管理变革将从构建体系、贯通流程、划小单元、创新应用四方面进行。同时，国家电网有限公司2020重点工作任务中明确提出持续推进国网云、数据中台建设，加快公司数据发展战略，形成常态化的数据治理与价值挖掘，进而持续发挥数据对电网运营的基础支撑效用。

在“新基建”宏大背景下，电网加速向能源互联网转型升级。国家电网有限公司聚焦大数据中心、工业互联网、5G、人工智能等领域，以信息基础设施、融合基础设施、创新基础设施为重点，创新实施“数字新基建”十大重点建设任务，与华为、阿里、腾讯、百度等41家合作伙伴签署战略合作协议，携手打造共建共治共享的能源互联网生态圈。以数字化、网络化、智能化为电网赋能、赋值、赋智，着力提升电网绿色安全、泛在互联、高效互动和智能开放能力，是顺应能源电力行业发展趋势的必然选择，明确指向电网更智能、能源更绿色、用能更美好的未来。

精益管理是国家电网有限公司实现提质增效的重要途径。为全面落实中央统筹推进疫情防控和经济社会发展工作部署，积极应对当前严峻复杂的经营形势，国家电网有限公司决定开展2020年提质增效专项行动，促进公司和电网发展质效双提升。根据专项行动工作方案，公司将坚持稳中求进工作总基调，牢固树立“过紧日子”思想，紧紧围绕降低社会用能成本与实现电网可持续发展、提高效率与防范风险两大平衡，聚焦电网、产业、金融、国际各业务板块和投资、建设、生产、运营各业务环节，向改革创新要效益，向资源经营要效益，向精益管理要效益，全面消化疫情影响，着力对冲政策性减利因素。

精益管理与数字化电网之间有着紧密和有机的联系。首先，精益管理是提高电网大数据管控专业水平的必由之路，是提高数字化电网运作的必然举措之一。和过去一般性的电网有所不同，数字化电网聚集融合了计算机技术手段、信息处理手段、通信项目技术、物理学技术等多重技术手段，需要有相应的管理水平与之匹配。通过精益化管控，能切实推动数字化电网的深化发展。其次，精益管理能够防止电网大数据的损耗。精益化管控能够对数字化电网予以即时性、动态式的管控，可以在较短的时间内处理好数字化电网运作期间的难题，同时运用具有针对性的举措，能强化对数字化电网的养护和构建。在电网企业迅速发展的时代背景下，降低电网不必要的损耗、提升运作效率是数字化电网进一步发展的关键问题，因此，运用精益管理的形式推动数字化电网建设具有很强的现实价值。总的来说，精益化管控与电网大数据之间具有非常密切的联系，践行精益管理，能够更深层次地提高数字化电网运作的安全程度、专业化程度及高效水平。

三、提升管理水平成为电网企业适应电力体制改革的必然选择

随着省级电力市场效益的不断释放，我国新一轮电力体制改革步入深水区。2020年3月30日，中共中央、国务院印发《中共中央 国务院关于构建更加完善的要素市场化配置体制机制的意见》，明确提出深化要素市场化配置改革。加快跨区跨省电力市场建设，在全国范围内实现电力要素的优化配置，必然能够将电力要素市场化配置水平提升到一个全新的高度，成为助力要素市场化改革的重要举措。

电力改革深入推进，市场主体多元化、利益诉求多样化的趋势日益显现，电

网企业面临售电市场放开的竞争、电价下调压力和经营风险。与此同时，电网持续大规模建设，输电网和配电网发展进入关键阶段，投资需求持续高涨，发展需求与投资能力矛盾显现。在经济发展新常态下，在产业结构调整与环境污染治理的双重压力下，客观上要求电网企业高度重视线损管理问题，创新线损管理模式，加强专业协同，强化规划计划、生产运行、降损投入和评估、节能减排、碳资产管理协同和业务统筹，强化输变配售各环节线损全过程管理，形成管理合力，不断提高线损管理精益化水平，提升企业经营效益。

第二节　能源电力行业管理与技术变革新趋势

一、“工业革命”的主旋律从“效率第一”到“价值第一”

当今世界正处在一个工业革命的历史拐点上，数字、物理和生物三大技术领域的互动和融合，正在引发全球经济发生深刻的变革，始于21世纪初的第四次工业革命已经拉开序幕。与此同时，管理发展也进入了新纪元，诞生了第四次管理革命。从四次管理革命发展的特点来看，技术的革新一直是重塑管理的核心因素。在第四次管理革命时代，人工智能（artificial intelligence）、区块链（block chain）、云计算（cloud）、大数据（big Data）、边缘计算（edge computing）五大核心技术不断重塑企业的商业模式和管理模式。

在第四次管理革命中，互联网消除了距离，组织去中心化成为趋势，传统的科层式组织模式将被彻底颠覆，组织将从“流程型组织”向“生态型组织”转型；物联网的兴起让万物互联互通成为可能，连接力成为组织的核心竞争能力，这将重塑企业的生产方式、价值创造模式，“以产品为中心的大规模制造”将向“以用户为中心的大规模定制”转型。第四次管理革命的核心是“价值共生”，“人的价值第一”将成为设计组织模式、管理模式、商业模式的基石。这就要求管理者们必须重新审视传统的以公司为中心的价值创造体系，逐步构建以共同创造价值为中心的新型管理体系。

二、物联网技术推动电网企业信息化建设步伐

随着物联网技术的不断发展，电网企业的信息化建设步伐也在逐步加快。智能电网的构建，为现代电力事业的发展创设了良好的环境条件，也进一步要求电网企业深化信息化建设，在数字化、集成化和自动化等领域，构建完备的信息化体系，为智能电网的稳定运行提供有力保障。

智能电网的构建，是新时代电网企业现代化发展的内在需求。电网企业在智能电网的建设中，应转变传统业务模式，实现业务流程统一、整合，保障各业务系统的高效运行。以“智能+”为基础，搭建智能变电站是电网企业信息化建设的重要内容。智能电网涉及输变配电、发电、调度电等环节，而变电站的智能化构建，是整个电网系统的核心。智能变电站以信息化建设为依托，实现信息数字化，并在信息共享标准化的构建中，依托通信平台，实现自动化远程数据采集及监控，保障了变电站的智能化控制。

在大数据时代，电网企业信息化建设的重要立足点，就是生成大数据空间，为智能电网在发、配、调等方面提供智能化调控。当前，“互联网+”的实施，提升了电网企业对移动互联网技术大数据、云计算等技术的融合运用，保障了智能电网的科学构建。

三、云计算技术能够有效推动电网企业健康长远发展

我国整体经济水平不断提升，电力系统的发展速度也越来越迅猛。现阶段，分布式电网已经成为了一种普遍存在的现象。电网结构复杂性逐渐提升，导致在线检测技术与在线整顿技术水平不断提升。基于此，在电力系统信息化建设过程中，积极运用云计算开展相关工作。不仅如此，我国电网调度自动化的要求越来越多，导致电力系统产生了大量的信息数据。电力系统在对大量信息数据进行统计整合的过程中，会出

现很多重复性与复杂性的工作内容。电力系统管理人员为了能够推动电力系统信息化建设，在积极运用云计算。与其他计算方式相比，云计算具有高效率运转、储存大量信息、综合运用信息资源的特点。电力系统信息化建设过程中运用云计算，能够弥补计算人员计算能力不足的缺陷，能够使电力系统建设满足信息化发展趋势，能够全面提升数据计算的精准度，是我国电力系统长远发展的必然选择。

第三节　能源互联网企业建设提出新要求

一、能源互联网企业建设的提出

国家电网有限公司提出“建设具有中国特色国际领先的能源互联网企业”的战略目标，“具有中国特色”是根本，“国际领先”是追求，“能源互联网”是方向。能源互联网是以互联网理念和技术构建的新一代能源信息融合网络，它可能会颠覆传统能源行业的行业结构、市场环境、商业模式、技术体系与管理体制，促进能源系统的开放互联和市场化，能够最大限度地开发利用可再生能源，提高能源综合利用效率。能源互联网是以电为中心，以坚强智能电网为基础平台，将先进信息通信技术、控制技术与先进能源技术深度融合应用，支撑能源电力清洁低碳转型、能源综合利用效率优化和多元主体灵活便捷接入，具有清洁低碳、安全可靠、泛在互联、高效互动、智能开放等特征的智慧能源系统。

二、能源互联网发展是多方面的综合要求

能源互联网的提出和发展具有深刻的环境、经济、社会、技术和政策等诸多驱动力，既是能源系统自身发展的趋势，也有外部对能源系统提出的迫切需求。环境方面，从用电侧来看，我国的能源使用效率较低，虽然我国单位GDP能耗持续下降，但仍远高于世界平均水平，必须在现有基础上显著提高可再生能源消纳

能力和能源利用效率。经济方面，我国经济进入新常态，需要培育新的支柱产业和新的经济增长点，促进产业升级，各行业都在积极引入新的能源互联网应用，并打造数字产品和服务的新市场。社会方面，互联网时代用户行为和选择的改变将倒逼能源供给与传输的变化，全新商业模式的出现将带来整个能源行业的变革。技术方面，近几年新能源的迅速发展带来接入和消纳的问题，也给行业结构带来了重要影响。分布式能源的发展将使传统的能源消费者变为产消者，从而带来能源生产的去中心化，进而影响整个能源行业的生产、传输、分配和消费方式，也将影响能源交易、融资等模式；同时，能源的综合利用也成为能源领域的另一个重要发展方向，其可以通过多种能源的综合管理和梯级利用，大幅提高能源的使用效率和减少碳排放，提高可再生能源的消纳能力，提高系统的可靠性和应对突发情况的能力，帮助边远地区实现能源供给。

三、能源互联网发展对电网企业的要求

能源互联网的发展目标包括能源市场化、能源高效化、能源绿色化等，其在传统的能源网基础上引入互联网理念，具有开放、互联、以用户为中心、分布式、共享、对等等内涵。能源互联网是一个典型的“互联网+智慧能源”的应用场景，通过互联网技术将设备数据化，并将所有主体自由连接，进而打造能源互联网的“操作系统”，统筹管理各种资源，产生显著不同于原有能源系统的业态和商业模式，主要体现在能源物联、能源管理和能源互联网市场三个方面。

能源互联网的内涵可以概括为能源网架体系、信息支撑体系和价值创造体系。能源网架体系是物质基础，承载能源流，涵盖能源生产、转换、传输、存储和消费等环节的能源基础设施，以电为中心实现电、气、冷、热等各类能源灵活转换、互通互济。信息支撑体系是能源互联网的神经中枢，承载信息流，是覆盖能源开发利用各环节及相关社会活动的信息采集、传输、处理、存储、控制的数字化智能化系统，以互联网技术为手段提升能源网络的资源配置、安全保障和智能互动能力。价值创造体系是能源互联网的价值实现载体，承载业务流，是在深度融合

能源网架体系和信息支撑体系的基础上开展的各类业务活动和价值创造行为，以赋能传统业务、催生新的业态、构建行业生态为重点实现价值的共创和共享。

第四节　新形势下线损管理的新需求

一、推动能源变革，提高企业竞争力的必由之路

习近平总书记强调能源安全是关系国家经济社会发展的全局性、战略性问题，明确提出了“四个革命、一个合作”[1]的重大能源战略思想。按照能源安全新战略的要求，能源行业必须优化发展结构、提升发展质量、转换增长动力。电网企业在这一重大战略变革中，重点面临着低碳高效清洁能源供应、能源技术创新突破、电力市场化体制改革的多重压力，既要降电价、又要稳增长，既要抓改革、又要谋发展，迫切需要创新发展方式，提高企业核心竞争力。2020年国务院国有资产监督管理委员会印发《关于加快推进国有企业数字化转型工作的通知》，部署加快推进国有企业数字化转型工作，推动互联网、大数据、人工智能和实体经济深度融合。线损管理作为电网企业降低能源损耗、提升管理效益的关键内容，贯穿发、输、变、配、用等电力生产经营全过程。抓住数字化转型的发展机遇，应用数字化技术促进企业线损管理水平提升，提高企业竞争力，势在必行！

二、推进国网战略，建设能源互联网的根本需求

2020年，国家电网有限公司提出“建设具有中国特色国际领先的能源互联网企

[1] “四个革命、一个合作”指推动能源消费革命，抑制不合理能源消费；推动能源供给革命，建立多元供应体系；推动能源技术革命，带动产业升级；推动能源体制革命，打通能源发展快车道；全方位加强国际合作，实现开放条件下能源安全。

业”的战略目标，国际领先首先是经营实力领先，即电网发展水平和企业经营业绩国际领先，资源配置能力和运营效率效益位于世界前列。能源互联网可从为清洁能源大规模开发利用提供配置平台、为各种新型能源设施提供便捷服务、为提高全社会能效提供解决方案三个方面促进能源清洁低碳转型。建设能源互联网是推动电网向能源互联互通、共享互济发展的过程，也是用互联网技术改造提升传统电网的过程，本质是通过推动电网形态、业务模式、管理方式、经营理念的全面发展，带动产业转型升级，形成共赢共享的能源互联网生态圈。近年来，国网山西省电力公司持续强化线损管理，深化同期线损系统应用，致力于为企业创效增效。但仍存在以下问题：线损管理在生产运营领域的主线价值体现不足、经营领域“量价费损”四大经营指标未关联贯通，导致对内未能吸引各专业主动参与，对外无法吸引客户分享线损管理价值的情况，距离建成共赢共享的能源互联网生态圈尚有差距。因此，亟需引进能源互联网新理念对线损管理进行创新突破！

三、实施提质增效，提升精益管理效益的迫切需要

在战略布局和当前经营形势的双重要求下，国家电网有限公司部署了2020年提质增效专项行动，提出“向精益管理要效益”，并明确要求加强“量价费损”稽查，大力推动技术和管理降损，确保高损线路和台区数量压降50%；结合现货电力市场建设，稳步推进购售同期管理，确保整体线损稳中有降。精益管理源于日本丰田“精益生产”模式，强调“以客户为中心”，以“尽善尽美”为目标，根据“客户需求”来定义企业生产价值，并按照价值流组织全部生产活动，不断改进、消除浪费、创造价值。2015年以来，国网山西电力建立了“日计算、月通报”的线损管理闭环管控机制，加强了各专业数据的融合与管理改进，初步形成了线损精益管理模式。面对提质增效新要求，迫切需要深化精益管理，巩固“以客户为中心”的基础，融合能源变革与数字变革新业态，引入能源互联网新理念，构建新型的线损精益管理体系，满足线损管理各参与方深层次需求，持续释放线损管理价值，进一步向精益管理要效益！

第二章
线损管理的变革方向

CHAPTER 2

第一节　线损管理模式概述

一、线损基本概念

对电网企业而言，线损是电能从发电厂传输到用户的过程中，在输电、变电、配电和售电各环节中所产生的电能损耗，可分为统计线损、技术线损、管理线损。

线损率是在一定时期内电能损耗占供电量的比率，是衡量电网技术经济性的重要指标，它综合反映了电力系统规划设计、生产运行和经营管理的技术经济水平。

（一）按线损产生原因分类

从线损产生的原因来说，可分为技术线损和管理线损。

1.技术线损

技术线损是指电能经由输、变、配、售设施所产生的损耗，即电流通过电网各元件时由于电阻发热、电晕放电及“动电生磁、动磁生电”等过程所产生的电能损耗，通常以负荷实测为依据，经线损理论计算获得。技术线损包括可变损耗和固定损耗。

（1）可变损耗。可变损耗也称为负载损耗，指电流通过电网各元件时由于电阻的阻碍作用引起的导体发热所产生的电能损耗。该损耗遵循焦耳定律，即该损耗与通过其电流的平方成正比，随着电流的大小变化而大幅度变化，故称为可变损耗。由于导线和变压器绕组多数都是铜线绕制，因此，通常也把可变损耗称为铜损。

$$\Delta P_1=UI=I^2R$$

$$W_1=\Delta P_1 t=I^2Rt$$

式中：ΔP_1为可变功率；W_1为可变损耗。

（2）固定损耗。固定损耗指电流通过电气设备（变压器、电抗器、互感器等）产生电磁转换的过程中，由于磁场作用，在电气设备铁芯产生磁滞和涡流，引起铁芯温度升高和发热，产生的电能损耗。该损耗与设备接入的电压等级有关，通常电网电压相对稳定，故称为固定损耗。该类型损耗均产生于电气设备铁芯，故也称为铁损。

$$\Delta P_2=P_0\times(U_{av}/U')^2$$

$$W_2=\Delta P_2 t$$

式中：ΔP_2为固定功率；W_2为固定损耗；U_{av}为接入电压；U'为实际电压；P_0为功率。

2. 管理线损

管理线损是指在输、变、配、售过程中由于计量、窃电、采集、档案、系统数据传输及其他管理不善造成的电能流失或电量缺失。

管理线损值：根据某一计算日（或其他计算期）的同期线损与理论线损差额计算得出，即：管理线损值 = 同期线损 − 理论线损。管理线损值是线损管理水平优劣的直接反映。

（二）按线损统计口径分类

从统计口径来看，可分为统计线损率和理论线损率，在电网企业建立一体化电量与线损管理系统（简称同期线损系统）之后，具备了线损信息化管理的技术手段，产生了同期线损率。

1. 统计线损率

统计线损是按照供、售电量统计规则通过电能表采集电量数据计算得到的电网损耗。

统计线损率是综合反映电网企业规划设计、生产运行、经营管理和教育培训水平的技术性经济指标，指某统计对象（如供电区、电压等级、电网元件等）的供电量（或输入电量）和售电量（或输出电量）之差与供电量的百分比，如图 2–1 所示，它是根据关口电能表采集电量计算得出的。统计线损出现在线损管理的业务报表中，如企业负责人线损率指标计划及相关报表，常存在供电量与售电量抄表时间不同步的问题。

统计线损率 =（供电量 − 售电量）/ 供电量 × 100%

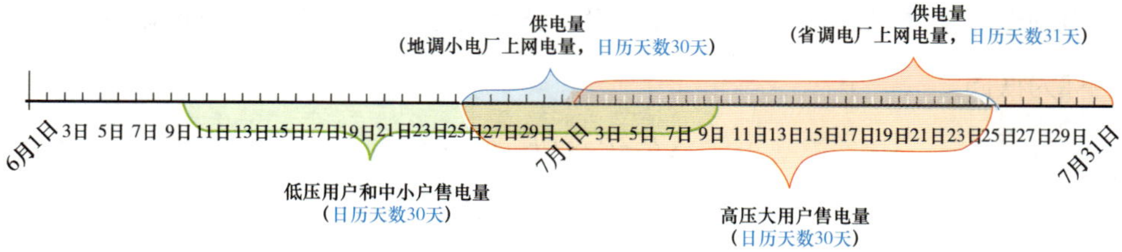

图2-1　统计线损率计算方法示意图

2. 理论线损率

理论线损率：根据某一计算日（或其他计算期）电网的设备参数、运行方式、潮流分布及负荷情况，由理论计算得出。理论线损经常是在年度较大负荷时期选取典型代表日开展电网负荷实测，然后根据实测数据借助线损理论计算软件对线路、变压器（铜损、铁损）及其他电网电气元件进行损耗计算得出，理论线损是某一计算期电网的技术线损。

理论线损率=理论线损电量/供电量 ×100%=（可变损耗+固定损耗）/供电量 ×100%

3. 同期线损率

为了解决供电量与售电量抄表时间不同步带来的统计线损失真问题，引入了同期线损概念。在规定的抄表时段（年、月、日或其他任意时段）进行的供电量（或输入电量）与售电量（或输出电量）的差额计算，称为同期线损。

同期线损管理是指为提升公司基础管理水平所开展的各项管理活动的总称。通过同期线损率指标的灵敏监测作用，对电网设备异动、关口计量采集、专业协同管理等做到及时发现、及时诊断分析和及时处理的过程，称为同期线损系统，如图2–2所示。

同期线损系统建设是国家电网有限公司主动适应经济新常态、深化内涵式发展、加快推进线损精细化管理做出的重大部署，是“互联网+大数据时代智能化、信息化”发展的必然趋势。

充分利用信息化成果，开发公司级的同期线损系统，加强基础管理，支撑专业分析，满足高级应用，辅助降损决策，实现电量源头采集、线损（率）自动生成、业务全方位贯通、指标全过程监控，推进电量与线损管理标准化、智能化和

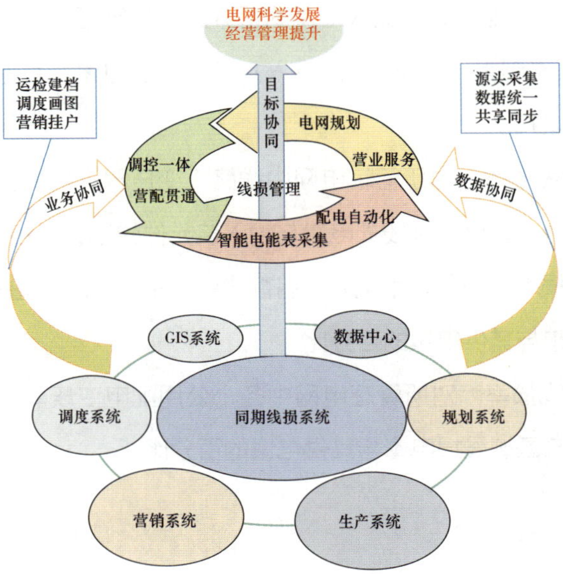

图2-2　同期线损系统

精益化，支撑电网科学发展与经营管理提升。

在同期线损管理过程中，建立同期线损系统推广视频例会制，以“任务工单”的方式将当期工作任务进行细化分解，定期对基层单位的系统建设质量进行考评，纳入企业负责人业绩考核体系中。建立“异常工单反馈机制”，对档案接入、电网设备异动、电量和线损异常等信息进行限期整改，实现日常业务的闭环管控。

（三）线损五分管理

线损五分管理是在统计口径的基础上对线损的分析维度进一步细化，在理论线损、统计线损、同期线损中都会涉及线损五分管理。

根据线损管理需要，国家电网有限公司将线损率细分为五分线损率，即分区、分压、分元件、分线、分台区线损率。

（1）分区线损率。对所管辖电网按供电范围划分为若干区域进行的线损率统计，为该区域线损电量与其供电量的百分比。

（2）分压线损率。对所管辖电网按不同电压等级进行的线损率统计，为该电压等级线损电量与该电压等级输入电量的百分比。该电压等级输入电量为接入本电压等级电厂上网电量、自其他电网输入本电压等级电量、其他电压等级转入本电压等级的电量之和。

（3）分元件线损率。对所管辖电网中线路、变压器、电抗器、电容器等元件进行的线损率统计，为该元件线损电量与输入该元件的电量之和的百分比。

（4）分线线损率。对所管辖电网中各配电线路的供电区域进行的线损率统计，为该区域线损电量与其供电量的百分比。

（5）分台区线损率。对所管辖电网中各个公用配电变压器的供电区域进行的线损率统计，为该区域线损电量与其供电量的百分比。

二、线损业务

线损管理指为确定和达到降损节能目标所开展的各项管理活动的总称，贯穿于发、输、变、配、用各个环节。线损管理作为电网经营企业一项重要的经营管理内容，应以“技术线损最优，管理线损最小”为宗旨，以深化线损五分（分区、分压、分元件、分线、分台区）管理为重点，实现从结果管理向过程管理的转变，切实规范管理流程，提高线损管理水平。（摘自《国网公司线损管理办法》）

线损电量组成包括：

（1）通过理论计算确定。包括35kV及以上输电线路损耗、变电站内主变压器损耗、10（6/20）kV配电线路损耗、配电变压器损耗、低压线路损耗、无功补偿设备损耗。

（2）通过电量统计确定。包括变电站站用电损耗，分区、分压、分元件、分线、分台区损耗统计，接户线及电能表损耗，计量装置误差，营业工作中的漏抄和错抄表，用户违章用电和窃电。

（一）电能量关口管理

1.关口定义（经营管理角度）

关口计量点是指不同电网经营企业之间、发电公司（厂、站）与电网经营企业之间、电网经营企业与用户之间的贸易结算点，以及电网经营企业与其所属供电单位之间、不同供电单位之间的经济技术指标考核分界点，如图2–3所示。

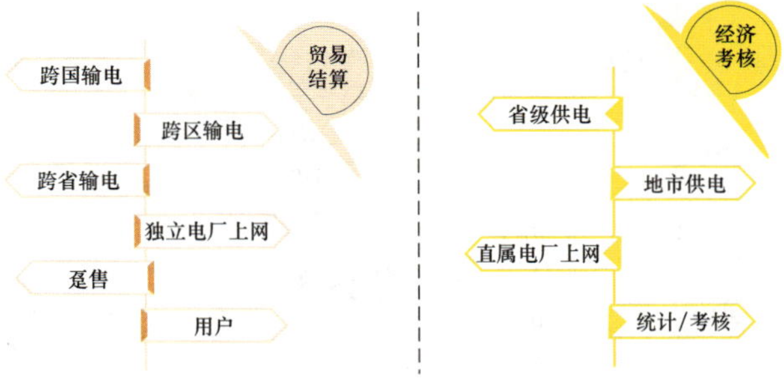

图2–3　关口计量点示意图

2. 关口定义（线损五分角度）

关口五分是指对所辖电网线损采取分区、分压、分元件、分线和分台区管理的考核点，如图2–4所示。

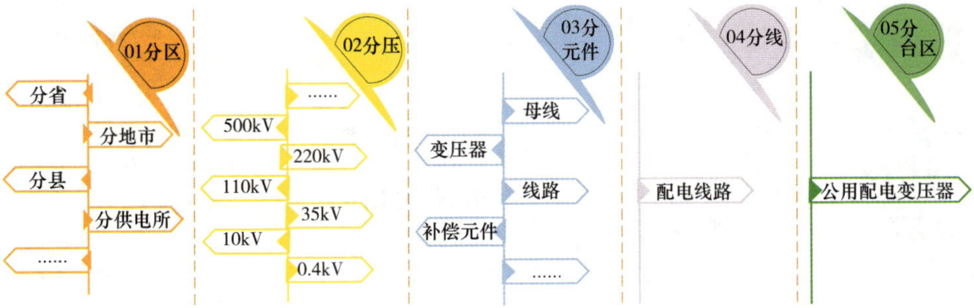

图2–4　关口五分示意图

（1）分区关口。分区线损管理考核的电能计量点，包括该区域内发电上网关口、跨国跨区跨省输电关口、省级供电关口、地级供电关口、趸售供电关口、售电关口电能计量点。分区关口如图2–5所示。

（2）分压关口。分压线损管理考核的电能计量点，包括本电压等级发电上网关口、跨国（区、省）输电关口、售电关口，其他电压等级输入关口和本电压等级变压器的中低压侧关口电能计量点。分压关口如图2–6所示。

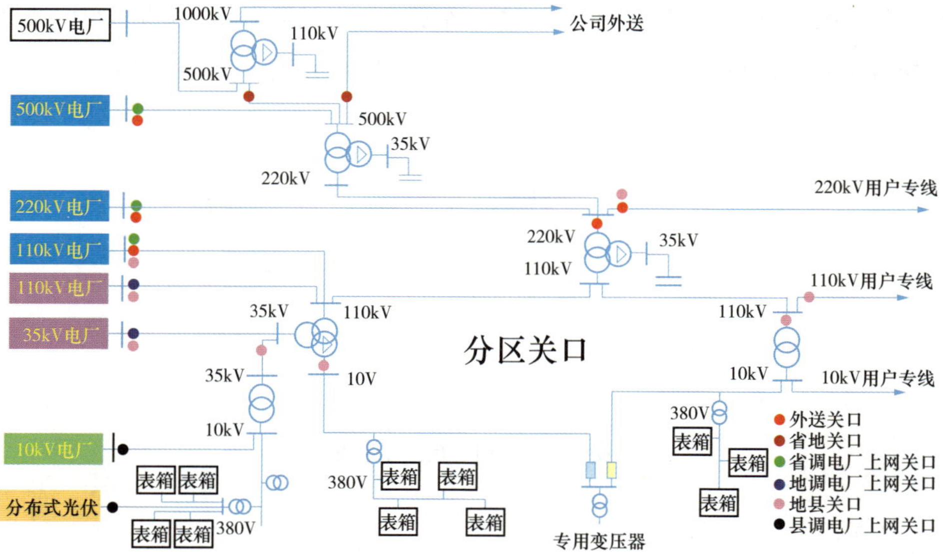

图2-5　分区关口示意图

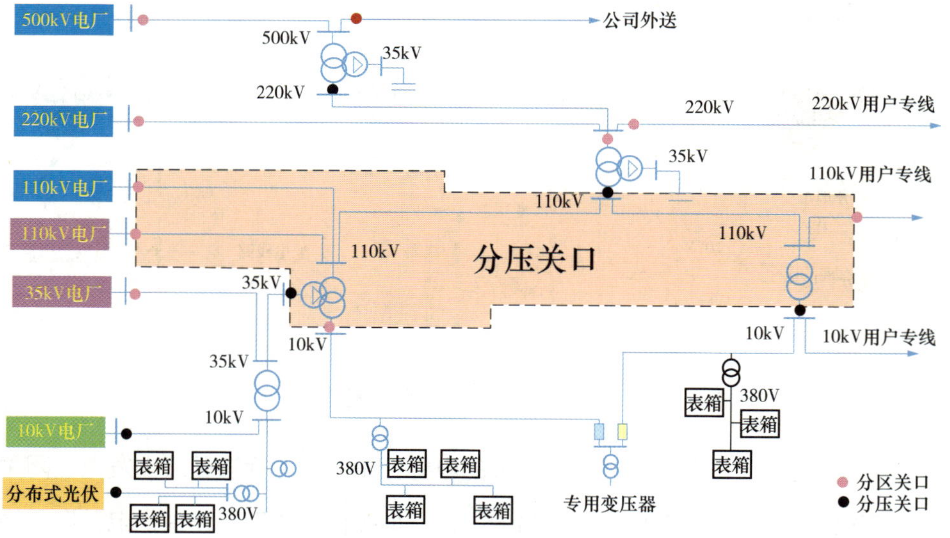

图2-6　分压关口示意图

（3）分元件关口。分元件线损管理考核的电能计量点，一般为线路、变压器、补偿元件等设备损耗统计电能计量点。

（4）分线关口。分线线损管理考核的电能计量点，包括变电站10kV出线开关、开关站出线及联络开关、线路常开联络开关、环网室（箱）常开联络开关、公用配电室母联开关、公用变压器台区低压出线侧、专用变压器用户计量点和分布式电源（小水电）10kV上网计量点。

（5）分台区关口。分台区线损管理考核的电能计量点，原则上为台区的低压侧电能计量点。

（二）线损管理的职责界面与业务素质

1.线损管理的职责

（1）发展策划部负责综合线损管理：各级分区线损管理。

（2）调控中心负责网损管理：35kV及以上分压、分元件（输电线路、变压器）和变电站母线平衡管理。

（3）设备部负责线路管理：10kV分压、分元件线损管理。

（4）营销部负责台区管理：380V分压、分台区线损管理。

（5）互联网部负责专业系统数据传输保障。

线损管理职责界面示意图如图2-7所示。

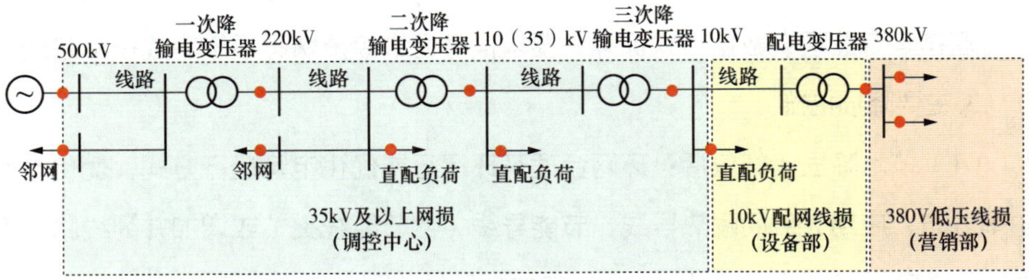

图2-7　线损管理职责界面示意图

从技术降损和管理降损角度分：

（1）设备部负责技术降损：包括各电压等级无功电压、功率因数、站用电、无功设备改造等内容。

（2）营销部负责管理降损：包括各电压等级计量采集、营业抄核收、反窃电等内容。

2.线损管理专业人员具备业务素质

（1）发展策划部作为线损管理归口部门，总体协调解决线损管理工作，要求线损专责具备综合专业素质，沟通协调能力强。

（2）营销部作为管理降损和台区线损管理责任部门，负责计量采集、营业抄核收、反窃电、办公用电等管理降损工作；具体负责380V台区、分压线损管理，要求低压台区线损专责对营配设备档案、计量采集、反窃电等业务熟悉。

（3）设备部作为技术降损和10kV分元件线损管理责任部门，负责各电压等级无功电压、功率因数、站用电、无功设备改造等技术降损工作；负责10kV分元件、分压线损管理，要求10kV分元件线损专责对营配设备档案、专用变压器用户和公用变压器台区的计量采集等业务熟悉。

（4）调控中心作为网损管理责任部门，负责网损、分压、分元件和变电站母线平衡管理工作，包括主网有功源流的优化、无功就地平衡、变电站变压器经济运行、配电线路运行的最佳分断点、同杆多回线的负荷均衡，要求网损专责对电网结构和运行方式变化业务熟悉。

（5）互联网部作为信息化管理归口部门，负责线损业务涉及规划、调度、生产、营销等专业系统数据传输保障，要求信息运维专责熟悉系统集成技术路线。

3.主要降损措施

（1）技术降损措施包括：环网合理开环运行或优化电网运行方式，优化电网功率分布；应用大截面耐热导线、节能导线（含节能线夹）或增加并列线路，合理控制输电线路负载率；过载、重载的中低压线路采取新出线路分切负荷的方式，或采取与其他线路均衡负荷的方式；线路升压、扩径改造，变压器节能、扩容改造，合理调整变压器的台数、容量，开展变压器经济运行；增加地区变电站、台区变压器布点，变电站、配电所或变压器的布点靠近负荷中心，缩短输送距离或供电半径改造；增加无功补偿、无功优化或电容器组合理分配，改造无功补偿装置，长距离线路增加升压变压器装置，公用变压器分相无功精细化补偿，电动机就地无功补偿，电网的无功优化协调控制；平衡台区低压线路三相负荷，优化不同相导线的负荷分配；采取各种技术经济措施（储能等），开展需求侧管理、移峰填谷，减少负荷波动；设计选用高精度、低损耗的电能计量装置，改造二次压降超标的计量回路等。

（2）管理降损措施包括：计量方面，有失准表计、互感器的轮换管理，计量装置周期检验，查处窃电，故障表计更换、表计或互感器极性正反向校核，表计冻结数据不稳定等。采集方面，有采集周期的设置，时钟错乱后的校时，故障或缺陷采集终端、采集模块更换，采集失败后掌机现场补采，换表或临时停电后采集数据的补录等。档案方面，有新增、暂停或销户后的计量信息录入系统的及时性，线损系统统计计算要素、参数的状态配置，光伏或其他关口正反向配置，变电站-线路-变压器或台区总表-线路-表箱逻辑关系的错乱等。计算方面，有工程生产管理系统（PMS）、输配电网地理信息系统（GIS）、营销系统、用电信息采集系统、配电网自动化系统、调度D5000系统等与同期线损系统的数据传输接口稳定性及数据推送质量，计算周期等。

（三）线损分析

1.线损分析的重要意义

线损管理是一项涉及多个方面、多个专业部门的管理工作，属于系统性工程，线损分析工作是线损管理的重点，目的是通过线损分析反映出电网各电压等级的网络结构、设备技术状况、用电构成及管理水平等问题。供电网络中变、配电环节又很多，问题在哪儿，需要通过分析来发现，需要从电网的发电、输电、变电、配电、售电等各个环节制订降损措施和目标。

2.线损五分分析的内涵解读

按分区、分压、分元件、分线、分台区进行线损分析，对每一个管辖区域、每一个电压等级、每一个元件、每一条线路、每一台配电变压器进行电量和线损统计分析，起到以下作用：一是使线损考核指标具体化，而不是粗放的算总账；二是有利于分解指标从省、市、县、供电所到班组、个人的线损指标承包管理；三是有利于发现线损管理方面和技术方面的问题及其产生的具体原因、产生于哪个环节，针对性采取措施；四是有利于发现窃电现象和窃电的具体点。线损分析维度示意图如图2–8所示。

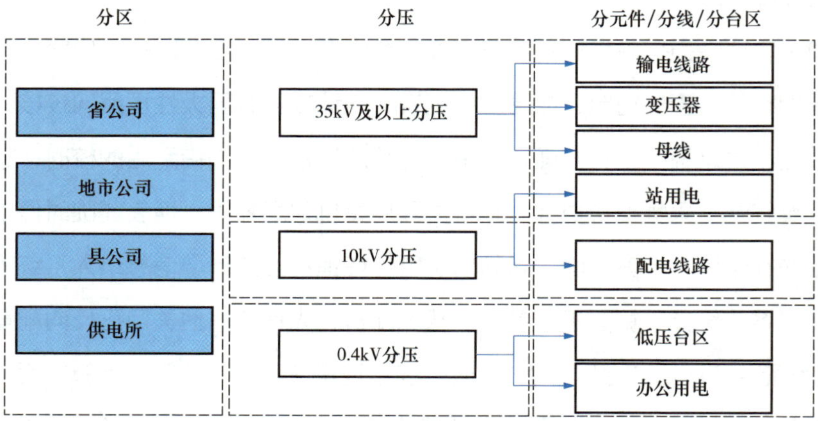

图2–8　线损分析维度示意图

（1）线损分区管理。指对所管辖电网按供电区域划分为若干个行政管理单位进行线损统计考核的管理方式，其目的主要是进行线损分级管理和控制形成齐抓共管的氛围，同时明确责任主体，有效控制线损。线损分区管理示意图如图2–9所示。

分区线损率（综合线损率）=线损电量/供电量×100%=（供电量–售电量）/供电量×100%

其中：

供电量=电厂上网电量+低压用户分布式光伏上网+其他电网输入电量–向其他电网输出电量

售电量=高压用户售电量+低压用户售电量

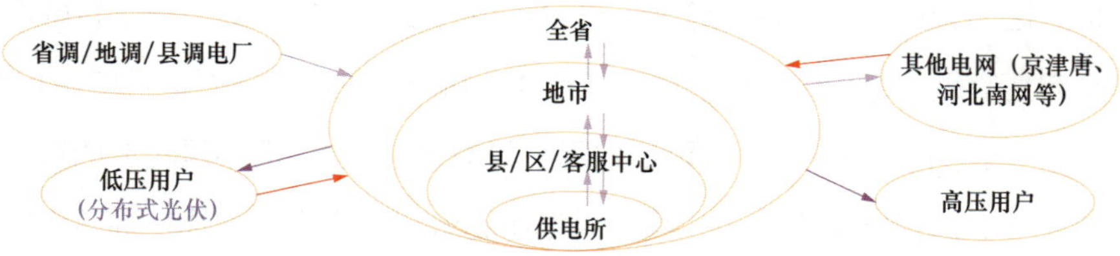

图2–9　线损分区管理示意图

（2）线损分压管理。是指对所管辖电网按不同电压等级进行线损统计考核的管理方式，目的是便于分析电网各个电压层级的损耗，清楚各电压等级损耗所在比重，确定降损主攻方向，为电网的规划、建设、改造提供依据。线损分压管理示意图如图2-10所示。

分压线损率＝分压线损电量/输入电量 ×100%=（输入电量－输出电量）/输入电量 ×100%

其中：

输入电量＝本电压层级电厂上网电量＋自其他电压等级转入电量（包含高电压等级转入和低电压等级倒送）

输出电量＝向其他电压等级转出电量（包含向高电压等级倒送转出和向低电压等级转出）＋本电压层级售电量

分压有损线损率＝（输入电量－输出电量）/（输入电量－本电压层级无损电量）×100%

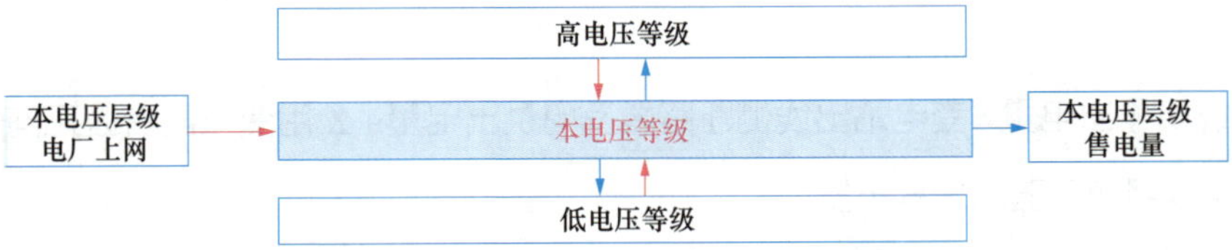

图2-10　线损分压管理示意图

（3）线损分元件、分线管理。

1）35kV及以上线损分元件管理。对所管辖电网中各电压等级主设备（线路、变压器）的电能损耗进行单元统计分析的管理方式，服务于电网经济运行和电网诊断分析等经济性评价。线损分元件管理示意如图2-11所示。

输电线路线损率＝线损电量/输入电量 ×100%=（两侧断路器正向输入电量－两侧断路器反向输出电量）/两侧断路器正向输入电量 ×100%

变压器线损率＝线损电量/输入电量 ×100%=（主变压器各侧断路器输入电量－主变压器各侧断路器输出电量）/主变压器各侧断路器输入电量 ×100%

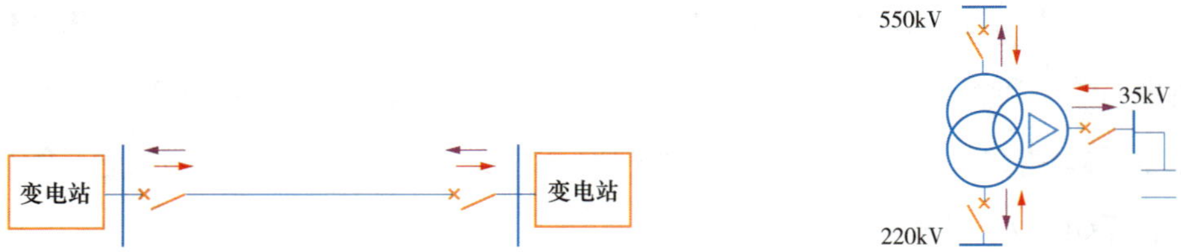

图2-11　线损分元件管理示意图

2）10kV线损分线管理。对10kV配电线路和配电变压器的损耗进行统计分析，重点监视公用、专用变压器用户计量采集，防止“跑、冒、滴、漏”，通过同期线损指标重点监视营配信息档案正确性，对于10kV线路，必须分解责任到班组或个人。线损分线管理示意如图2-12所示。

10kV线路线损率=线损电量/输入电量 ×100%=（线路输入电量-线路输出电量）/线路输入电量 ×100%

其中：

线路输入电量=变电站出线侧断路器正向供入电量+公用变压器台区反向输入电量

线路输出电量=变电站出线侧断路器反向供出电量+公用变压器台区正向输出电量+专用变压器用户售电量

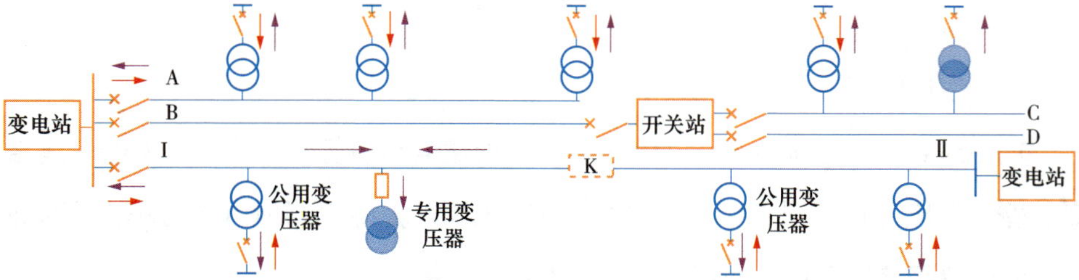

图2-12　线损分线管理示意图

3）10kV配电线路线损异常分类。

a.营配贯通问题。变电站改造或线路检修时配线所带负荷临时倒接后，营配线路-变压器关系未及时更新对应一致。①GIS开关置位状态错误。②线路-配电变压器（公用变压器、专用变压器）关联错误。10kV线路营配档案异动导致线损异常示意如图2-13所示。

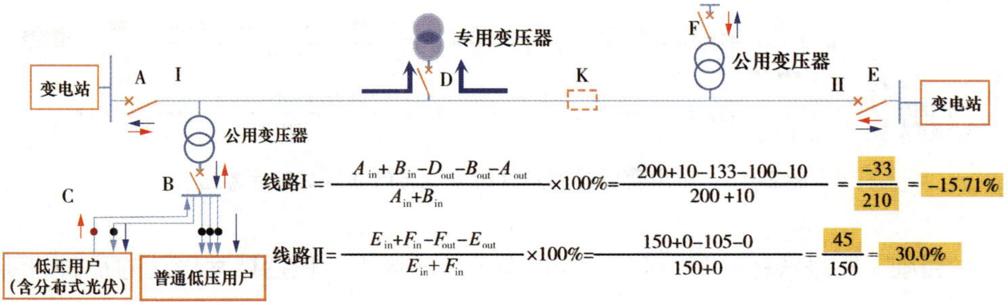

图2-13　10kV线路营配档案异动导致线损异常示意图

b.模型配置问题。线路输入、输出关口模型配置完整、正确，如自购、台区反送电等。低压分布式光伏模型错误配置导致线损异常示意如图2-14所示。

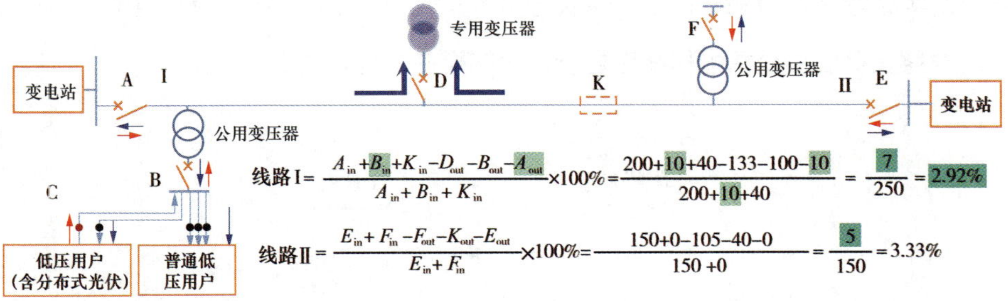

图2-14　低压分布式光伏模型错误配置导致线损异常示意图

c.计量采集问题。①计量装置故障（TV失压、TA断线）漏记电量。②专用变压器用户偷漏电问题。③公用、专用变压器采集失败，部分公用线路所带用户地处偏远，受移动信号影响易造成采集失败。④表计故障（现场终端故障表底跳变、二次接线问题、时钟超差）。⑤计量台账未及时更新（现场更换互感器变比，系统未及时更新）。⑥换表流程录入系统数据错误等。专用变压器用户计量失压导致线损异常示意如图2-15所示。

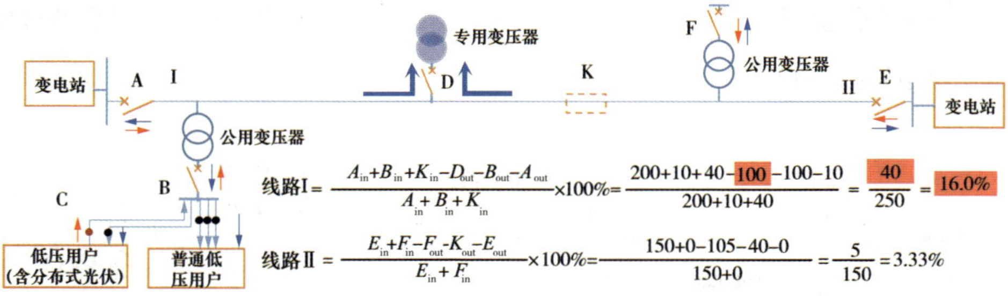

图2-15　专用变压器用户计量失压导致线损异常示意图

目前，管理线损仍是10kV分线管理关注的重点，包括档案异动的及时更新（配电自动化水平、营配调贯通的工作质量、人员的业务素质）、计量采集的提升、专用变压器用户的偷漏电等问题。

后期，随着同期线损系统的深化应用，降损压力不断增大，以技术降损为重点，包括提高配电网公用变压器的功率因数、配电网无功电压管理、配电变压器三相负荷不平衡实测与调整、线路线径细、高耗能配电变压器的更换等技术降损管理。

线路负荷倒接至营配档案变更全过程的相关流程如图2-16所示。

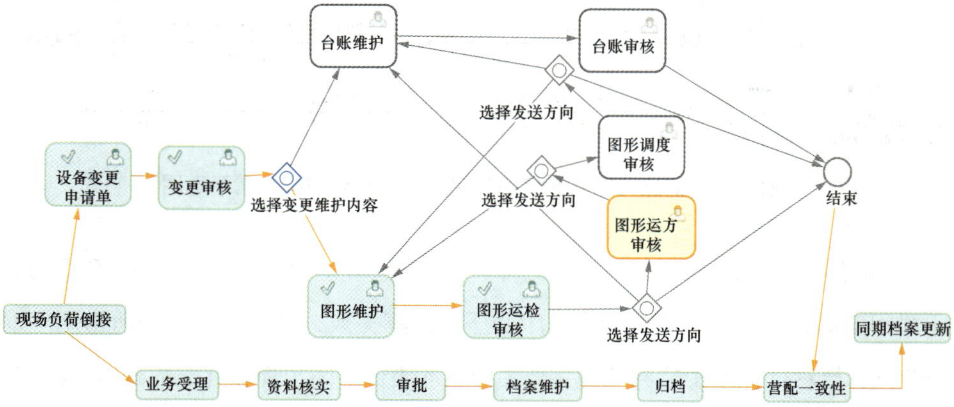

图2-16　线路负荷倒接至营配档案变更全过程的相关流程示意图

（4）线损分台区管理。线损分台区管理是指对所管辖电网中各个公用配电变压器的供电区域线路损耗进行统计分析的管理方式。目的是弄清每个台区的损耗，杜绝低压小用户的电量“跑、冒、滴、漏”，通过同期线损指标重点监视营配信息档案正确性，分台区责任到个人承包效果最好。线损分台区管理示意如图2–17所示。

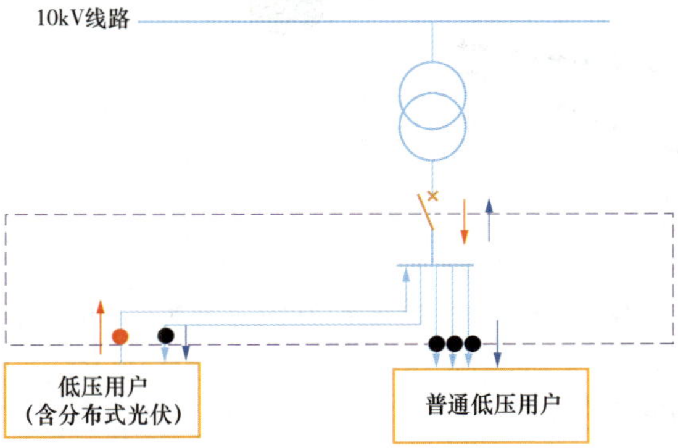

图2–17　线损分台区管理示意图

低压台区线损率＝线损电量/输入电量 ×100%=（台区输入电量－台区输出电量）/台区输入电量 ×100%

其中：

台区输入电量＝公用变压器台区转入电量＋低压用户分布式光伏上网电量

台区输出电量＝公用变压器台区低压反向转出电量＋低压用户售电量

三相不平衡导致中性线高损，是引起台区线损的主要因素。三相负荷平衡切中线路损耗要害，有极好的降损效果：

1）分流作用。负荷一定，平均分到三相上，电流下降1/3，功率下降更多，与电流的平方成正比。

2）降阻作用。同样负荷电流由原来的一根导线平分到三根导线上，相当于导线截面扩大3倍。

3）交流矢量作用。使中性线电流为零，无损耗。

三相平衡供电与单相供电损耗对比分析如图2–18所示。

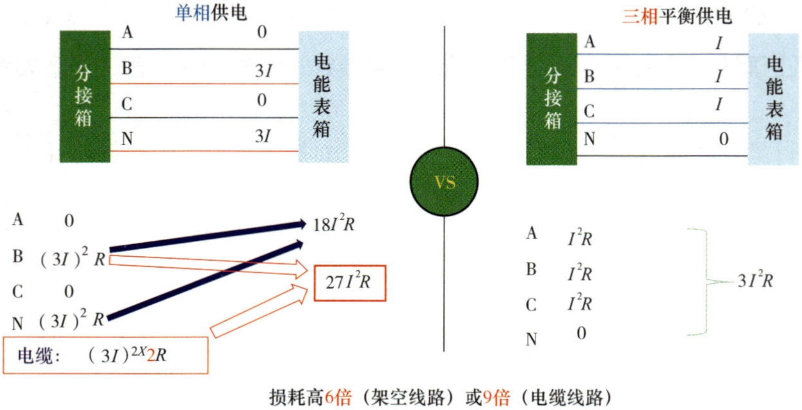

图2-18　三相平衡供电与单相供电损耗对比分析示意图

3. 线损分析的常用方法

线损分析包括技术线损分析和管理线损分析两项内容。技术线损分析的目的是依托电网理论线损计算成果，分析电网结构及其运行的合理性、节能性和经济性，找出规划设计、设备性能、电网运行、计量装置、管理降损等方面存在的问题，以便采取针对性的降损措施，提升电网精益化管理水平，提高电网运营效率效益。内容包括电力线路损耗的静态指标分析和动态指标分析；电力变压器损耗的静态节能水平分析、动态运行损耗分析和变压器无功补偿分析；计量装置运行的准确度分析和运行质量分析；线损构成变化分析。管理线损分析内容包括综合线损分析和五分线损分析，同时应与技术线损分析相结合，判断高损区域、高损元件，提出高损元件治理措施，必要时将高损元件治理纳入项目储备。常用的线损分析方法如下：

（1）电能平衡分析。电能平衡分析是对输入端电量与输出端电量的比较分析。主要用于变电站（开关站）、母线、变压器的电能输入和输出分析。计量总表与分表电量的比较，用于监督电能计量设备的运行状态和损耗情况，使计量设备保持在正常运行状态。

（2）实际线损与理论线损对比分析。理论线损只包括技术损耗，不包括管理损耗。通过实际线损率和理论线损率对比分析，若两者偏差太大，则说明管理不善，存在问题较多，要进一步具体分析问题所在，然后采取相应的措施。实践证明，凡是10kV线路和低压台区的实际统计线损和理论线损对比两者数值偏差较大的，往往是这些线路和台区有窃电或计量不准等管理问题。根据管理较好的供电企业经验，理论线损与实际线损两者偏差在±1%范围内为基本正常。

（3）固定损耗比重与可变损耗比重的对比分析。通过固定损耗比重与可变损耗比重的对比分析，如果10kV配电网中固定损耗比重大，则说明设备的平均负载率较低或高能耗变压器较多，或类似的几种因素同时存在。如果可变损耗比重较大，则说明线路负荷较重或超负荷运行，或者是线路迂回曲折，供电半径过长，或者是电网无功补偿足，功率因数过低，或者是线路运行电压过低，或者以上说的几种因素都存在。

（4）实际线损与历史同期比较分析。农村电网负荷季节性较强，农业生产用电随季节气候变化很大。但一年四季季节气候变化一般是有一定的规律的，农业线路的线损率如果仅与上一个月对比往往差异很大，但与历史同期气候相近的条件下的线损率进行比对分析，往往更能够发现问题。

（5）实际线损与平均线损水平比较分析。一个连续较长时间的线损平均水平，更能够消除因负荷变化、时间变化、抄表时间差等因素影响造成的波动，更能反映线损的基本状况，只要与平均水平相比较，就能发现当期的线损管理水平和问题。

（6）实际线损与先进水平比较分析。本单位的线损完成情况，与周围条件相近的单位比，与省内、国内同行比，就能发现自己的管理水平及存在问题和差距。

（7）定期、定量统计分析。定期分析就是要做到有月度分析、季度分析、年度分析；定量分析就是要做到分压、分线、分台区并按影响因素分析，不仅要找出影响线损的主要因素，还要做到对影响大小进行量化分析，重点要突出，针对性要强。

（8）线损率指标和小指标分析并重。线损率实际完成情况表明的是线损管理的综合效果，而只有通过对小指标的分析，才能反映出线损管理过程的各个环节影响线损的具体原因。因此在线损分析中，一定要注意线损率指标和小指标分析并重。

（9）线损指标和其他营业指标联系在一起分析。售电量指标、电费回收率指标、平均售电价指标与线损指标之间有密切的联系。如果人为调整这四个指标中的任何一项，均会对其他三个指标的升降产生影响。因此在进行线损分析时，要注意把这四个指标联系在一起分析。

（10）对线损率高、线路电量大和线损率突变量大的环节进行重点分析。线损统计的一个最大特点就是数据量大，需要分析的环节很多，逐一分析，费时费力，效率也不高。线损管理者都知道线损率高的线路降低线损率的潜力大，供电量大的线路线损率的降低对全局的降损影响力大，而线损率突变量大的线路往往存在这样那样的管理问题，因此这三种情况必须成为线损分析的重点。这里提出的综合分步分析的方法，即采取分步筛选，按顺序进行，最终找到关键环节，具体为：第一步，选出线损率高的线路、台区；第二步，在第一步的基础上选择出电量大的台区、线路；第三步，在第二步的基础上选择线损率突变量大的台区线路。简而言之，就是“高中选大，大中选突”确定出降损节能的主攻方向。

4.线损分析的主要内容

（1）线损分析时首先要做好电量平衡分析，尤其是母线电量的平衡分析（重点关注电网和计量设备异动档案的及时更新）。变电站母线电量不平衡处理流程如图2–19所示。

制定印发《变电站母线电量平衡管理规定》，协同运检、营销、调控和信通等专业实时监测计量设备运行工况，以“异常工单”为切入点，建立“日跟踪监测、周分析处理、月考核通报”的工作机制，并形成缺陷闭环处理流程，提升分区、分压和分元件关口计量点的采集水平。

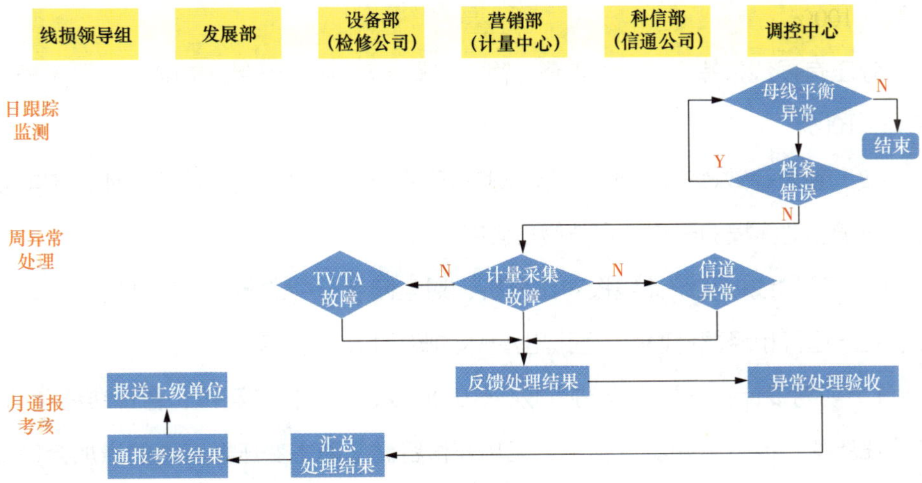

图2-19　变电站母线电量不平衡处理流程示意图

（2）做好统计分析（纵向：历史数据同比、环比；横向：不同单位比较）。

（3）分析查处窃电、纠正用户侧计量问题、营业追退电量对线损的影响（县公司）。

（4）分析自用电量（办公用电）增加或减少对线损的影响（考虑季节性差异）。

（5）分析系统运行方式变化/供售电量统计范围的变化（主观管理产生供售不同期电量）对线损的影响。

（6）分析季节、气候变化等原因使电网负荷有较大变化（客观自然环境产生供售不同期电量）对线损的影响。

（7）掌握各类用户电量（尤其是电量大的用户）的变化对线损的影响，分析无损电量变化对线损率的影响，尤其在分压线损率分析中扣除无损电量后的分压有损线损率具有可比性，真实反应该电压层级的电网线损管理水平；无损电量占比大，线损率低，可能掩盖供电企业线损管理存在的管理和技术上的漏洞，不同地区无损电量占比不同，失去横向可比性。

分压线损率=分压线损电量/输入电量 ×100%=（输入电量−输出电量）/输入

电量 × 100%

分压有损线损率 =（输入电量 – 输出电量）/（输入电量 – 本电压层级无损电量）× 100%

（8）参照等效抄表时间，分析抄表例日的变动，提前或错后抄表使得售电量减少或增加对线损的影响（春节假日影响）。

（9）理论线损和统计线损对比分析，对电网运行中的薄弱环节从电网规划设计、生产运行和经营管理等方面提出具体的降损措施或方案。

1）规划设计：一是变电站空载、轻载问题，线路接续到位，合理转移负荷；二是在新建（改、扩建）过程中，无功补偿容量应随主变压器容量的增加合理配置，满足电力系统无功补偿配置原则的要求。

2）生产运行：一是合理安排电网检修计划（如综合大检修），减少停电时间，提高供电可靠性；二是加强无功设备运维及自动电压控制（AVC）系统运行的监控管理。

3）经营管理：在准确计算理论技术线损的基础上，对统计线损率消除供售不同期等因素影响后，查看分析公司不明损耗。

三、以降损增效为核心的闭环管控

我国经济已由高速增长阶段转向高质量发展阶段，正处在转变发展方式、优化经济结构、转换增长动力的攻关期，建设现代化经济体系是跨越关口的迫切要求和我国发展的战略目标。必须坚持质量第一、效益优先，以供给侧结构性改革为主线，推动经济发展质量变革、效率变革、动力变革，提高全要素生产率，着力加快建设实体经济、科技创新、现代金融、人力资源协同发展的产业体系，着力构建市场机制有效、微观主体有活力、宏观调控有度的经济体制，不断增强我国经济创新力和竞争力。

构建节约型社会是党中央的战略决策、国家的大政方针，降损节能是构建节约型社会的政治责任。建设节约型社会的核心是实现能源资源的高效开发和利用。作为建设和运营电网的供电企业，不断提高电网优化配置资源的能力，不断加强自身降损增效工作，为经济社会发展提供可靠的电力保障，既是供电企业的重要使命，也是实践“服务党和国家工作大局，服务电力客户，服务发电企业，服务社会发展”宗旨，建设“具有中国特色国际领先能源互联网企业”的必然要求。

依托同期系统建设、计量改造工程、营配调贯通、用电信息采集系统技术升级等有利条件，以提升发展质量和降损增效为核心，以“技术线损最优、管理线损最小”为目标，以深化同期线损五分（分区、分压、分元件、分线、分台区）管理为重点，针对五分线损及其关联要素出现的异常情况，建立“异常监测－工单派发－处理反馈－成效验证”闭环管控机制。明确专业部门和技术支撑单位管理职责，强化规划计划、生产运行、降损投入和评估、资产管理等业务的协同和统筹，强化输、变、配、售各环节线损全过程管控，努力做到“技术线损合理、管理线损最小、综合线损可控”，构建“横向协同、纵向贯通”的线损管理长效机制，运用PDCA（计划、执行、检查、评价总结）循环的方法，实现线损的闭环管控，提升线损精益化管理水平。

（一）目标制定的方向

线损管理的目标是通过优化电网结构、合理调配负荷，通过各项管理措施和技术措施，全员参与，使供电企业取得最大经济效益。线损管理目标的制定主要考虑规划计划、经营管理、经济运行、教育培训四个方面。规划计划是基础，经营管理是关键，经济运行是目标，教育培训是保障。

1.规划计划

电网安全是社会公共安全的重要组成部分，确保电网安全和电力有序供应，是构建社会主义和谐社会的基本要求。电网规划要充分发挥市场在资源配置中的基础性作用，充分体现行业规划的宏观性和指导性，坚持电力工业的可持续发展战略，提高能源利用率，加快电网的技术创新，以确保电网的安全经济运行。

电网规划的意义在于解决现状电网存在的问题，提高供电能力与供电质量，支撑并促进经济发展规划的顺利实施；促进配电网的优化发展，提高供电可靠率，降低网络损耗，提高电力企业的投入产出效益；确定合理的配电网建设改造工程量和投资规模；进行投入产出经济评价，为领导审议、决策提供科学依据，同时提高各地区的经济效益，保证电力企业的可持续发展。

管控规划计划工作的主要技术指标有地区综合线损率、网损率、输电线路线损率等，它们反映了电网规划、生产运行和经营管理水平，通过对其科学有效的分析评估，查找生产、经营、管理各环节存在的问题，进而从技术上、管理上双管齐下，运用科学的措施与方法，实现电网的“降损增效”。

2. 经营管理

经营管理水平的高低直接反映了供电企业管理水平的高低，主要管理指标有营配贯通一致率、自动采集覆盖率、计量采集成功率、有损线损率、10kV 配电线路线损率、台区线损率、母线电量不平衡率、月末抄见电量比重、办公用电等。上述指标直接或间接反映了供电企业管理水平的高低以及专业管理工作的质效。抓经营管理，重点是抓好过程管理，各类过程管控小指标的设置和制定，有效保障了经营管理工作的顺利开展和高效推进。

3. 经济运行

电网运行要求安全、稳定、经济。电网经济运行是指电网在供电成本率低或发电能源消耗率及网损率最小的条件下运行。在保证技术安全、经济合理的条件下，充分利用现有的设备、元件，不投资或有较少的投资，通过相关技术论证，选取最佳运行方式、调整负荷、提高功率因数、调整或更换变压器、改造电网等，在传输相同电量的基础上，达到减少系统损耗，从而提高经济效益的目的。

电网的经济运行主要包括变压器及其电力线路的经济运行，变压器自身要产生有功功率损耗和无功功率损耗。由于电网的线损主要由变压器损耗与电力线路损耗所组成，因此电网改造的节电降耗，也就是对电网中的所有变压器和电力线路进行择优选择和优化组合，组建成“安全经济型电网”。

电网经济运行的主要技术指标有供电综合电压合格率、功率因数、主变压器线损率、输电线路线损率、电容器可投运率等。

4. 教育培训

教育培训对线损管理具有重要的意义。首先，确保线损管理队伍素质满足线损管理需要；其次，培训可以增强线损管理队伍的凝聚力；然后，培训是一项高回报率的投资；最后，满足公司发展的需求。

（二）如何依据四个方向制定当年的目标值

为做好降损增效工作，真正取得预期的效果，必须根据企业的实际情况制定降损节能目标值、计划，并按照措施计划认真组织实施。

1. 制定降损目标值的依据

主要是在分析研究现有生产、管理环节各个要素的基础上，查找出降损的主攻方向，有针对性地采取措施，制定管控指标，主要依据以下三种情况：

（1）按照电网发展规划的要求，编制降损措施计划，降损措施计划是落实电网发展规划的一部分。

（2）根据电网存在的薄弱环节，设置针对性管理指标，确定具体措施，实现重点突破。

（3）按照科学管理的要求，明确管理措施，核定管理目标，制定考核方案。

2. 降损目标的制定和落实的方法、步骤

降损措施方案的成功实施，是一个闭环管理过程，主要包括以下几个环节：

（1）编制降损措施方案、计划的主要内容和责任单位。

1）归口管理部门编制理论线损计算计划，核定企业各种综合线损指标，制定主要管理措施和修改完善线损管理标准、制度、办法和考核措施方案。

2）生产技术部门根据电网规划及实际运行情况，编制年度电网建设计划，降损大修、技改工程项目，新技术新设备应用计划，核定供电可靠性、电压合格率及功率因数指标计划。

3）营销管理部门编制电量、电费、电价、业扩报装、用电检查、稽查计划和大客户无功管理计划。

4）计量管理部门编制计量装置的轮校、周检计划。

5）调度运行管理部门编制电网经济运行方案。供电所编制低压降损措施计划。

（2）降损措施方案、计划的确定。

1）各专业管理部门和供电所将编制的降损措施方案、计划送线损归口管理部门汇总审核，平衡项目和资金根据实际情况做出适当调整，然后报线损管理领导小组。

2）线损管理领导小组审定整个降损措施方案、计划。根据企业的综合计划要求，对降损计划所列项目、资金要求及其他措施进一步平衡确定，达到降损措施方案、计划切实可行，然后报经理办公会批准后编入企业年度综合计划。

3）方案中所列项目或措施，要落实资金责任部门和考核监督部门，确定实施和结束日期，以及要达到的质量和目标，重要项目要进行可行性研究，写出分析报告，供立项参考。

（3）降损措施方案、计划的实施。年度降损计划确定以后，由线损归口管理部门把计划按照分级、分压、分线分解到各专业部门和各供电所，供电所把低压降损计划分解到各台区。各相关部门根据上级下达的降损计划落实相关措施，形成各自的工作目标和工作计划。

按照年度计划的时间要求，线损归口管理部门把降损各项措施分解列入月度生产经营计划组织实施，并提交监督考核部门定期监督落实情况。

（4）实施降损措施方案、计划的监督考核。

1）生产技术部门对实施的技术措施进行监督、检查，并及时纠正在实施中存在的问题，对竣工项目组织验收，整理资料，并对项目做出评价，报线损归口管理部门。对责任部门落实情况提出考核奖惩意见报考核监督部门。

2）线损归口管理部门对实施的管理措施进行监督检查，对落实的情况进行评价，提出考核奖惩意见报考核监督部门。

3）其他专业职能部门对责任范围内的措施落实情况实施监督、检查，提出考核奖惩意见，报考核监督部门。

4）考核监督部门按照各单位降损措施完成情况、月度完成的各项指标，结合其他单位的考核意见和企业考核办法，拿出考核意见报企业领导批准，实施对各单位的考核奖惩。

（5）降损措施方案、计划实施后的效果评价。重大降损措施方案实施后，线损归口管理部门应组织参与的相关部门对方案落实后的效果进行评价，提交评价报告，经线损领导小组审核后归档，对未按时完成的计划或方案实施过程中存在的问题，应进行通报，并落实具体部门和责任人进一步改进完善，并纳入下一个降损措施方案的循环过程。

对于日常生产、管理的降损措施方案，原则上由各责任部门上报方案落实后的效果评价报告，线损归口管理部门和监督考核部门审核后即可归档。

（三）完成计划要采取的实施和管控措施

线损管理工作涉及面广，主要通过对电网的合理规划、建设和加强生产运行管理来优化电网结构、淘汰高耗能设备，提高各级电网经济运行水平来降低电网技术线损；通过加强营销管理、供电所及农电工管理和电能计量管理等来降低电网的管理线损；通过完善监督、激励机制以保证各项管理流程的规范运行，并充分调动全员参与线损管理工作的积极性、主动性；通过强化人力资源培训提高线损管理人员的素质，为搞好线损管理工作奠定良好基础。具体来讲，线损管理要根据指标管理与过程控制的原则，重点落实好以下几方面管控措施：

（1）建立健全线损管理组织网络，完善线损管理制度。线损工作是全员、全过程、全方位的工作，强化线损管理首先要从强化领导体系入手。建立健全由企业负责人亲自挂帅，生产、调度、计量、营销甚至涵盖规划等部门领导和线损专责人以及各供电所线损专责人参加的三级线损管理网络，定期召开线损分析例会，重点问题重点分析，专项议题随时讨论，使信息反馈及时、准确，形成降损措施迅速落实，快捷、高效的管理体系。

（2）建立线损指标体系，做好线损指标及相关小指标的管理与统计分析工作。

以各项综合考虑的基准值，将各项线损指标进行量化，制定出各条线路和配电台区的科学合理的线损指标。可通过理论线损率和同期线损率的分析比较，明确降损工作方向，使线损指标管理工作真正做有据可依，使线损指标符合现场实际情况，规范可行。坚持线损管理的“五分”原则，线损指标的细分科学合理、便于考核。围绕线损指标，公司制定线损管理办法和指标考核制度，实行线损指标的分级考核，层层分解落实线损管理的各项指标，责任到人。将线损管理同个人业绩挂钩，向一线员工施加线损管理的指标压力，调动其参与线损管理工作的积极性和主动性，确保线损管理目标的实现。

线损分析实行三对比：环比，同比，以及未来实现的与理论计算比。针对五分指标，对线损率完成情况，定期召开线损分析会，对异常输电线路、配电线路、低压台区实行“说清楚制度”，要求各部门、专业的责任人必须参加会议，必须对问题线路、台区进行分析，及时采取有效措施降损。每月组织专业人员深入现场进行技术指导，帮扶落后，分析原因，解决存在的实际问题。

（3）加强配电网运行、电能计量、用电营销、农电工等环节的专业管理。加强配电网运行管理，实现配电网经济运行，也是降低配电网电能损耗的重要措施。合理安排配电网运行方式，有计划进行负荷实测，根据测试结果，掌握了解配电网运行参数和运行状态，及时进行负荷转移、平衡三相负荷、调整运行方式。不但要做好整个配电网的负荷调整工作，而且要做好每条线路、每个台式变压器、每个分段的负荷调整工作，保证配电网经济运行。加强配电网日常运行管理，定期进行巡视，发现缺陷及时处理，防止发生事故或障碍，同时，有计划地调整或更换高能耗设备，减少损耗。科学开展理论线损计算，并在此基础上做好电网规划建设、技术改造及经济运行工作。

在计量装置安装施工时，要严格控制施工质量，防止错误接线；在日常运行中，要做好电能表的轮换、校验工作，做到有计划、有落实，提高轮换率、现场校验率，防止电能表超周期运行，保证电能计量的准确性。加强计量装置的缺陷和故障处理，对计量表计和TA烧坏、表计卡盘、TV断相等缺陷和故障及时发现、及时处理。要加强抄表、电检、计量人员的工作责任心，建立考核奖惩制度，对及时发现缺陷的，加以奖励；未能及时发现的，要追查责任人，严肃处理。发生计量故障要充分收集证据，追补电量电费，在减少供电企业损失的同时，避免与客户发生矛盾。

每一位工作人员，都要在工作中遵守制度，依法进行检查，不徇私舞弊，不维护非法行为。在对用电检查中，要对违章用电及窃电行为进行大力检查，必要时，采取一定的技术与科技手段，加强法律的监督力度，打击违法用电行为，提高用电安全与稳定。

（4）科学开展理论线损计算，并在此基础上做好电网规划建设、技术改造及经济运行工作。通过开展理论线损计算，并结合理论计算结果，从电网结构、设备参数、运行方式等方面进行科学的分析，可以为更好地开展电网经济运行提供指导，为科学、合理地进行电网规划、建设与改造提供参考依据；可以为合理地核定下达各级线损考核指标提供理论依据，从而提高线损指标考核的效果；可以促进供电企业技术基础管理水平的不断规范、完善，提高相关人员对线损工作的认识程度，从而为提高企业线损管理水平奠定良好的管理基础。

（5）推广与应用节能降损新技术、新设备。对配电系统进行自动化管理，提高对配电数据采集与监视控制系统（SCADA）、GIS、需方管理（DSM）的监控水平，在线监控配电线路潮流变化情况并及时调整运行方式，借助配电线路故障在线监测系统可以准确检测线路短路故障、接地故障、送电、停电、过电流，可以检测线路负荷电流、故障电流、温度等，利用自动或远程调节变压器分接头，保证电压恒定，提高供电可靠性，将配电网在线数据和离线数据、配电网数据和用户数据、电网结构和地理图形进行信息集成，构成完整的自动化系统。

（6）建立和完善监督制约机制与激励机制。建立和完善监督制约机制与激励机制，强化抄表管理，在原有线损分析的基础上，运用数据挖掘理论挖掘资料库，以月为单位周期，对线损指标进行分解考核，加大奖罚尺度，充分调动广大员工参与降低线路损耗的积极性。

（7）强化培训，提供良好素质的人力资源保证等。定期组织线损培训。培训内容根据不同层级线损管理人员的工作重点、难点进行差异化授课。始终将培训作为加强线损管理工作的一项重要工作，确保线损管理队伍素质满足线损管理要求。

（四）支撑手段

1. 信息化系统数据支撑

线损数据是对线损进行有效分析的重要内容，也是提高线损管理水平的基础，所以同期线损系统实现了对统计数据的整合归类、分析管理，同时，为保证相关数据的真实性、完整性、合理性，系统内部设置了大量指标进行相互验证，确保符合相关要求。同期线损系统的全面应用，彻底实现了线损数据的同期管理，真正做到了供电量和售电量的同步，实现对每天线损电量、线损率、电网运行情况的直观掌握，能够准确而及时地反映公司的日线损、月度线损和年度线损，给公司经营决策提供了第一手资料。

2. 采集全覆盖

近年来，随着通信技术的发展和普及，省级电力公司建设了规模庞大的电能计量自动化系统，实现了电能全采集、全覆盖、全费控的目标，为线损管理提供了良好基础。电量采集全过程示意如图2–20所示。

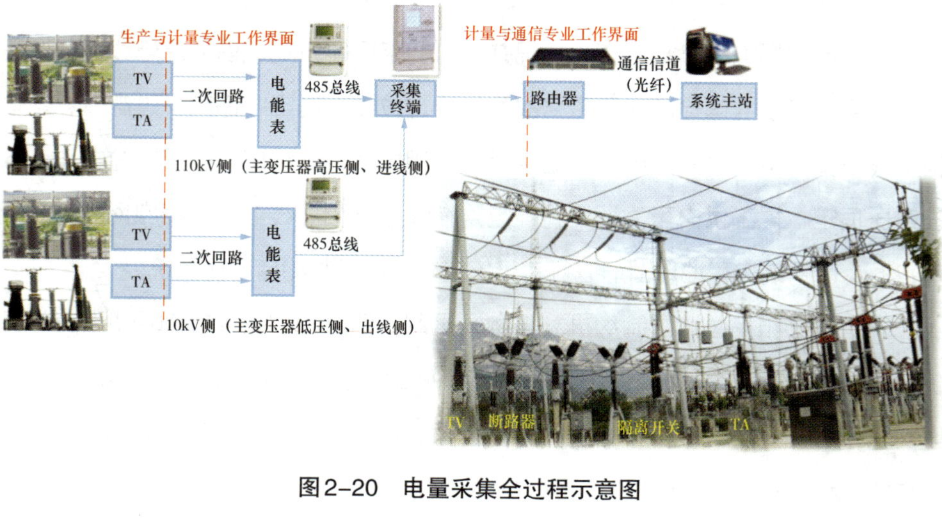

图2–20　电量采集全过程示意图

3.搭建线损管理交流平台

省公司层级搭建形式多样的线损管理交流平台，如月度线损分析视频会议、线损管理交流微信群、线损管理培训班等，使全省、地市、县公司，甚至供电所的线损管理相关人员在统一平台相互学习、交流，提升线损管理队伍的整体素质。

（五）当前线损管理提升分析

1.降损增效关系到企业的生存和发展

随着电力市场化、商品化进程的推进，供电企业购售电价差空间逐渐减少；供电企业服务范围延伸，服务标准提高，供电成本增加，而且电网要发展，员工工资水平要提高，而外部经济形势错综复杂，供电企业必然要依靠不断提高经济效益应对越来越大的经营压力。供电企业提高经济效益的外延途径主要是扩大电力市场，而提高经济效益主要的内涵途径必然是降损增效。

对于电网企业，降损直接影响企业的经济效益。以国网山西省电力公司为例，年度线损率每降低0.1个百分点，减少损耗电量1.8亿kWh，相当于节约标准煤5.8万t，减少二氧化碳排放14.4万t。

2.当前线损管理存在的不足

长期以来，线损管理一直是供电企业重要的专业管理之一。近年来，随着采集全覆盖、同期线损系统建设应用、线损管理力度不断加强，线损管理水平大幅提升，为线损精益管理打下了基础，但仍存在以下几方面不足：

（1）对降损增效认识不到位，线损管理观念滞后。没有将节能降损与建设节约型社会、提高社会效益、促进企业发展联系起来，从系统角度和专业管理方面开展线损管理。具体表现为：

1）组织体系不健全，或领导不力，表现在发展、营销、运检、调控等专业协同困难，步调不一致，需要明确一名副总经理全权负责，加强领导，提高认识，统一行动。

2）线损管理机制运转不畅，表现在发展、营销、配电、调控、运维等多部门多专业的线损管理会议少，需要组织月度线损分析例会，切实开展线损管控。

3）发电侧与需求侧的线损管理还没有纳入管理范畴。大规模的风电、光伏、微网上网，电动汽车充电与储能，大用户产权内部的电网设备，其降损节能潜力巨大，急需要专业公司开展节能指导服务。

（2）信息管理系统资源利用率有待提高。与线损管理相关的多个信息管理系统，涵盖了供电企业规划、生产、营销、调度各个环节，海量核心数据应有尽有，多个系统之间相互关联又相互制约，信息管理系统资源利用率有待提高。

例如，由于多系统接口对接不畅，同期线损系统数据来源于PMS、GIS、D5000、营销系统、用电信息采集系统、配电自动化系统等多系统，且隶属于不同专业、不同区域、不同厂商项目组支撑，多系统之间的数据贯通与共享还存在许多缺陷，如现场换表、换互感器后，营销系统建档完成，用电信息采集系统采集成功，数据成功推送到同期线损系统往往需要4～5天，类似问题还有很多，大大影响日线损的正常统计与计算，远远不能满足新时代信息化、智能化的管理需要。

此外，按照目前各大专业信息管理系统提供的数据来看，足以满足线损管理人员日常工作需求，但因为数据只是数据，需要接收数据的是不同个体，必然存在个体差异，因此对数据的利用和判断不尽相同。因线损管理涉及的专业多、环节多、链条长、周期长、流程复杂，虽然现有的所有信息管理系统功能全面，但对线损管理的辅助分析、智能研判始终未真正做到及时、快速、有效、人机友好。各大信息管理系统资源有待进一步挖潜和整合利用，提高数据利用率。

（3）线损管理内驱力不足。基层线损管理人员积极性不高，表现为工作主动性和执行力差，主要原因是激励机制缺失，具体包括：

1）线损计划（考核）指标本身缺乏激励性。一些供电公司的线损指标“一刀切”，不同的10kV线路指标一样，各供电所指标一样，各配电变压器台区低压线损指标一样；有的定线损指标靠“拍脑袋”，还有的定指标靠“鞭打快牛”，一年变一次，每年定的指标总要比上年实际完成低一点，没有科学依据。线损指标“高不可攀”让人失去努力希望，“唾手可得”的指标又难以激发人的潜能，线损指标失去了科学公正合理，不但起不到正面激励作用，而且会起到负面影响。

2）有效激励与长效激励差。为促进线损管理，各供电公司都有自己的激励措施，但有些公司线损奖变成了“大锅饭”，线损奖金与降损效益不挂钩，有的单位同样的激励方式多少年无变化。

因此需要建立降损增效激励机制，按线损率达标台区和达标线路计件奖励，重奖重罚，强力开展日高损负损治理，提高综合达标率。

（4）实现线损精益管理仍需厚积薄发。实现线损精益管理，关键在基层、在线损管理末端。在“三集五大”体系后，乡镇供电所人员短缺、年龄偏大、综合素质偏低，为使线损管理概念充斥各层级人员内心，改变“头疼医头、脚痛医脚”的固有管理模式，需要在线损管理末端，形成大网格嵌套小网格的管理模式，责任到人，建立人员梯队，配合营销、运检专业业务推行“台区经理制”，全面搭建网格化线损管理模式，有效提升线损精益化管理水平。具体来说：

1）在乡镇供电所推行集农村低压配电运维、设备管理、台区营销管理和客户服务于一体的“台区经理制”，以“人员最精化、效率最大化、服务最优化”为原则，实施“供电所、乡镇/线路、村组/台区”三级网格层级考核和负责制，其中三级网格负责人（村组/台区）即为本网格区域台区经理。各县级供电企业、乡镇供电所要建立科学合理的网格化管理组织构架，合理划分网格区域和人员，明确目标任务和工作职责，确保网格清晰、人员到位、责任具体。

2）乡镇供电所网格划分要根据实际工作情况，充分考虑村组、台区的地域环境、线路设备状况、工作难易程度等因素，以线路或就近连片组合的若干个台区的为管理对象，科学合理划分网格区域，着力构建“所长全面负责、二级网格包线、三级网格（台区经理）包片”的网格化管理格局，形成横向到边、纵向到底、监管到位的管理体系，做到网格、人员、责任“三落实”，实现人员联动、资源共享。

3）台区经理制的责任主体是台区经理，台区经理由具备营销服务、低压电网生产等专业能力的供电所员工担任，以方便客户、提升服务、促进安全、降低线损、提质增效为目的，充分考虑人员素质、技术水平、业务能力，以竞聘上岗、分片包干、业绩考核为主要管理方式，合理安排台区经理，全面负责台区范围内的安全生产、线路运维、营销服务、经营指标及重点工作任务等工作。

4）台区经理作为乡镇供电所管理基础最重要环节，要全面实行AB岗工作制，相互协调解决网格区域内的安全生产、线路运维、营销管理和优质服务工作中的问题，做到“定格、定员、定责、定岗”。

此外，受传统抄表手段制约，引起月度线损率波动，高损点无法准确甄别，窃电及跑、冒、滴、漏等管理问题难以及时发现。国家电网有限公司全面推广同期线损系统建设，以达到“全源头采集、全自动生成、全过程记录、全方位监督”的全覆盖、全采集目标，并依此加强线损管理，实现降损增效。

（六）线损管理模式的构建

根据线损管理的范畴及其管理模式，从系统学和管理学的观点研究认为：线损管理是一项十分复杂的系统工程，其模式的构建应基于“三大体系”的建立为原则，即一个科学、规范、开放的线损管理模式应包含科学完善的管理体系、技术体系和保证体系。

1.“三大体系”的主要内涵

（1）管理体系。其范围包括建立组织结构、指标管理、线损统计与分析、线损波动的分析与控制。

管理体系以建立组织结构为基础，以指标管理为核心，以统计分析为手段，以线损波动的分析与控制为关键点，最终的目的是降低管理线损。即以形成的管理网络架构为基础和依托，借助指标管理的链条使各个环节形成紧密联系、相互制约的有机整体，依靠对具体指标的统计、分析找出各环节存在的问题，通过考核、激励调动各管理环节的积极性，采取行之有效的管理、技术措施以实现线损管理目标；线损波动控制则通过用电营销、电能计量等环节的科学、规范管理，提供准确完善的统计分析信息，并通过有效的控制措施不断降低线损。

（2）技术体系。其范围包括电力网的规划和建设、经济运行、线损理论计算、节能降损技术的应用等。

技术体系的基础是电网规划和建设一个良好的电网结构和布局，在很大程度上决定着电网的理论线损率水平；电力网的经济运行是技术体系中的关键，通过科学、合理的运行管理，可以在最大程度上降低电网损耗；线损理论计算是科学分解下达线损指标的依据，理论计算结果可以发现电网中的薄弱环节，为下一步开展节能降损工作指明方向，节能降损技术的应用是供电企业不断降低电网线损的有效技术途径。

（3）保证体系。其范围包括有力、合理的组织保证，科学、规范的线损管理制度体系；完善的监督、制约机制；科学、有效的考核和激励措施；高素质的人员素质保证等。

其中，组织保证是强化线损管理工作的前提，制度保证是规范线损管理工作的依据，人员素质保证是不断提高管理水平的基础，建立完善的监督激励机制是调动线损管理各环节的积极主动性、保证线损管理全过程有序运行以及控制运行偏差的重要手段。

2.“三大体系”的关系

“三大体系”中，管理是核心、技术是手段、保证是支持。管理体系是开展线损管理的中心和主线，为保证体系提供相关信息，并根据需要对技术体系不断提出更高的要求；技术体系为管理体系和保证体系提供必要的技术手段；保证体系为管理体系、技术体系的有效运行提供良好的人员素质保证、组织保证、监督制约和激励机制，三大体系协调一致，彼此依托，相互作用，共同确保线损管理目标的顺利实现。

“三大体系”的关系如图2–21所示。

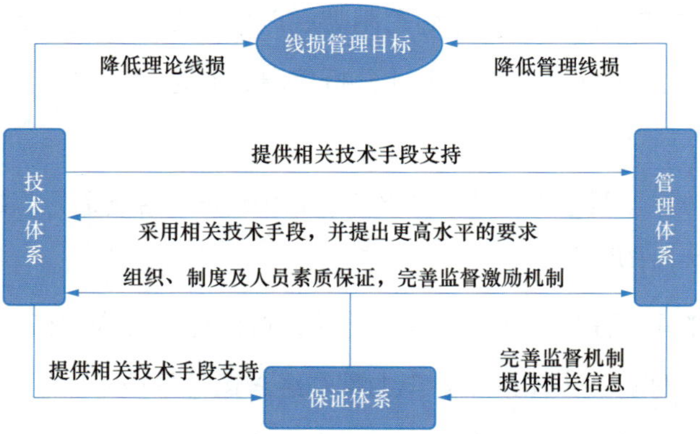

图2-21　线损管理“三大体系”示意图

第二节　线损精益管理新方向

线损管理作为电网企业降低能源损耗、提升管理效益的关键内容，贯穿发、输、变、配、用等生产经营全过程。在当今数字经济大发展的背景下，如何应用数字化、智能化新技术，构建各专业部门主动参与、良性互动、迭代更新、价值共享的线损精益管理全价值生态链，成为电网企业亟待突破的课题。国网山西省电力公司根据新趋势对线损管理进行了精心谋划和系统建构：国网山西省电力公司立足同期线损系统，深入挖掘海量数据价值，以“数据实时展示、指标自动预警、缺陷精准定位、原因智能分析、损耗经济评价、业务全面融合”为目标拓展系统功能，以“概念定义现代化、职责分工科学化、专业流程精益化、人员培训场景化”为核心构建线损精益管理体系，以“数据价值共生、专业管理协同”为保障搭建数据应用与评价等机制，初步形成各专业主动参与、良性互动、迭代更新、价值共享的线损精益管理生态链。

一、数字化赋能

在电力行业，传统的数据处理技术已经无法满足从海量的电力生产数据、设备监测数据、企业运营和管理数据中快速获取知识与信息的分析需求。发展电力大数据，是保障电网可靠运行、提升经营管理水平、提高用户服务水平的重要途径。电力大数据将在发展数字经济、建设能源互联网中发挥重要作用，产生重要价值。能源互联网建设成功与否的一个重要衡量标志，是电力大数据是否被实时产生、采集、处理、加工并形成高价值应用。深入挖掘电力大数据价值，是建设能源互联网的重要组成部分和中坚力量。

（一）建立线损信息化智慧管控平台

以可视化技术应用为抓手，以数据融合、智能感知、辅助决策为主线，建设标准统一规范、流程一贯到底的系统架构，通过对线损数据信息整合展示、综合分析、智能应用，实现决策层、管理层、实施层各级人员对线损状态“直观可视”，损耗分析“智能精准”，降损措施“闭环联动”，推动线损管理从事后处置模式向事前防范机制转变、线损异常状况处置从“被动到主动”、降损措施实施“从虚到实”根本转变。

（二）完善线损相关数据获取机制

线损信息化智慧管控平台以国家电网有限公司同期线损系统为核心数据，同期线损系统充分应用公司近年来数字化建设成果，通过集成各部门的生产管理系统、营销业务应用系统、用电信息采集系统、电能量采集系统、SCADA、GIS 等专业系统，完成了对设备台账信息、拓扑关系数据、电量数据、电能质量信息的全面归集，实现了档案、电量数据源头接入、电量同时计算、线损实时监测。同期线损系统实现了主变压器、母线、输电线路、配电线路的线路－变压器关系、台区基础档案的全量接入；同时通过变电站开关与厂站采集系统实现关联，实现了关口电量计算与设备匹配；从营销基础数据平台抽取同期售电量后，实现了电网大数据在同期线损系统的全量接入。

同时，线损信息化智慧管控平台还充分获取了用电信息采集系统、配电网可视化系统、PMS、GIS、营销电价等系统的相关数据，通过建立不同系统数据融会贯通策略或指导规则，解决系统之间的数据贯通不畅问题。

（三）设计线损相关数据使用场景

线损信息化智慧管控平台数据主要应用于线损智能分析、线损移动作业、线损仿真培训、线损精准治理四个场景。

（1）线损智能分析。主要包括线损异常分析、台区理论线损估算、台区三相不平衡优化。

（2）线损移动作业。通过移动互联技术+电网发展的应用实践，切实解决基层无法在现场与后台系统交互、线损排查效率不高等难点问题，进一步提升了线损精益管理。

（3）线损仿真培训。将以往常用于技能培训的仿真实训模式，应用于线损管理专业培训，开发了线损仿真实训系统，实现了电力生产消费全过程全场景再现，实现了以应用为背景的实战化互动，实现了与岗位精准匹配的多角色支持。

（4）线损精准治理。主要包括低压三相负荷不平衡治理、10kV线路精准无功补偿、电流互感器饱和治理等。

二、 效益化驱动

从全生命周期角度审视线损管理流程，重塑线损管理的内涵，通过与其他专业相结合的前置化管控，在源头上消除可能导致高损的风险。以数字化工具实现线损治理过程的实时化、智能化无缝连接，提高治理质效和经济性。

首先，通过线损专业对电网规划改造专业流程的介入，实现了线损专业在“规划—建设—运维—营销”四个电力生产经营全链条环节中的贯穿，实现了对影响线损的全要素进行控制的第一步。同时，对涉及技改的项目和确定的技改方案，进行技术降损的经济性校验，对技改项目不能优化技术损耗或者使技术损耗提高的项目及时控制和整改、做到精准投资；同时将长期高损的设备纳入技术改造范畴，并通过投资和成本压缩控制，评价可行性，避免了规划改造项目实施后给线损管理造成的掣肘因素，是线损精益管理的核心内容，避免了浪费概念的植入和落地。对于规划改造专业本身，使用技术损耗作为经济性评价的指标，能够进一步满足项目技术经济性的要求，也能给规划改造项目的立项和实施提供更加充足的设备投资、改造和建设方面的参考，有利于电网规划改造的精益科学管理，能够从源头上实现降损增效。

其次，通过线损专业对电网生产运行中35kV及以上方式制定与10kV及以下方式调整专业流程的介入，按照精益线损管控流程，对可能造成线损异常的方式制定与方式调整关键业务环节，通过加入线损计算结果参考、应用线损可视化系统进行方式调整计算，实现线损工作业务在电网生产运行中的有效参与，满足线损同期监测的精益管理要求。

再次，通过线损专业对电力营销工作的业扩报装、计量升级改造、用电检查专业流程的介入，按照精益线损管控流程，对可能造成线损异常的关键业务环节，制定针对性改进措施，满足线损同期监测的精益管理要求。

接着，通过线损专业对教育培训中线损培训专业流程的介入，按照精益线损管控流程，对可能造成同期线损监测率异常的线损工作参与人员能力素质等关键因素，通过增加线损培训需求分析、计划制定、组织实施与效果评估的针对性，实现线损工作业务线对线损培训的有效控制，满足线损同期监测的精益管理要求。

最后，有效利用、挖掘电网数据信息，将线损"四分"管理这一线损精细管理行之有效的手段与数字化信息系统相结合，对现有的线损管理业务流程进行再造，在线损可视化系统及大数据分析的有效支撑下，实现线损实时监测、异常自动预警、异常远程定位与分析、工单自动派发等功能，提高线损监测的实时性、准确性与线损治理的及时性。

另外，建立包含指标的构成以及指标的评价标准、指标的核定、指标的过程管理与统计分析、指标的分级控制、奖惩激励、矫正措施等内容的五分线损指标管理链。构建覆盖省、市（含省公司所属支撑机构）、县（含市公司所属支撑机构）、所（站）四个层级以及发展、营销、调控、运检四大专业的“四纵四横”线损精益管理考核评价体系，形成线损精益管理考核评价体系基本框架，层层打通各专业间壁垒，垂直贯通本专业上下阻隔，使得线损精益管理精髓在线损管理组织体系中畅通无阻。

三、生态化激活

深度市场化是企业生态化的突出表现，可以激发企业活力，提升企业效益；现阶段随着互联网技术的发展，电网企业建立生态链是实现市场化的具体手段，而线损管理具备弹性和开放性，价值回报逻辑清晰，目标协同、规则清晰，具有能够突破限制性和持续成长性的特点，其生态化是电网企业建立生态链的核心。

为实现线损管理的生态化，需要建立线损管理生态体系，它是由线损管理各利益方组成的群体，其相互间是市场化的交易关系，形成各方广泛参与的群体，共同形成通过市场化的手段合理化配置资源，激活各参与主体，实现线损管理高质量持续发展。而线损管理生态体系的核心是通过经济化手段将线损相关利益方变成参与者，激发各参与者的主观能动性，从而激发市场活力，提高参与动力，不断挖掘创新潜力，形成自组织、自适应、自愈的大市场内循环。

第三章
线损管理的数字化赋能

CHAPTER 3

电力企业进行数字化转型是顺应数字经济发展、服务国家发展战略的担当之举，也是打造电力企业经营新的增长点、建设能源互联网的重要内容。线损大数据是电力大数据的重要组成部分，是线损管理和决策的依据。同期线损系统实现了全网范围内标准化的线损数据获取和监测。国网山西省电力公司以同期线损系统为基础，以线损可视化智慧管控平台为中枢，对线损管理进行了数字化赋能，在线损智能分析、线损移动作业、线损仿真实训、线损精准治理等方面进行了有效实践。

第一节　电力大数据与数字化赋能

一、电力大数据概述

（一）大数据发展现状

近几年，世界各国对大数据的关注程度日益提高，数据正在成为这个世界上经济发展最重要的土壤和基础，成为一切管理和决策的依据，各个国家都在试图通过扩大大数据的应用范围，进一步释放大数据的潜在价值。实践证明，大数据与传统产业的深度融合和创新应用，确实能够推动社会管理创新，带动各行业向信息化、网络化、智能化发展，加速制造业、服务业等产业转型升级，激发新的经济增长点，提升产业竞争力，甚至增强国家安全防护能力，变革可行性研究和教育模式。

大数据在经过前几年的概念热炒以后，逐步走过了探索及市场启动阶段，当前已经在接受度、技术、应用、交易等各方面步入快速发展阶段。大数据技术正在成为各行各业颠覆性创新的原动力和助推器，跨国IT企业纷纷进入大数据领域。

我国紧紧抓住大数据驱动社会发展的战略机遇，及时于2014年将大数据写入政府工作报告，并于2015年先后发布了《中国制造2025》、“互联网+”行动计划、《促进大数据发展行动纲要》《大数据产业发展规划（2016—2020年）》等指导性文件，将大数据发展列为国家战略。习近平总书记指出："大数据是工业社会的'自由资源'，谁掌握了数据，谁就掌握了主动权。"各部门、各地方高度重视，2016年9月9日，国家发展和改革委员会发布《关于推进全国发展改革系统大数据工作的指导意见》。2016年3月8日，环境保护部办公厅发布《生态环境大数据建设总体方案》。大数据为各行业加快转型升级，实现"弯道超车"提供了难得的机遇。有了国家政策方针的指导和开路，目前我国大数据发展已经正式驶入快车道。

国内学术界和企业界近年来也纷纷开启了集中于大数据存储、建模、挖掘与服务等方面的研究。在国内的企业界，百度、阿里巴巴、奇虎360、京东等互联网企业依靠自身的数据优势，均已经将大数据作为公司的重要战略。

数据资产可以成为任何产业的最核心竞争力。未来几年，随着数据中心等基础设施建设的落地，大数据市场将进一步向软件和服务端拓展，深度融合多个产业。对大数据的价值挖掘也将进入快速发展期，为不同行业的需求提供差异化的服务。

（二）电力大数据发展现状

电力大数据是大数据理念、技术和方法在电力行业的广泛应用。随着能源互联网的提出和智能电网的建设应用，涉及发电、输电、配电、用电、调度等各环节的电力数据呈现出快速增长的势头，目前已满足数据量大、处理速度快、数据类型多、价值大、精确度高的数据特征。在此背景下，运用大数据方法对电力数据进行跨单位、跨专业、跨业务的分析挖掘和信息提取，转化为更加丰富的知识并合理的展现和表达，将构建大数据时代能源变革的新格局。

相对于大数据的技术定义，电力大数据则是一个更为广义的概念，并没有一个严格的标准界定多大规模的数据集合才是电力大数据。电力大数据是能源变革中电力工业技术革新的必然过程，而不是简单的技术范畴。电力大数据不仅是技术进步，更是涉及整个电力系统在大数据时代下发展理念、管理体制和技术路线等方面的重大变革，是下一代智能化电力系统在大数据时代下价值形态的跃升。

电力大数据主要来源于电力生产和电能使用的发电、输电、变电、配电、用电和调度各环节，可大致分为三类：一是电力生产运行数据；二是电力企业运营数据；三是电力企业经营管理数据。对电网而言，通过采集整个电力系统的运行数据，再对采集的电力大数据进行系统的处理和分析，从而实现对电网的实时监控。进一步地，结合大数据分析与电力系统模型，可以对电网运行进行诊断、优化和预测，为电网安全、可靠、经济、高效运行提供保障。

随着智能电网的发展，电网在电力系统运行、设备状态监测、用电信息采集、营销业务系统等各方面产生和积淀了大量数据，充分挖掘这些数据的价值具有重要的意义。

在电力行业，传统的数据处理技术已经无法满足从海量的电力生产数据、设备监测数据、企业运营和管理数据中快速获取知识与信息的分析需求。国家电网有限公司、中国南方电网有限责任公司、中国华能集团有限公司、国家电力投资集团有限公司等纷纷开展了电力大数据的研究与试点项目的推进。

国家电网公司于2015年1月发布《国家电网公司大数据应用指导意见》，明确到2020年，在现有一体化平台的基础上，建成具有国际先进水平的企业级大数据平台。2016年初，国家电网公司在《国家电网公司“十三五”科技战略研究报告》提出的重点任务中，按电网安全与控制技术、输变电技术、配用电技术、新能源技术、基础和共性技术、决策支持技术、重点跨领域技术进行分类，从多个角度提出了电力大数据应用的具体设想。目前公司已经研发了大数据平台并在总部和27家省级电力公司部署实施，基于平台构建了涉及电力生产、企业经营管理、优质客户服务、电力增值服务等领域的159个电力大数据应用。

中国南方电网有限责任公司也高度关注大数据的应用与研究，并明确了南网在大数据领域的行动计划，即：第一阶段（2014—2015年）组建大数据工作小组，开展大数据顶层设计；启动大数据关键技术研究和大数据平台建设，探索大数据平台集中部署模式；选取业务价值高、数据基础好的业务场景开展试点应用。第二阶段（2016—2017年）深入开展大数据关键技术研究，全面掌握大数据各环节关键技术，构建企业级大数据平台；全面开展大数据分析应用建设，辅助业务管理决策；开展大数据服务模式研究及试点应用。第三阶段（2018年后）持续完善与优化大数据平台，全面深入开展大数据应用建设，全面拓展大数据服务模式，形成持续发展的大数据运营机制。

（三）电力大数据应用发展趋势分析

电力大数据作为一场变革，不仅改变了电网、厂商的发展，还改变了电力系统今后的运作方式。电力大数据贯穿发、输、变、配、用等电力生产及管理的各个环节，是能源变革中电力工业技术革新的必然过程，随着能源互联网的发展，电力行业也将开始进入大数据时代“快车道”，一方面，大数据将助力电力企业改革创新，激发企业发展潜力，降低企业决策风险；另一方面，大数据助力构建能源发展新格局，有利于形成清洁能源占主导的世界能源格局。

1. 电力行业大数据应用发展趋势分析

从长远来看，作为中国社会发展的晴雨表，电力数据与经济发展具有紧密而广泛的联系，将会呈现出无与伦比的正外部性，对我国经济社会发展以至人类社会进步也将形成更为强大的推动力。未来电力大数据的发展将促进数据中心的建设、数据资源的整合以及在各个领域的应用建设，电力大数据在电网和发电行业的应用前景如下：

（1）电网行业应用。

1）输变电智能化。基于对输变电数据的分析挖掘，提升输变电设备及输电通道环境在线智能诊断预警能力，提高智能装备及现场运维检修作业职能感应与移动交互水平。

2）智能配用电。基于营配数据的分析挖掘，提高海量数据采集监测和实时计算能力，开展配电变压器过负荷预警、低电压治理、配电网故障诊断与辅助规划等数据分析；开展用户行为细分分析，提供用电优化建议、停电精益化管理等服务；开展电能质量监测与分析、电费回收风险防范等数据分析。

3）源网负荷协调优化。基于源网负荷数据的分析挖掘，实现母线负荷预测、大规模储能分析、量价费损、用电行为特质分析、分时阶梯电价分析和政策性电价清洁能源补贴效果执行评估等。

4）智能调度控制。基于智能调度数据的分析挖掘，实现混合仿真决策、雷电分析、提升电网故障感知、继电保护在线监视与智能诊断、调控数据综合应用。

5）创造新模式的数据增值应用。基于大数据充分挖掘公司海量用电数据价值，结合移动互联网、社交网络等新技术，改变传统电力营销模式，支撑公司新型用电关系构建与新业务，丰富电力增值服务内容。

6）服务社会经济发展的数据增值应用。整合人口、经济、用电等数据构建“电力经济地图”，采用科学的方法及工具进行数据挖掘，寻找经济系统的特点、特征及内在规律，尽量避免被某些表面现象或假象所迷惑，辅助行业投资决策、城市建设和电网规划。

（2）发电行业应用。基于发电、售电、工程建设、物资库存配送等数据，构建发电企业生产经营等数据分析模型，实现发电监测、购售电发展、工程监控、物资智能调配等增值应用，通过大数据增值应用，为发电企业提供高效、环保、智能的分析决策支持。随着电力大数据技术的推广和应用，将进一步优化发电企业产业布局；深化推广风能和太阳能等新能源发电功率预测和运行智能控制技术；提升新能源接入和分布式储能的能力；促进大规模风能和太阳能等可再生能源的科学合理利用；减少能量损失，优化发电侧运行效率，解决能源利用率低的问题；提升发电站的智能化管理水平，实现发电设备信息和运行维护策略与电力调度的智慧互动，从而制定行之有效的生产及检修计划；提升企业驾驭生产能力、资源优化配置能力、精准决策经营管理能力和灵活高效调控能力。

2.行业外电力大数据应用发展趋势分析

（1）能源行业应用。结合“互联网+”智慧能源发展要求，基于能源结构、生产、消费、客户、供给等数据，构建辅助石油、煤炭、燃气等其他能源经营企业开展决策的相关数据分析模型，实现能源结构优化、能源生产监控、能源消费特征、节能分析等增值应用，通过大数据增值应用，为能源生产运营企业提供高效、环保、智能的分析决策支持。基于电能、石油、水、气等各类数据，开展基于能源大数据的信息挖掘与智能预测业务，对能源设备的运行管理进行精准调度、故障诊断及状态检修等；开展面向能源终端用户的用能大数据信息服务，对用能行为进行实时感知与动态分析，实现支撑远程、友好、互动的智能用能控制。

（2）交通运输行业应用。基于海量的交通流量、运营信息、道路信息等数据，结合电力行业统计数据，构建辅助交通管理部门或运营公司决策的相关数据分析模型，实现运输路线规划、交通运输缓解、交通管理服务、刑侦分析、货物实时追踪等增值应用，为交通管理部门或运营公司提供高效、智能、实时的分析决策支持。

（3）其他行业应用。基于电力行业统计数据构建行业外数据分析模型，提供行业用电和经济分析、电力消费结构及发展趋势分析等相关分析咨询，为电力和社会经济的结合应用开辟新方向。电力大数据的数据体量大、类型繁多、处理速度快，是能源互联网的基石，它的存在为电力安全、可靠、经济、高效的运行提供了较大的保障。围绕电力系统开展电力大数据应用实践，以重塑电力价值核心、转变电力发展方式为主线，将实现电力工业更安全、更经济、更绿色和更和谐的发展。在全球能源互联网的推动下，电力大数据的发展会越来越迅速且完善，对电力甚至能源领域的发展给予强大助力。

（四）线损大数据

线损率作为电力企业重要的综合性经济指标，不仅能够反映电力企业的经济性，还能够反映企业的盈利率，而且直接体现了电网规划设计的合理性，反映了生产技术和运营管理水平的高低。电网网架结构具有地域分布广、规模大、设备种类多、网架和运行方式复杂的特点，线损产生于输电、变电、配电、售电各个环节。随着配电自动化、配电网可视化、用电信息采集、同期线损等应用系统的推广应用，电网系统中产生了海量的异构、多态数据，与线损有关的数据集合的规模已经达到了大数据级别。

线损大数据作为电力大数据的重要组成部分，同样具备5V特征。

（1）规模（volume）。线损相关数据涉及输、变、配、售各个环节，涉及站、线、变、户等多种对象，数据规模异常庞大。仅以国网山西省电力公司辖区内普通居民用户来看，目前有千万户级别，每户的用能数据包括有功功率、无功功率、电压、电流、功率因数等，这些数据的更新频率为每天24点/96点，初步估计仅此一项，每日更新记录在10亿条以上。

（2）多样（variety）。线损相关数据种类多样。从量测类型来分，可分为电类量测和非电类量测；从结构化角度来分，可分为结构化数据和非结构化数据；从展现形式来分，可分为数字、文本、图片、视频。

（3）快速（velocity）。线损相关数据产生速度快、传输速度快。电类量测数据从传感器采集到数据库写入的整个过程可以不超过1s。

（4）价值（value）。线损与电费直接挂钩，天生和经济效益密不可分。线损能直接反映电网规划设计的合理性、运营管理水平的高低，具有极大的管理价值。

（5）真实（veracity）。线损主要由输入、输出电量差值计算得到，各关口输入、输出电量是各级供电企业高度关注的对象，在设备选型、流程优化、制度制定、巡视督查等方面都形成了一整套行之有效的方法。各级别、各类别的线损数据之间又是密切相关的，这使得线损真实性得到了系统性保障。

得益于国家电网有限公司持续的建设发展，线损大数据不是一个将来时而是一个现在时。我们惊讶地发现，如何充分挖掘线损大数据，为供电企业高质量发展提供更有效的支撑成了摆在面前的亟待回答的课题。

二、数字化赋能概述

通过数字化赋能，原来低效的变得高效，原来困难的变得容易，原来不能的变得能，这就是数字化赋能的内涵。

受传统抄表手段限制，用户发行电量抄表例日不尽相同，各级单位的供电量抄表例日也各不相同，供售电量统计周期的不同步，导致各级单位月度线损率常出现大幅波动，总体呈现出“大月大、小月小”的趋势，掩盖了线损管理中存在的深层次问题，同时传统的线损管理模式主要为通过月末线损五分指标的统计分析，核查线损管理中存在的问题，并在次月开展整改治理，其时效性、准确性、真实性也难以保证，实现线损管理“同期化”，全面推行月末供售电量同时计算、五分线损率实时监测分析迫在眉睫。

2015年，国家电网公司开始同期线损系统建设，充分应用公司近年来数字化建设成果，通过集成各部门的生产管理系统、营销业务应用系统、用电信息采集系统、电能量采集系统、SCADA、PMS、GIS 等专业系统，完成了对设备台账信息、拓扑关系数据、电量数据、电能质量信息的全面归集；通过SCADA、PMS等系统，实现了主网和配电网设备台账信息的源头接入，通过用电信息采集系统和电能量采集系统，实现了电量数据的实时接入；通过PMS、营销业务应用系统和GIS实现了拓扑关系的自动接入，实现了线损五分指标的同期计算并将线损统计的维度由月缩减至日，极大提升了线损管理的时效性、准确性和真实性。

随着同期线损系统深化应用的不断推进，线损五分指标的统计分析和治理也发生了深刻的变化，传统的线损报表分析需要线损管理人员赴现场进行抄表，并通过手工核算电量，编制线损报表用于管理；而现在通过同期线损系统自动集成，线损五分指标可直接由系统自动完成计算；在月度指标计算方面，供售电量全部采用每月1日零点数据计算，将传统线损管理中的不同期电量彻底剔除，真实还原月度线损指标情况；同时由于同期线损系统实现了日监测，线损管理也从当月发现、次月治理的模式转变为当日发现、次日治理，极大提升了线损治理的时效性，促进线损精益管理不断提升。

下面以配电变压器容量选择为例来感受一下数字化赋能带来的变化。

众所周知，配电变压器容量的合理选择对配电网的安全运行和经济运行至关重要。每台配电变压器都有其合理的运行区间，超过这个区间，则损耗大幅上升，甚至带来安全风险。如何让配电变压器运行在合理区间，是线损工作者每天面对的问题。

通过从业人员多年研究和数据积累，针对主流配电变压器型号，得到了它们在不同负载率下的线损率曲线，如图3-1所示。曲线表示配电变压器线损率先是随负载率上升而急剧下降，然后随负载率上升而平缓上升。曲线最底部线损率最低，但负载率也偏低，这表示配电变压器容量偏大，而大容量的配电变压器代表更多的设备成本。配电变压器容量的选择，其核心问题就是如何在保证安全的前提下，尽可能让配电变压器运行在合理区间，集中于经济区间更好。

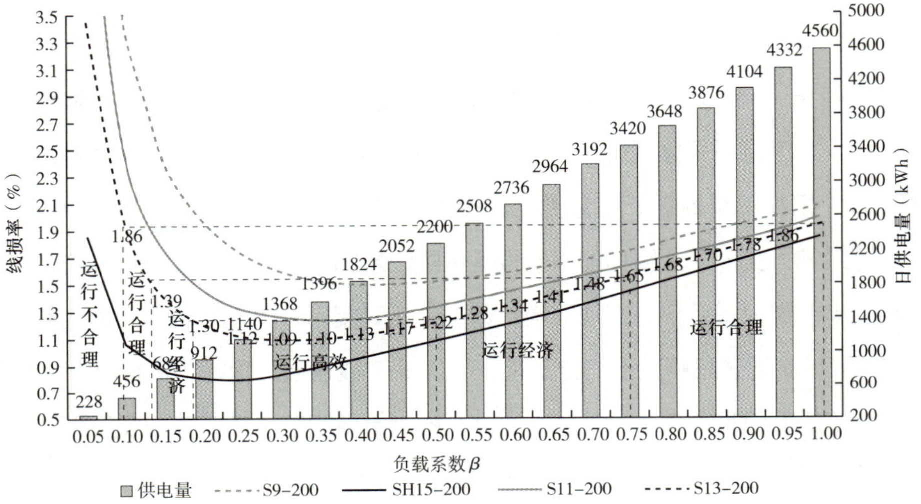

（a）

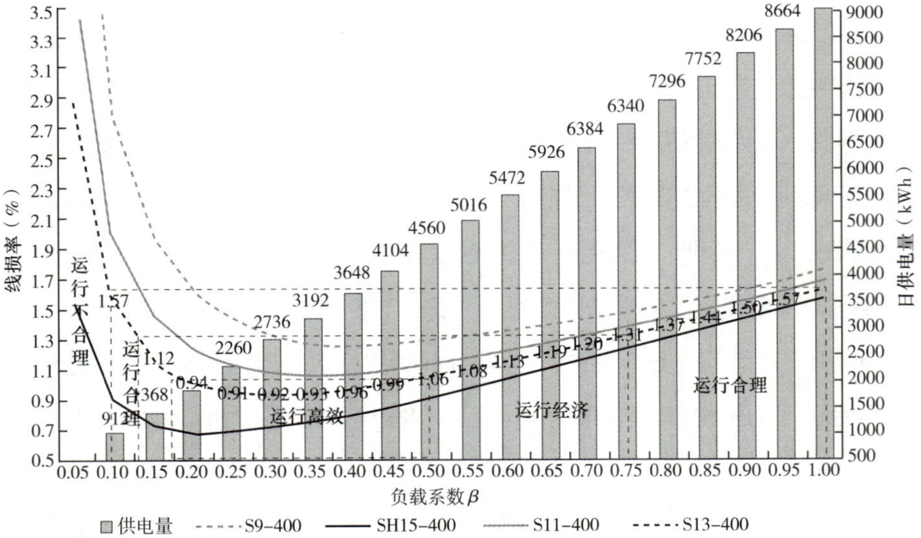

（b）

图3-1　不同系列配电变压器的运行状态评价（一）

（a）200kVA；（b）400kVA

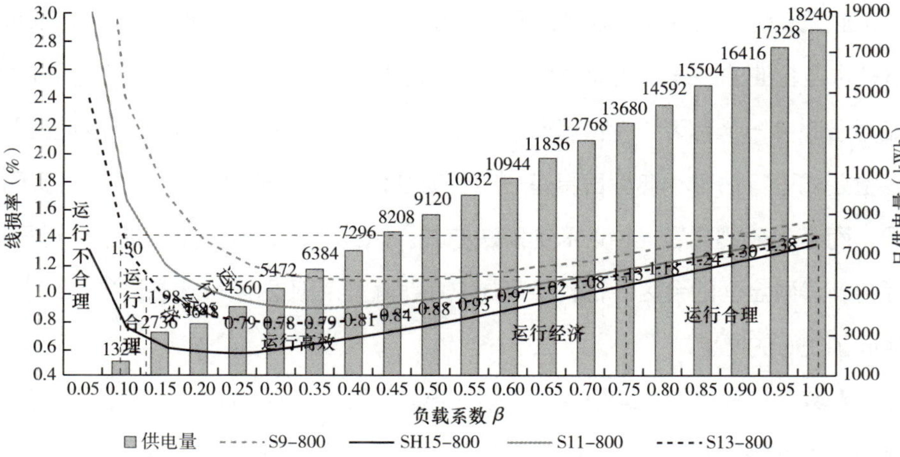

（c）

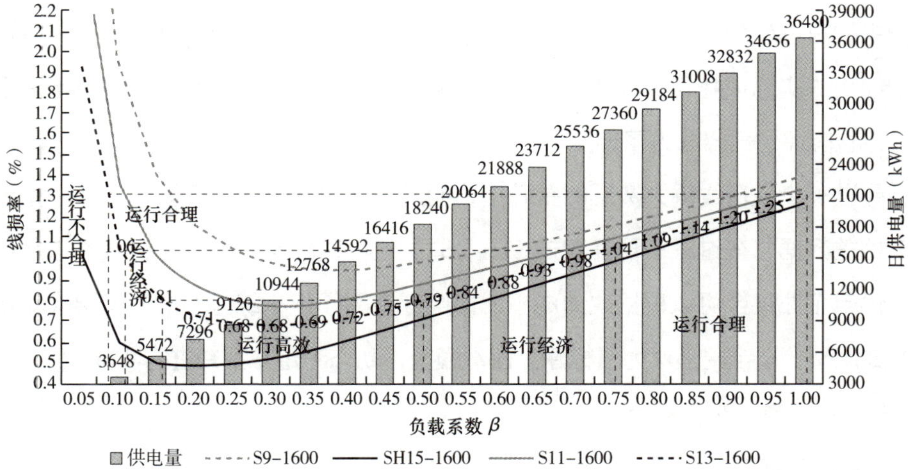

（d）

图3-1　不同系列配电变压器的运行状态评价（二）

（a）200kVA；（b）400kVA；（c）800kVA；（d）1600kVA

早期为了保证安全，选择配电变压器容量时宁大不小，存在不必要的过度冗余，造成了运行时的轻载，线损率居高不下。而随着经济快速发展，部分区域用电量骤增，造成配电变压器重载甚至过载，不仅运行不经济，还带来安全风险。

配电网用户时刻在用电，配电变压器的运行状态也时刻在变化，这就意味着供电企业只有随配电网的动态变化而进行及时反应才能真正做到安全与经济兼顾。而以往供电企业的数据获取能力和数据处理能力相对不足，极大限制了反应能力。例如为了评价一个台区或者台区所属线路的运行情况，往往是通过选定典型日根据经验公式进行估算。典型日具有一定代表性但有时不能准确合理反映实际运行情况，而经验公式更是一种近似的解决方式。除此之外，更重要的是整个过程耗时耗力，导致全面的台区评估代价高昂，根据配电变压器运行状态进行合理调整也就成了美好的愿望。

随着数字化领域的持续投入，拼图在一块块补全：SCADA监控着各开关的电量测数据，配电网GIS汇集着电网拓扑数据和设备台账数据，电能量采集系统采集着用户的用电量和相关数据……不仅数据覆盖面前所未有的广阔，数据粒度也从原来的日进步到小时甚至分钟。这也就意味着，以小时甚至分钟为单位，以台区和线路的实际拓扑和实际负荷为依据，通过潮流计算及其他方法进行配电变压器运行状态评价已经成为了现实。

更进一步，在线损大数据的基础上，通过大数据分析、人工智能等手段预测用电相关数据，在过去、现在和未来三个时间段内对配电变压器运行状态进行评价；供电企业甚至可以根据改造成本、停电计划等因素，统筹考虑设备更换和运行方式调整，以全局最优为目标建立评价模型，动态制定方案并进行实施。

（一）数字化与数字经济

1. 数字化与数字经济的发展

数字化是包含物联网、智能工厂、电商平台、社交平台、数字终端产品、大数据、工业互联网、工业4.0等应用数字技术的广泛领域。当前，以物联网、大数据、云计算为代表的新型信息技术广泛深入应用并渗透到经济社会各领域，我国工业现代化走向工业化与信息化高度融合发展之路。以大数据深度挖掘和融合应用为主要特征的智能化，开启信息化发展新阶段，孕育出以数据为主要生产要素、继农业经济和工业经济后更高级的经济形态——数字经济。

2. 中央进一步明确将数据作为生产要素之一

中共中央、国务院发布了《关于构建更加完善的要素市场化配置体制机制的意见》(简称《意见》),这是贯彻落实党的十九大和十九届四中全会精神,加快建设更加完善的社会主义市场经济体制的重要文件。加快推动要素市场化配置,对于实现"两个一百年"奋斗目标,推动经济社会高质量发展,具有十分重要的意义。《意见》明确要求推动要素市场化配置,进一步强化了我国经济改革的市场化取向,明确了构建更加完善的高标准市场经济体制的要求。《意见》把技术和数据作为生产要素,提出要发展技术市场和数据市场,充分体现了时代特征。对于数据要素市场,《意见》提出要推动政府数据开放共享,提升社会数据资源价值,将有利于解决目前普遍存在的信息孤岛问题,加快数字经济新产业、新业态和新模式的发展,推动传统产业提档升级,提升国家治理能力。

全球性的以信息技术为核心的技术变革是一个巨大的机遇,世界各国都把推进经济数字化作为创新发展的重要动能。我国也正在积极推动实体经济和数字经济融合发展,推动制造业加速向数字化、网络化、智能化发展,运用大数据提升国家治理现代化水平。把数据列为一种主要生产要素,对我国长期可持续发展具有深远的战略意义。

3.数字化与信息化的区别

在谈到数字化与信息化两者有何不同时,刘宏说到,数字化更深层次的理解是"知识化与规则化"。两者的区别在于可快速复制、可重复执行和可明确度量。企业的数字化考虑的是建立的人与设备、物资及环境之间的沟通,是复杂的和实体对象之间的知识、规则的学习、传递、执行和度量。信息化是注重人与机器以及通过机器实现人与人之间的交互。数字化完全不一样,数字化的目标是如何在没有人干预的情况下实现人与机器、人与环境、机器与环境、机器之间的自主交互。

对于企业数字化转型的意义,光有一堆数字化设备是远远不够的,我们需要让设备具备智慧,能够与企业的经营者、管理者、劳动者、生产环境、市场环境去沟通,并采取正确的行为。这是企业数字化真正的意义和目标。

（二）电力行业数字化转型

随着全球人口增长及人们生活质量的提高，电力需求也随之增长，而面对有限的资源，电力供应体系中的每个环节都需要加强技术的更新和应用，提高生产效率，以保证资源的合理配置。目前，许多国家和地区都在推进电力企业转型。数字化的智能电网可以实现高效率的电力供应，应用ICT 技术进行数字化转型，可确保智能电网将多种能源供应者与带有储能单元的可调节电力消费设施相结合，维持电网稳定性。也可以说，未来智能电网的发展将呈现出电网数据全共享、通信网络全敏捷、智能终端全连接的趋势。电力企业数字化转型不仅是将电力设备进行属性数字化，还是借助数字化技术实现经营方向、运营模式、组织模式、资源配置方式的战略性转变。

在数字环境中通过设备监控技术、云计算、人工智能、分析算法等手段进行实时分析，实现电力设备全周期的状态监控和预测，并且对整个电力系统进行有效、及时的调度和把控，为企业在电力市场中的运营提供强大的技术支撑，同时依托开放的云平台工具，企业内外的专家也可以共同参与开发新的运营模式和技术手段，集思广益，最终实现智慧发电。总之，电力企业要想在这数字化浪潮中崭露头角，必须加强自身的数据挖掘能力、智慧分析能力和快速迭代能力。

1.发展电力大数据是电力行业数字化转型的重要基础

数字经济最重要的特征是高度数据化，能源互联网建设是数字化技术、大数据应用与能源电力技术的深度融合。发展电力大数据，既是顺应数字经济发展、服务国家发展战略的担当之举，也是打造电力企业新的增长点、建设能源互联网的重要内容。

（1）电力大数据特征鲜明。相比其他生产要素，数据资源具有可复制、可共享、无限增长的禀赋，打破了传统要素有限供给对增长的制约。电力大数据具有以下三方面的鲜明特点：一是覆盖范围广，包括发电运行数据、电网运行数据、用户用电数据等，储量十分丰富。二是价值密度高，主要伴随电力生产和消费实时产生，数据真实性高，且贯穿电力系统“发、输、变、配、用”各个环节，能够全面真实反映宏观经济运行情况、各产业发展状况、居民生活情况和消费结构等，对服务国家治理具有很高的应用价值。三是实时准确性强，电力行业自动化、信息化水平较高，用于数据采集、传输和应用的基础设施完备，部分采集类数据频度达到分钟级和秒级，数据实时性和真实性高，具有很强的独占性和不可替代性。

（2）电力大数据是发展数字经济不可或缺的生产要素。电力大数据可准确反映国民经济的运行情况，以服务行业趋势分析为例，用电数据蕴藏大量经济信息，基于时空电力数据、宏观经济数据、企业经营数据等，利用大数据技术构建电力经济指数，可以客观反映经济运行情况，辅助预测经济发展趋势，为制定宏观经济调控政策提供参考。新冠肺炎疫情期间，电力大数据成为助力疫情防控和复工复产的“有力武器”，全面、准确、高效、及时反映各行业复工复产情况，每日向国家有关部门报送最新数据，为党中央、国务院精准判断形势、准确把握疫情提供科学支撑，得到国家有关领导的批示。

（3）电力大数据是建设能源互联网的核心内容。能源互联网建设成功与否的一个重要衡量标志，是电力大数据是否被实时产生、采集、处理、加工并形成高价值应用。深入挖掘电力大数据价值，是建设能源互联网的重要组成部分和中坚力量。一是保障电网可靠运行。特高压交直流混联，大容量的清洁能源大批量上网，分布式能源、电动汽车、储能等交互式能源设施快速发展，对电网安全稳定运行提出了更高要求。基于设备台账、电网运行、故障缺陷等数据，开展安全生产风险监测分析和预警，打造复杂环境下输电线路安全隐患监测、设备资产风险防控、安全生产风险大数据分析等产品，能够更加有力保障电网安全可靠运行。二是提升经营管理水平。通过网络不断延伸、万物广泛互联、数据深度应用，提升对内外部环境的感知水平，实现经营管理全过程的可视可控、精益高效，对电网经营态势、运营情况、潜在风险做到超前研判，进一步提升服务质量，降低运营成本，推动更高质量、更有效益、更可持续的发展。三是提高用户服务水平。

能源互联网呈现能源流、业务流、数据流“多流合一”趋势，电力大数据可在新能源消纳、设备运行、用户用能等方面发挥积极作用，提升能源利用的安全性、友好性和互动性，为用户提供更便捷、更优质、更智能的服务。

2. 以发展数字经济为目标深入挖掘电力大数据价值

发展电力大数据，应充分尊重数据发展规律，按照打破数据壁垒、激活数据价值、发展数字经济三条主线，系统推进建设工作。

（1）在打通数据壁垒方面。应按照统一的标准语言，将分散在各单位、各部门的数据汇聚起来，做到数据无条件归集、有条件使用。在此基础上，构建数据质量规则库，建立数据质量治理机制，强化数据质量管理工具支撑，做到数据状态可感知、数据使用可追溯、数据责任可落实。

（2）在激活数据价值方面。应基于企业级数据中台构建报表中心、数据标签、数字超市、企业大脑等核心应用，有力支撑企业各项业务发展。应加强与政府部门、行业上下游企业的合作，推出“电力消费指数”“行业动能指数”“区域协调发展”等电力大数据产品，为服务国家重大战略、助力政府科学治理、推动经济社会发展和服务民生等方面提供支撑。

（3）在发展数字经济方面。应大力推动产业数字化和数字产业化，实现信息化新技术与各产业深度融合和价值创造，通过现代信息技术的市场化应用催生新产业。应发挥电力大数据创新联盟、实验室等创新平台的“集众智、汇众力”作用，整合内外部优质资源，构建电力大数据生态圈，带动关联企业、上下游企业、中小微企业共同发展。应以数据为纽带，组建“产学研用”联合科技攻关团队，协同推进电力大数据、人工智能、区块链等技术的融合创新应用，持续发力、久久为功，真正把数字经济打造成产业的“新蓝海”。

第二节 赋能中枢

对电网企业而言，随着大量人力投入，近年来在信息化方面取得了长足进步，线损方面的进步尤为明显。以国网为例，同期线损系统通过集成各部门的生产管理系统、营销业务应用系统、用电信息采集系统、电能量采集系统、SCADA、GIS 等专业系统，完成了对设备台账信息、拓扑关系数据、电量数据、电能质量信息的全面归集，实现了档案、电量数据源头接入、电量同时计算、线损实时监测。

同期线损系统的引入使得全网范围内标准化的线损数据计算、线损实时监测成为现实，实现了发展、调度、运检、营销各专业的数据融合，构建了“日计算、月通报”的线损五分管理体系。但仍存在电网数据挖掘应用不够、线损异常排查效率不高、相关专业参与度不高等问题。此时，一个极具吸引力的想法摆在电网人的面前：能不能在以同期线损系统为代表的现有系统基础上，结合新技术、新思路，打造新的平台，赋能企业线损管理，实现企业线损管理的数字化转型？

答案是肯定的。国网山西省电力公司从需求导向、问题导向、目标导向和价值导向出发，建设了线损可视化智慧管控平台。依托线损可视化智慧管控平台，优化升级线损精益管理体系，补强管理薄弱环节，统筹各专业协调发展，推动公司数字化转型升级，实现高质量发展。

线损可视化智慧管控平台以提升主配电网线损“智能感知能力、异常预警能力、故障分析能力、统筹分析能力”为建设目标，以市-区县-行政区域层级网络和GIS地理图为基础，以数据融合、智能感知、辅助决策为主线，建设标准统一规范、流程一贯到底的系统架构，通过对线损数据信息整合展示、综合分析、智能应用，实现决策层、管理层、实施层各级人员对线损状态“直观可视”、损耗分析“智能精准”、降损措施“闭环联动”，推动线损管理从事后处置模式向事前防范机制转变、线损异常状况处置从“被动到主动”、降损措施实施“从虚到实”的根本转变。

在辅助运营方面，通过大数据分析和模拟理论计算，为线损异常分析、三相不平衡优化、无功补偿优化提供数字化支撑；通过与线损助手App的信息交互，实现“在线监测”到“掌上监测”的升级，促进线损治理提速；通过线损业务仿真实训平台，提高人员处理异常数据和档案的能力，逐步构建起覆盖多层级多专业的专业线损管理人才梯队，促进线损精益管理提升。在决策支持层面，为公司领导提供线损相关数据，辅助分析经济运行情况；为政府部门提供行业用电数据，辅助分析国民经济运行情况。在服务客户层面，除数字化转型带来了服务提速外，用户随时可以通过用户智能运维云平台查看自己的用能数据进行用能分析，如有需要可联系供电企业提供降损节能指导等综合能源服务。线损管理的数字化赋能场景示意如图3-2所示。

一、平台概述

线损可视化智慧管控平台依托国家电网有限公司统推的成熟系统产品，融合相关数据信息资源，以“数据实时展示、指标自动预警、缺陷精准定位、原因智能分析、损耗经济评价、场景实战模拟”为主要特点，实现线损指标可视化、线损原因可分析、降损任务可分解、辅助诊断可定位、降损整改可追溯、管理责任可评价，全方位、多维度支撑线损精益管理。

（一）平台建设思路

线损异常的原因比较复杂，涉及营配对应、配电变压器终端、用户端等多个环节。目前电网企业已从流程上对异常台区治理工作进行规范，但是因为线损异常原因较复杂，线损管理想要做到精益化管控仍存在较大提升空间。通过调研分析，目前，异常线损治理工作主要存在以下问题：

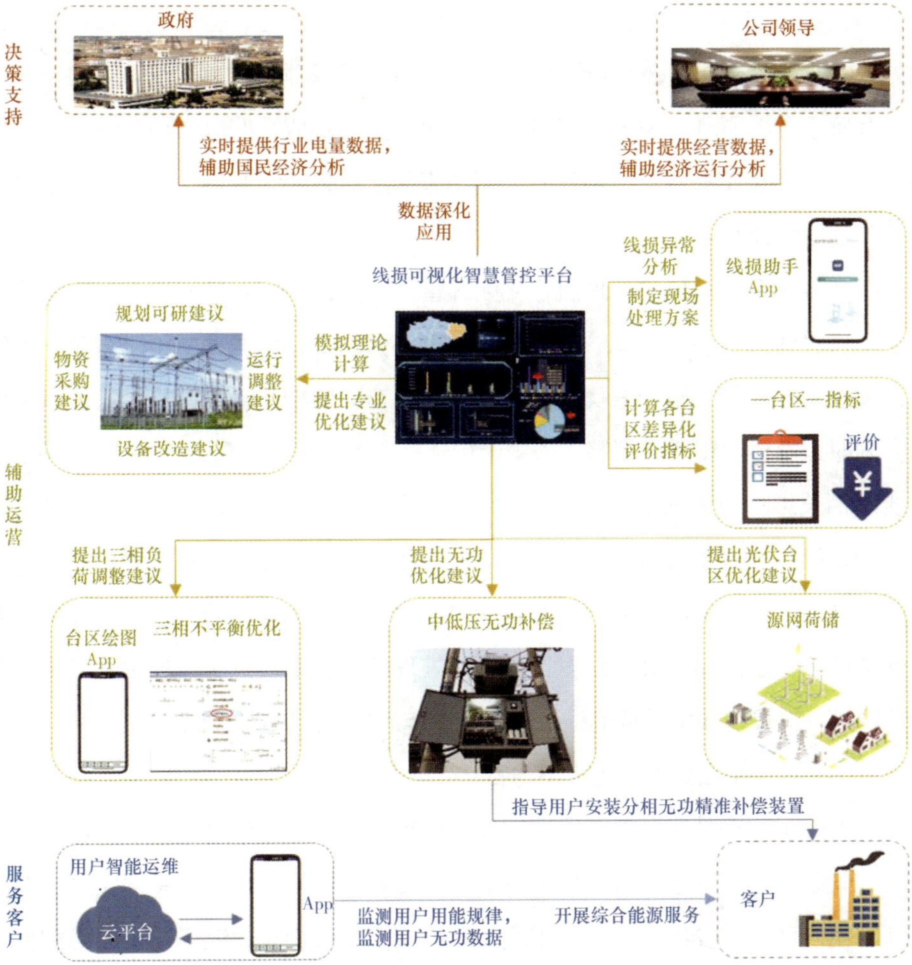

图3–2　线损管理的数字化赋能场景示意图

（1）智能化程度低，依靠人工分析处理效率较低。目前异常线损治理工作主要通过线损管理者人工进行分析、判断、处理。从梳理线损异常线损清单开始，需要依次登录采集系统、营销系统、营配平台等系统获取异常数据，分析异常原因，且多数情况下还需要线损管理者到现场核查情况，耗费大量的时间和精力。

（2）各地区线损现状存在差异，线损管理者管理水平参差不齐。一些地区线损治理工作做的较好，已提前进入精益化管控阶段，但另一些地区线损管理工作尚处于提升阶段，因而必然导致各地区线损管理方法不同。

有鉴于此，亟需开发一个可以打通各平台接口获取数据以实现智能诊断、流程优化、辅助决策的平台，提高资源利用率和工作效率，并进一步提升异常线损治理和线损管理水平。

平台要实现线损异常处理流程化闭环管理，实现线损异常的综合预警和智能诊断。通过线损数值、时间、波动三个维度综合分析，依据预警策略以及一定的预警阈值对各项异常进行分类、分级预警，并实时向相关管理责任人推送预警信息。同时，提供电量异常预警、采集计量预警、批量轮换预警、计量TA饱和预警等线损相关影响因素集中预警。依托线损异常智能诊断模型，自动对所有预警异常应用智能诊断模型进行异常分析，得出导致线损异常的原因，向管理者推送相应的治理建议，提高线损管理效率。通过综合预警、智能诊断后，系统提供异常处理建议并记录异常处理方法，自动评估处理结果，实现异常线损治理的全流程闭环管控，提高线损管理规范程度，丰富操作人员业务知识，提升业务水平。

具体来说，平台建设包含以下内容：

（1）以全面提升主配电网线损指标为目标，以“实时计算、智能展示、异常预警、关联分析、缺陷定位、任务分解、故障处理、消缺统计、高损监测、指导规划、经济调度、参考运维”为手段，以电网拓扑架构和分级运行机制相结合全息管控流为主线，多视角、全方位实施全面联动、营配贯通、精益化分析管控，实现“降损提效 增收减支 智能决策”的建设目标。

（2）以“市一县区”行政网络为基础架构，将电网拓扑架构与GIS深度融合，围绕“实时计算”“指标展示”“异常预警”“关联分析”“精准定位”“部门协作”“智能分析”“闭环管控”“提升决策”九要素进行功能设计和实现。

（3）建立“设备管理精益化、营销计量精准化、配抢资源统筹化、供服指挥智能化、发展策划专业化、调度运行经济化”多专业联动融合贯通、各部门协同高效保障坚强智能电网运行的精益化管控平台。

（4）着力打造“信息高度交互、数据深度挖掘、业务全面融合”的管理平台，实现电网资源高度融合、数据信息精准穿透、顶层管理智能决策。

（二）系统架构设计

线损可视化智慧管控平台的总体设计理念围绕“实时计算多样化”“指标展示智能化”“异常预警可视化”“数据统计图表化”“关联分析精准化”“部门协作流程化”“管控措施闭环化”“提升决策科学化”八大要素进行，涉及数据信息交互对接的系统包括PMS2.0、GIS2.0、用电信息采集系统、同期线损系统、厂站采集系统五大系统，其系统架构如图3-3所示。

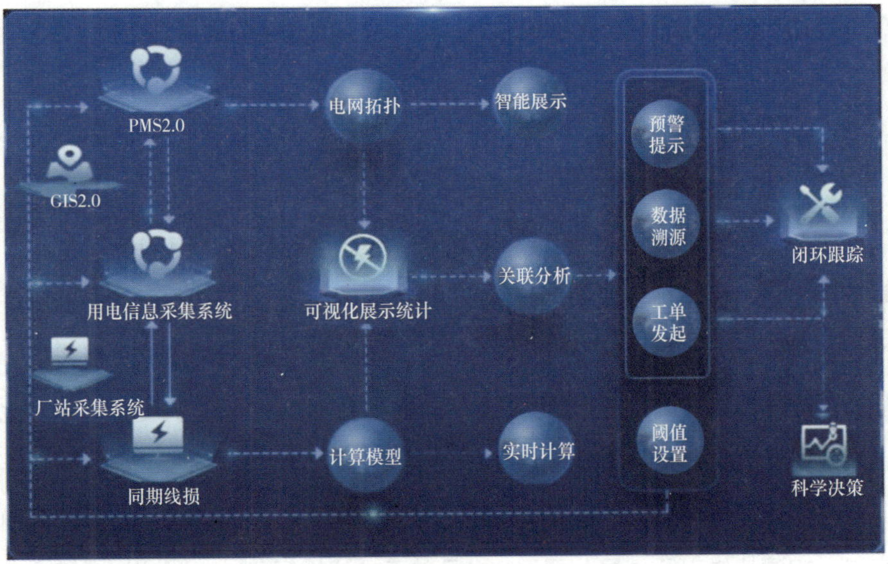

图3-3　线损智慧管控平台架构设计示意图

平台是一个由数据库、算法模型、模块接口、人机界面等要素构成的智能化全流程管控平台。各要素概要如下：

（1）数据库。数据库作为模块数据中心，存储设备元件基本信息、用户信息、公用变压器数据、表计数据、算法中间值、算法结论等一系列相关数据，并通过算法、接口对数据进行更新维护。

（2）算法模型。根据线损异常闭环管控机制，设计预警算法、异常原因智能诊断模型、异常处理建议模型、异常处理评价模型以及模块自评价、自学习算法等模型，实现线损异常治理全流程精益化管控。

（3）模块接口。设计模块与采集系统、营销系统、PMS2.0系统、同期线损系统等的内部接口，从相关系统中实时或定时获取设备信息、用户信息、表计信息等线损管控相关数据存储、更新模块数据库。另外，预留了模块与其他模块或系统的通信接口，以便系统拓展。

（4）人机接口。设计模块与线损管理工作人员的人机接口及人机界面，实现模块信息的输出及管理人员信息的输入。考虑线损管理闭环机制中“预警、分析、治理、评估”各环节的可视化展现能力，实现异常治理全流程直观可控。

二、主要功能

（一）数据实时展示

应用海量数据平台中的用电采集数据、行业用电信息、电网设备参数，构建基于用电量、供电量、设备运行情况的实时日监测系统，实时展示各监测维度（分区、分压、分元件、10kV线路、台区、行业）的线损相关数据（日线损、月线损、走势分析数据），对各专业达标情况进行专题监测展示，并提供同期对比分析，为公司经营决策提供数据支持。

将电网运行各环节、各设备情况进行整合汇总，按照同期线损五分计算和展示方法，构建从供电所、县公司到市公司的五分线损展示。实时计算公司总的售电量，按天、累计展示，计算T–1天数据，穿透能够从两个维度分供电单位显示（大户所作为独立单位）、分行政区域显示（按用户用电地址分类，无大户所）。展示不同行业以及化肥等重点行业当天、累计售电量，并显示每个行业的当月波形图，穿透显示用户明细。按不同电价类别展示当天、累计售电量，并显示每个电价类的当月波形图，穿透显示用户明细。多维度、形象直观地展示各类售电情况，对电网设备和供电企业的经营效益情况进行综合分析。

按照分区、分压、分线、分元件、分台区层层穿透进行展示，按日月年进行展示，可根据相关设备数据针对性地展开专项监测治理工作。按线路名称统计停运次数、计划、故障、总停运时间、线路所属区域，并穿透显示线路名称、停复电时间等明细信息。并针对跨零点停运进行专项统计。显示公用配电变压器容量、数量、供电量、居民用户数量、低动力户数量，并计算展示户均配电变压器容量。汇总显示公用配电变压器容量、数量、供电量、居民用户数量、低压动力户数量，并计算单位配电变压器增供电量。

对各专业达标情况进行专题监测展示。调度专业达标情况监测包括（全省）网损、35kV及以上分压分线主变压器、10kV及以上母线日、月线损监测。运检专业达标情况监测包括市、县公司分线日、月同期线损达标统计监测，全省县公司分线日、月达标情况监测，市、县公司城、农网高负损日、月监控情况，县公司日、月线路高负损占比前、后15位明细，全省、市公司日均线损率统计，市、县公司分线月治理优化提升，月度市、县公司连续不达标统计监测，日打包情况监测。营销专业达标情况监测包括全省、市、县、供电所400V分压线损日、月达标情况监控，全省市、县公司台区线损日、月达标监控，市、县公司城、农网台区高负损日、月监控情况，日、月县公司台区高负损占比前、后15位明细，全省、市公司日均线损率统计，市、县公司分台区月治理优化提升，月度市、县公司台区连续不达标统计监测。

（二）指标自动预警

依托于电网拓扑图，完整的将电网各环节连接起来，各元件根据日常指标情况，差异化设定线损率阈值，高压用户根据不同用电类别、用电情况设定售电量基准值和偏差阈值，台区通过理论线损率与历史线损率综合后设定阈值，超阈值范围后触发自动预警。根据供电关口和用户用电情况，设定电量“红黄蓝绿”四级预警阈值，实时监测电量波动。

指标预警主要包括分区、分压、主变压器、母线、输电线路、10kV线损、台区线损预警数据，根据日常指标情况，差异化设定线损率阈值，展示数据预警清单。重点关注高损线路、负损线路、高损台区、负损台区、频繁告警线路、频繁告警台区、频繁告警主网设备。

（三）缺陷精准定位

融合线损相关数据及业扩报装、停复电、地理拓扑等信息，从计量采集、运行状态、档案异动三方面形成线损缺陷研判体系，准确定位现场设备和业务故障点。相较于传统的耗时较长、受人员素质影响较大的人工定位方式是一个巨大提升。

缺陷定位包括主网定位和配电网定位，主网定位依据主网拓扑关系，发现线损异常元件，对关联元件线损进行比对分析，定位异常缺陷点；配电网定位结合配电网地理图与单线图，通过关联台区和专用变压器用户分析，精确定位缺陷。

关联研判包括高压用户超容、突变电量分析、台区三相不平衡、TA 饱和判定等功能，结合变压器容量数据、调度积分电量数据、台区三相数据等突变电量、TA 异常等。

（四）原因智能分析

针对主网、配电网、台区不同设备、元件、线路、场站的线损异常状况，进行逐级钻取分析，结合历史走势，进行损耗分析。

主网网架结构和负荷变动不频繁，因拓扑错误导致长期高损的情况较少。主网线损异常原因分析的重点是表底数据异常、表计故障、互感器档案异常和现场设备故障；利用关联分析等算法，分析关联设备线损情况，确定异常关口，将调控积分电量纳入对比范围，对积分电量与表计电量偏差超过阈值的进行预警，进一步提升电量校验的准确性，同时针对互感器倍率档案开展日对比，对于互感器倍率突变但无换表记录的关口进行汇总展示，将基础档案异动纳入监控范围；对于互感器现场故障，则将厂站系统的 96 点电流、电压纳入统计范围，对电压明显偏低、电流异常的关口进行预警，进一步提升主网关口电量的准确性。

配电网与主网的情况不同，配电网设备多、变动频繁，导致线损异常的原因较多。系统基于电量、负荷数据，利用关联分析等算法，构建低压台区及台区用电特征模型；基于灰色预测模型等分析算法，构建用户用电预测模型；在此基础上构建异常线损电量的量化模型，研判出明显异常。针对拓扑问题，通过台区拓扑图和台区地理图关联展示、比对分析，结合设备参数、负荷情况，对供电半径长、配电变压器偏离负荷中心等高损原因进行精准定位。针对配电网频繁变动导致用户－变压器关系不准的问题，系统基于采集数据、地址数据、停电数据，在传统用户－变压器关系判别方法的基础上，通过相关性及电量参数估计方法，识别潜在的用户－变压器关系异常的用户。针对窃电问题，通过对窃电特征进行分析，构建窃电分析模型，计算出用户相关度。对于电量异常的用户，主要原因为表底数异常、高压用户超容和TA超饱和。针对表底数异常，系统找到当天电量异常突变的台区和高压用户点进行判定分析，对当日的台区与高压用户点的表底进行筛选，找出无表底的数据进行判定，两点综合找出疑似问题数据。针对高压用户超容，提取变压器容量数据，用额定容量乘以24h，计算出额定电量，与高压用户点当日售电量对比，若大于售电量，则该高压用户点容量有异常。针对TA超饱和，以用电信息采集系统中TA额定电流，与同期中的TA的二次电流对比，若额定电流小于二次电流，则有电量溢出，电量少记，则该TA有异常。

（五）损耗经济评价

引入“经损”概念，通过计算“等效电价”进而得到损失电费，实现线损的货币化展示，融合“量价费损”四大经营指标，推进电网设备的经济效益评价，提升各专业降损增效的积极性和参与度。

依据电网设备元件的电量和线损计算数据，借助元件拓扑图直观展示元件的电量、电费、线损、等效电价和损失电费，对元件的“量价费损”进行综合评价。将电网运行各环节、各设备“量价费损”情况进行整合汇总，按照线损五分计算和展示方法，构建从供电所、县公司到市公司分区、分压、分元件、分线、分台区经营效益综合评价体系，开展经济效益多维度关联分析，判断整体电网企业经济效益发展趋势。

根据新增用户的业扩报装情况、电网负荷运行发展趋势，通过对电网企业效益预测功能进行合理设置，导入相关数据后，开展新用户并网后的“量价费损”综合预测，并服务于供电企业生产经营计划编制，为企业利润管控和计划安排提供辅助决策建议。

（六）场景实战模拟

传统集中面授模式的线损业务培训，主要通过文档、视频等形式进行理论知识学习，导致线损业务人员在实际应用过程中对线损统计指标、模型、数据采集仍然存在理解困难，实际业务操作仍不熟练，线损异常排查及数据治理效率低下，影响线损管理工作效率的提升。

通过打造专业的线损业务仿真实训平台，实现电力生产消费全过程全场景再现，实现以应用为背景的实战化互动，实现与岗位精准匹配的多角色支持，从而将线损的各类概念“动态化”“实战化”，辅助线损管理人员充实知识储备，并通过模拟实战排查异常的方式，提高人员处理异常数据和档案的能力，逐步构建起贯穿“省－市－县－供电所”，覆盖发展、运检、调控、营销的专业线损管理人才梯队，促进线损精益管理提升。

实战模拟主要分为线损知识储备、实际操作、综合应用三个层次。第一层次知识储备，以模型展示和数据展示为主，要求学员掌握必备的线损基本概念、分类、管控目标、管控手段、关口划分、五分线损模型构建、分专业线损管理等；第二层次实际操作，包括线损相关业务系统的基础功能实操、本区域和专业范围内线损模型配置、线损数据异常排查；第三层次为线损相关业务系统的异常排查和综合应用。线损实战模拟内容如图3–4所示。

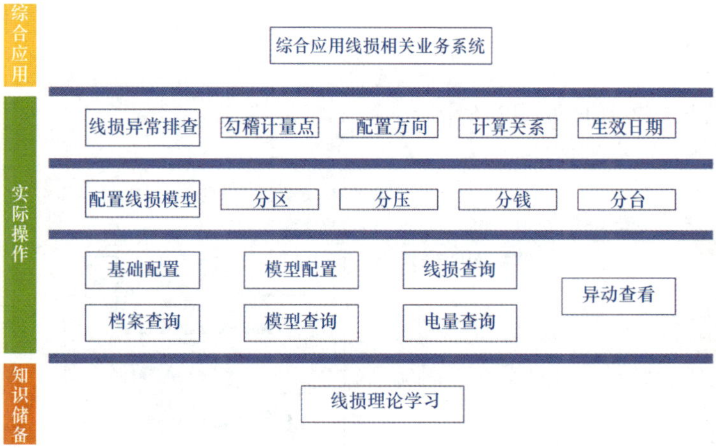

图3-4 线损实战模拟内容示意图

第三节 赋能之基

线损大数据是线损管理数字化赋能的基础。本固则枝荣，数据的时效性、准确性、真实性等要素决定着线损大数据的质量，也决定着数字化赋能的能力。同期线损系统正是在数据的时效性、准确性、真实性等方面取得了突破。

近年来，随着电力体制改革的不断深入，电力交易的市场化不断加强，国家电网有限公司内外部环境发生着深刻的变化，同时在产业结构调整和环境污染治理的双重压力下，售电量增长逐渐放缓，国家电网有限公司生产经营压力逐渐增大，这就对线损精益管理提出了更高的要求。

2015年，国家电网公司开始同期线损系统建设，作为国家电网公司首个覆盖规划、生产、营销、运行四大专业的应用系统，完成与三大专业、六大系统、四大平台的统一集成，实现跨专业信息共享融合。同期线损系统为构建分析模型、深入挖掘海量数据中潜在的业务价值提供了根本保障，是线损管理数字化赋能的基石。

一、同期线损数据集成

同期线损数据集成如图3–5所示。

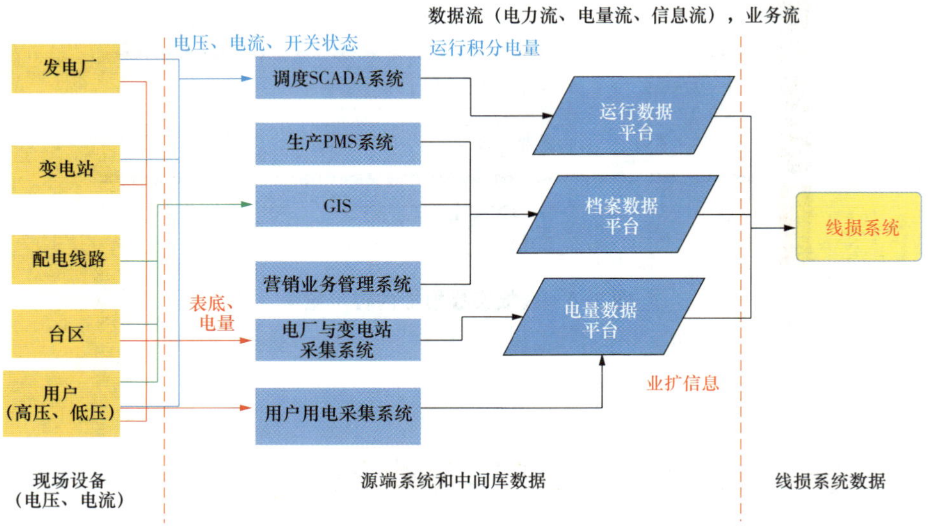

图3–5　同期线损数据集成示意图

同期线损系统采用1.5级部署方式，总部集中部署应用系统，省公司实现电量计算，总体架构如图3–6所示。

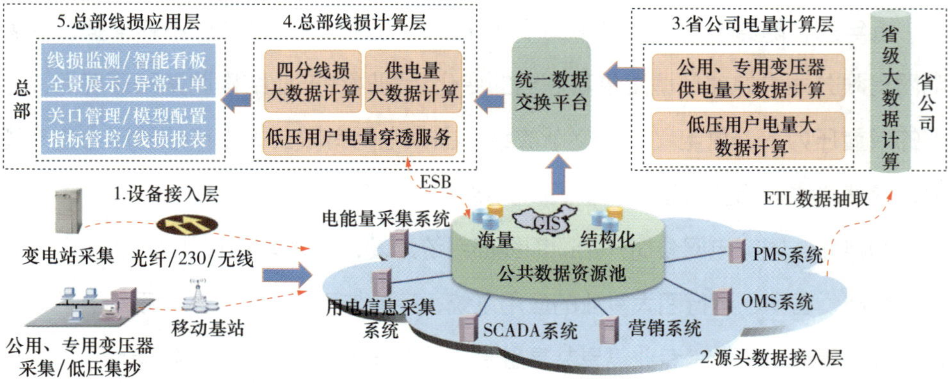

图3–6　同期线损系统总体架构示意图

在主网设备方面，通过电网拼接技术实现35kV电网设备接入，以负荷等值最少为原则，确定不同电压层级变电站内设备由哪级调度管理，对同一调度层级的相同变电站进行合并，去重后再与PMS系统变电站信息进行关联比对，实现同期线损系统变电站及所属开关档案设备的接入。主网设备接入如图3-7所示。

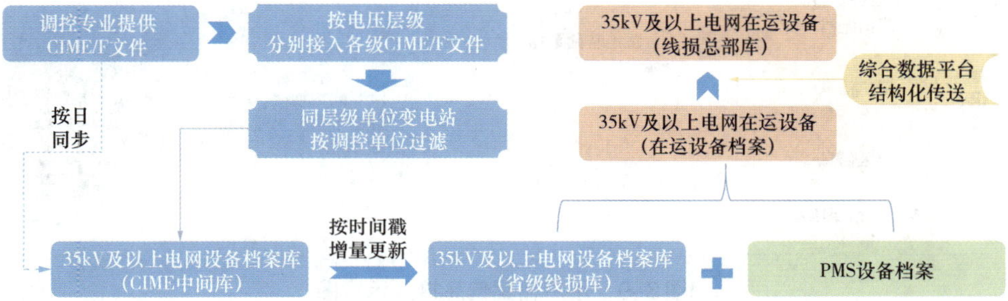

图3-7 主网设备接入示意图

在配电网设备方面，10kV配电线路、公用配电变压器数据来源于PMS系统，线路-变压器关系数据来源于GIS平台，数据传输交换采用定期方式。PMS系统、GIS平台定时将配电线路、公用配电变压器、线路与公用变压器关系数据推送到结构化数据中心，同期线损系统定期抽取，并完成10kV线路起始变电站、开关关联匹配。配电网设备接入如图3-8所示。

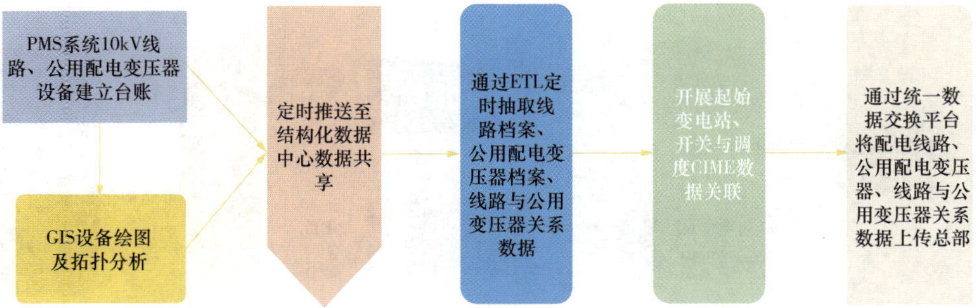

图3-8 配电网设备接入示意图

在用户档案信息方面，营销系统将关口计量点、用户信息、台区信息、专线专用变压器信息等数据共享给营销基础数据平台，GIS平台提供线路与专用变压器关系数据，并通过统一数据交换平台将关口计量点、高压用户、台区、专用变压器、线路与专用变压器关系数据传送至同期线损系统。用户档案信息接入如图3-9所示。

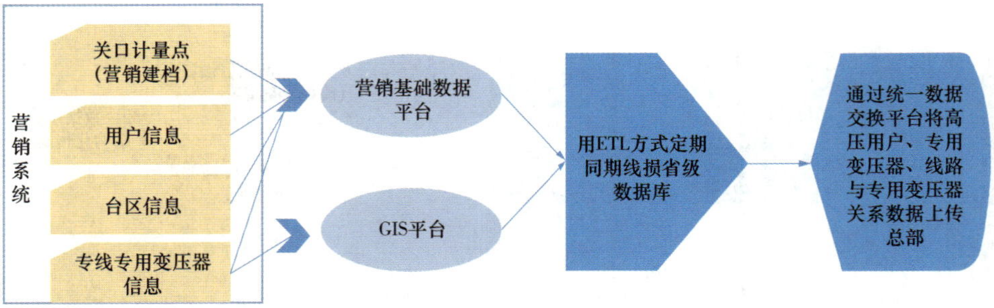

图3-9　用户档案信息接入示意图

在电量接入时，在供电量方面，源头采集方式为变电站采集系统，表底数据通过海量平台共享给同期线损系统，如图3-10所示；在同期售电量方面，营销专业提供“月电量、日表底”数据共享，针对在电量采集系统中采集的高压无损用户，营销专业完成表底集成接入，由营销系统提供月发行电量，用电信息采集系统提供月同期售电量，并把数据推送给营销基础数据平台，同期线损系统进行数据抽取，如图3-11所示。

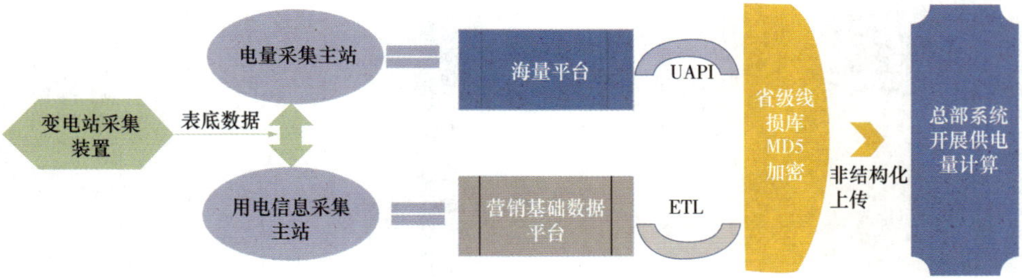

图3-10　供电量接入示意图

通过以上数据的接入，同期线损系统实现了主变压器、母线、输电线路、配电线路的线路-变压器关系、台区基础档案的全量接入；同时通过变电站开关与

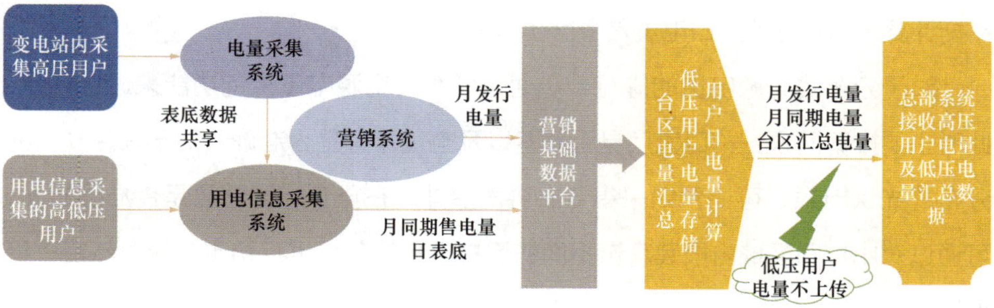

图 3-11　同期售电量接入示意图

变电站采集系统实现关联，实现了关口电量计算与设备匹配；从营销基础数据平台抽取同期售电量后，实现了电网大数据在同期线损系统的全量接入。

二、同期线损监测

（一）同期分区线损监测

分区线损管理包括分区日线损和月线损管理，前者注重过程管控，后者注重月度管控，对于分区线损率，按照与基准值的偏差进行考核。当分区线损率出现异常时，需同步核查分区模型和供售电量异常波动进行分析、治理。

根据线损分区模型设置的逻辑性，同期线损系统设置分区、分压线损模型一致率和分级线损模型一致率指标，开展分区线损模型管理，主要考核：分区关口必须配置为分压关口、本单位分区线损电量与分压线损电量保持一致、本单位分区线损电量与下级单位线损电量和网损之和保持一致，确保分区、分压模型配置准确。

对于电厂上网关口电量的排查，可通过对比电厂上网关口和对侧主网变电站关口的电量进行排查，此时需同步排查对侧关口母线平衡情况，甄别电厂上网关口电量是否异常。

对于上级供入、同级输入、统计输出电量的排查，需通过排查关口所在母线是否异常来确定电量是否存在异常，对于主变压器三侧关口，还可通过主变压器平衡计算来甄别分区关口电量是否存在异常。

对于分布式电源电量的排查，可通过分布式电源电量查询功能来进行排查，此时主要排查两项：关口表底是否完整以及电量计量是否准确。对于表底缺失的分布式光伏电源，可请营销采集专业协同治理；在排查电量计量是否准确方面，可通过对比相同区域内报装容量相同的用户电量的差异进行初步分析，然后进行现场排查。

在同期售电量排查的过程中，需同步排查低压台区售电量和高压用户售电量。在低压台区售电量排查时，可通过分台区线损功能进行排查，对线损率异常的台区逐户核查，可分析出低压台区售电量情况；对于高压用户同期售电量排查，首先需排查是否存在采集失败现象，对于采集失败，需请专用变压器营销采集专业协同现场处理，其次应排查是否存在高压用户跳表现象，对用电量超过满载电量的用户进行表底查询，杜绝因高压用户跳表产生的同期售电量异常。

（二）同期分压线损监测

在分压管理方面，同期线损系统采用35kV及以上电压等级按照理论线损计算值作为基准值进行考核；在10kV方面，要求10kV分压在1%~5%以内，并与分压基准值偏差不超过0.5%；在380V方面，要求380V分压在1%~6%以内，并与分压基准值偏差不超过0.5%。

在排查分压模型异常时，主要需排查以下两方面：一是分区关口需全部配置为分压关口；二是主变压器中低压侧关口需进行双向配置，即若正向配置为高电压等级转至低电压等级，则反向需配置为低电压等级转至高电压等级。

在排查分压线损异常时，在35kV及以上电压等级和10kV及以下电压等级存在部分差异。

在排查35kV及以上电压等级分压异常时，需首先核查分压基准值设置是否合理，可通过上报省公司调整分压基准值，对于10kV和380V，则无须核查分压基准值。

在排查分压电量异常时，需按照分区线损异常排查步骤，对电厂上网关口、输入和输出关口、同期售电量及分布式电源进行逐项排查，确定问题原因。

在排查10kV和380V分压线损率异常时，需同步排查台区总表电量情况，可通过低压台区线损率进行辅助排查，并在台区关口一览表中逐个排查台区总表电量情况。

（三）同期分元件线损监测

同期分元件管理主要包括母线平衡管理、输电线路管理和主变压器管理。其中在母线方面，220kV及以上母线达标范围为–1%~1%；110kV及以下母线达标范围为–2%~2%；在输电线路和主变压器方面，达标范围为–1%~3%。

在模型核查时，可通过元件关口一览表进行排查，确保与元件关联的关口配置完整，且遵照以下配置要求：各关口需进行双向配置，即同一关口的正向设置为元件的输入时，反向需设置为元件的输出。

在电量核查方面，需进行关联分析，判断各个关口的电量是否准确。对于主变压器和输电线路的关口，需核查该关口所属母线是否平衡；在核查母线关口时，需核查各关口所属的输电线路或主变压器是否达标，若以上都正常，则需现场核查专线用户是否存在计量异常。

（四）同期10kV分线线损监测

在10kV分线管理方面，现行考核标准为：月线损当做一天进行考核，并和日线损达标率做平均值。日线损按照以下规则进行考核：达标范围为0~10%。月线损按照以下规则进行考核：达标范围为0~6%；若月线损率不达标，但日线损率达标天数大于等于M–6（M为当月天数），则该线路月度分线线损率达标。

在排查分线异常时，也需同步从模型和同期电量两方面进行排查。

在输入、输出模型排查方面，主要需排查线路的起始开关是否已进行配置、办公用电是否已全量配置、双电源用户现场运行方式是否与档案一致、线路下存在倒送的台区是否已全量配置，可在台区关口一览表中，选中需排查线路，查找台区存在倒送的明细，然后在线路关口一览表中，逐个核对是否配置完整。

在售电量模型排查时，主要排查公用、专用变压器线路–变压器关系是否准确，是否存在现场在该线路用电，但档案未在线路下的用户及台区，办公用电是否正常采集。

在同期电量排查时，主要需排查以下几方面：变电站关口计量是否准确、台区倒送电量是否准确、高压用户电量是否准确、台区总表是否准确。

在核查变电站关口时，可通过关口所属母线平衡情况核查，若母线平衡无异常，则初步判断变电站关口计量准确。

在核查台区总表正反向电量时，可根据台区线损率情况进行排查。

在核对高压用户电量时，在线路智能看板中，可排查线路本期线损情况和上期线损情况、所属台区线损情况、电量明细及异常电量明细；在智能线路看板下，还可排查各类表计的采集成功率等情况。结合以上数据，以及线路线损率波动拐点和高压用户电量波动拐点的重合性排查电量异常专用变压器用户，另一方面也可结合用电信息采集系统的电流、电压曲线进行判断。

（五）同期分台区线损监测

在分台区管理方面，现行考核标准为：月线损当做一天进行考核，并和日线损达标率做平均值，其中日线损率在0%～10%（含）间为达标，月线损率在0%～7%（含）为达标；若月线损率不达标，但日线损率达标天数大于等于$M-6$（M为当月天数），则该线路月度分线线损率达标。

在台区模型核查方面，主要核查同期线损系统台区供电量、办公用电模型、台区倒送是否配置完整，“台－户”是否与现场一致。

在台区售电量核查方面，主要核查总表及低压用户表底是否完整，同时协同营销专业的采集系统根据0电度用户明细及中性线和相线电流是否存在异常，排查现场问题。

总体来看，同期线损系统管理平台实现了数据的跨专业、跨系统集成，覆盖了规划、生产、营销、运行四大专业的应用，克服了各专业部署模式、标准、进度不一等问题，完成了与三大专业、六大系统、四大平台的统一集成，按照“源头集成、自动计算、零输入”模式设计，打破信息壁垒，实现信息融合。打造了贯穿发、输、配、售全过程的数据链条，建成了覆盖国家电网有限公司电网全电压等级、国家电网有限公司管理各层级、国家电网有限公司生产及各专业的企业级可视化大数据应用，客观真实地反映电网经济运行水平。但在基层单位实际应用时，仍可按照线损数据内在逻辑联系，对异常监测分析定位进行进一步优化。

第四节　赋能之能

以同期线损系统提供的线损大数据为基础，依托线损可视化智慧管控平台，昔日的一些难点、堵点正在被逐步解决，电力企业在线损智能分析、线损移动作业、线损仿真实训、线损精准治理等方面也取得了突破性进展。

一、线损智能分析

线损管理始终要面对三个问题：线损是否异常，异常原因是什么，如何消除异常。线损智能分析就是要在尽量少的人工干预下回答这三个问题。

在线损管理中，台区线损涉及用户数量多、影响因素复杂、不确定因素大，具有很强的代表性，本节下面主要从台区线损入手对线损智能分析进行说明。

判断线损是否异常，通常的做法是设定阈值，越限告警。但往往由于缺乏必要的数据支撑，在阈值设定上采用“一刀切”的方式，存在部分管理单元的设定阈值与实际情况偏差较大，不能客观反映实际的线损“健康”程度。因此，针对不同管理单元确定符合实际情况的个性化阈值，是有积极意义的。基于特征指标的台区理论线损计算通过台区线损特征指标采集、分析、建模与计算，实现了“一台区一指标”。

异常原因判断是线损管理的难点。产生线损异常的原因复杂，涉及数据量大、流程环节长、业务部门多，传统人工分析的方式效率较低、准确率不高。通过对可识别的特征建模，引入用户－变压器关系自动判别模型、反窃电分析模型、异常量化模型等关键模型，实现对线损异常原因的智能判断。

三相不平衡是影响线损的重要因素之一，由于现场情况复杂多变，一直是线损治理的难点。如何针对每个台区的实际情况，设计出经济有效的治理方案是关键。依据台区一年内典型日负荷曲线，综合考虑用户相序调节和台区总体线损，采用基于用户相序编码与等效线损指标的快速遗传算法优化台区相序接入方案。

（一）台区理论线损估算

台区是线损管理的末端，由于线路结构、负荷分布、用电特征等要素存在极大不同，台区线损管理也是线损管理工作的难点。在台区线损率满足规定指标的前提下，如何判断台区线损管理到位与否是线损管理继续深入要解决的问题。

计算得到每个台区自己的理论线损，以实际的台区统计线损与该理论线损的逼近程度来判断好坏，是一条可行的道路。

台区理论线损计算的传统方法包括台区损耗率法、电压损失率法、等值电阻法、潮流法等方法。简化算法如台区损耗率法、电压损失率法等，计算精度不高，无法满足台区精益化管理的要求。较准确算法如等值电阻法、潮流法等，对台区拓扑网络、设备参数和运行数据要求高，考虑到配电网规模庞大，工作量非常大。随着新能源的发展，台区380V光伏等电源接入已成为普遍现象，现有的线损计算方法已经不能满足台区的发展需要。

基于以上考虑，引入了基于特征指标的台区线损及合理区间计算方法。

1. 基于特征指标的台区线损计算总体思路

算法的核心是采用带偏移系数的三层BP神经网络构建基于特征指标的台区线损计算模型，输入为台区的特征指标，输出为台区线损率。考虑到台区数量多且各有特点，采用一个模型存在模型复杂、不易训练等问题，所以采用分类建模的方法。

具体来说，通过大数据筛选合适的台区线损特征指标，建立台区分类规则对台区进行分类，进行基于特征指标的台区线损计算理论建模与验证，确定台区线损合理区间并评价。

2. 基于大数据的台区线损特征指标选取

共选取台区电源类指标、网架类指标、电量类指标、运行类指标和容量类指标五大类共24项台区线损影响因子（见图3-12）。

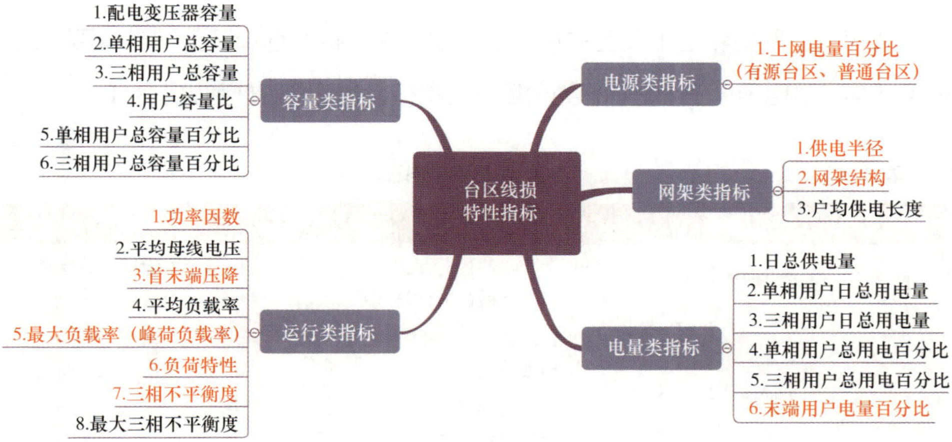

图3-12　台区线损影响因子与特征指标

以实际台区拓扑结构和网络参数（导线型号、长度等）为基础，采用蒙特卡罗方法进行台区运行数据模拟（96点负荷数据或电源发电数据），采用潮流法计算台区理论线损率，同时计算台区线损影响因子，获得台区理论线损与影响因子的样本数据集合。采用SPSS软件对影响因子进行分析，包括主成分分析、皮尔森相关性系数（*P*相关系数）分析、肯德尔相关性系数（*K*相关系数）分析、斯皮尔曼相关性系数（*S*相关系数）分析等，最终得到上网电量百分比、供电半径、网架结构、末端用户电量百分比、功率因数、首末端压降、峰荷负载率、负荷特性、三相不平衡度共9个影响因子为台区特征指标。

3. 建立台区分类规则

由于台区数量多且各有特点，为所有台区建立一个模型进行线损计算存在模型复杂、训练计算量大、应用效率低等问题，所以采用分类建模的方法，针对不同类型台区建模能大大降低模型复杂性和模型训练计算量，提升模型的应用效率。

从特征指标中选择合适的指标进行分类也基于两方面因素：一方面是为了在一定条件下尽量保持台区分类的稳定性，优先选择反映台区固有特征的指标进行分类；另一方面基于模型误差相关性分析，通过分析模型残差与各特征指标的相关性，优先选择相关性大的特征指标作为分类因子。

依据上述原则和基于残差的特征指标相关性分析，选择了上网电量百分比、网架结构、供电半径三个指标作为台区分类指标，台区分类规则见表3–1。

表3–1　台区分类规则

序号	特征指标	分类规则	备注
1	上网电量百分比	（1）上网电量百分比大于0； （2）上网电量百分比等于0	依据上网电量百分比将台区分为两类
2	网架结构	（1）电缆； （2）架空导线； （3）架空绝缘线； （4）混合线路	依据线路构成将台区分为四类
3	供电半径r	（1）$r \leqslant 150$m； （2）150m $< r \leqslant$ 500m； （3）$500 < r$	依据供电半径将台区分为三类

根据上述台区分类规则，将台区共分为2×4×3=24类，按上网电量百分比、网架结构、供电半径给台区类别编号为111、112、113、121、122、123、131、132、133、141、142、143、211、212、213、221、222、223、231、232、233、241、242、243。

4.基于特征指标的台区线损计算理论建模

采用带偏移系数的三层BP神经网络构建基于特征指标的台区线损计算理论模型，所需确定的模型结构包括模型输入个数、输出个数和隐含层神经元个数。

由于是按照类别建立台区线损计算模型，网架结构这一特征指标作为台区分类的依据之一，在每类台区中，该特征指标保持不变，不用把该指标作为人工神经网络模型的输入，因此模型输入包括上网电量百分比、供电半径、末端用户电量百分比、功率因数、首末端压降、峰荷负载率、负荷特性、三相不平衡度共8

个特征指标。本模型的输出个数为1，即台区线损率。

输入个数和输出个数确定后，需要对隐含层神经元个数进行优化和确认。如果隐含层神经元个数过少，则不能具有必要的学习能力和信息处理能力；如果隐含层神经元个数过多，不仅会大大增加网络结构的复杂性，在训练过程中更易陷入局部极小点，而且会使网络的训练速度很慢。依据柯尔莫戈洛夫定理，隐含层神经元个数原则上不大于2倍输入个数+1。

综合考虑模型准确性和训练效率，选择隐含层神经元个数为12。基于特征指标的台区线损神经网络模型如图3-13所示。

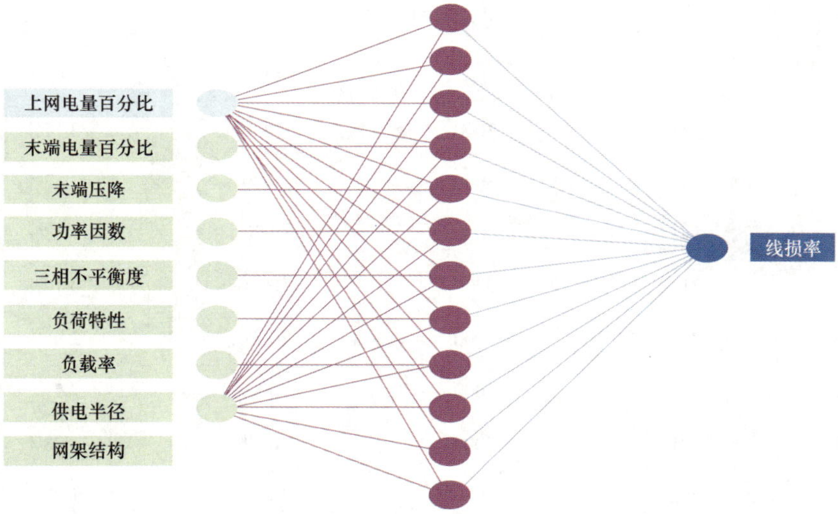

图3-13　基于特征指标的台区线损神经网络模型

上述基于特征指标的台区线损人工神经网络模型是一个多输入、单输出的非线性结构。

共选择了53个实际台区，采用蒙特卡罗方法模拟了约100万个样本。针对24类台区进行了模型训练和评估，台区线损神经网络模型训练结果见表3-2。

表3-2　　台区线损神经网络模型训练结果

序号	台区类别	训练样本数	测试样本数	MAPE
1	111	3000	5000	2.97%
2	112	3000	5000	4.32%
3	113	3000	5000	4.77%
4	121	3000	5000	3.78%
5	122	3000	5000	4.49%
6	123	3000	5000	5.28%
7	131	3000	5000	4.22%
8	132	3000	5000	3.28%
9	133	3000	5000	4.90%
10	141	3000	5000	2.17%
11	142	3000	5000	3.67%
12	143	3000	5000	7.52%
13	211	3000	10000	3.10%
14	212	3000	10000	2.88%
15	213	3000	10000	4.51%
16	221	3000	10000	3.78%
17	222	3000	10000	3.33%
18	223	3000	10000	3.98%
19	231	3000	10000	4.14%
20	232	3000	10000	4.39%
21	233	3000	10000	4.55%
22	241	3000	10000	2.09%
23	242	3000	10000	5.10%
24	243	3000	10000	6.65%

注　MAPE为平均绝对误差百分比，MAPE数值与训练样本数据相关。

表3-2中，台区143类别的MAPE最大为7.52%，台区241类别的MAPE最小为2.09%，上述模型说明了采用特征指标计算台区线损的可行性，同时模型训练结果也表明该方法的合理性和准确性，达到了实用化的要求。

5. 台区线损合理区间计算与评估方法

（1）台区线损合理区间计算。针对每类台区，统计计算该类台区的台区线损率标准差σ，按照3σ的原则进行区间扩展。结合台区当日基于特征指标的台区线损预测值$\pm 1.5\sigma$，确定当日台区线损合理区间。

（2）台区线损模糊评价方法。依据台区线损合理区间构建台区线损评价模型，对台区日线损情况进行考核评价。模糊评价方法是基于模糊数学的台区线损综合评价方法，根据隶属度理论把定性评价转化为定量评价，即用模糊数学对受到多种因素制约的事物或对象做出一个总体的评价，在台区线损考核评价时采用模糊评价方法更科学。

台区线损模糊评价函数模型如下：

$$F(\Delta Y)=\begin{cases}1 & \Delta Y\leqslant 0\\ \dfrac{k}{e^{\Delta Y}+k-1} & \Delta Y>0\end{cases}$$

式中：ΔY为实际线损率与模型计算线损率的差值；k一般取值为π。

台区线损模糊评价特征曲线如图3-14所示。

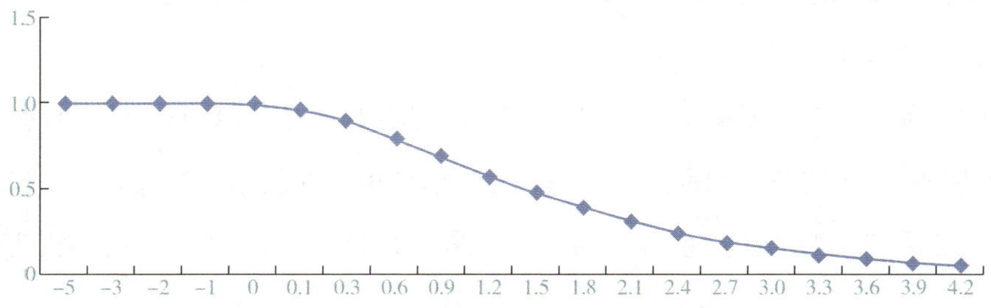

图3-14　台区线损模糊评价特征曲线

通过线损模糊评价，将实际线损率与模型计算线损率的差值转换为隶属度，差值越小则隶属度越高，从而能够更准确地对线损理论计算的准确性进行量化评价。

（二）线损异常智能分析

1.异常分析思路

主要以线损异常分类为基础，通过原理分析与数据统计提取出不同类别线损异常的异常特征，再通过异常特征对线损异常进行原因识别。

线损异常分类如下：

公网侧问题：档案系统内与现场不符、互感器二次侧接线错误、计量终端或互感器故障、配电变压器互感器变比配置不合理、三相负荷不平衡。

用户侧问题：用户档案系统内与现场不符、用户接线错误、电能计量装置或采集设备故障、用户窃电问题、无表（定量）用户问题、用户采集未全覆盖。

营配贯通问题：公用变压器营配对应问题、配电变压器一表计对应问题、线路割接引起的台区线损异常。

其他问题：线路技术状况及运行不合理、用户表计绕越计量接线、非用户原因隐形损耗问题。

需要特别指出的是，分析时可用的直接、间接相关信息越多，则智能分析的可行性、可靠性越高。为此，引入了多个系统的相关信息，如调度系统中的积分电量数据、线路停电信息、用户销户信息、采集设备批量掉线信息等。

2.关键模型

（1）用户–变压器关系自动判别。基于采集数据、地址数据、停电数据，在传统用户–变压器关系判别方法的基础上，通过相关性及电量参数估计方法，识别潜在的用户–变压器关系异常用户，如图3–15所示。自动判别结果如图3–16所示。

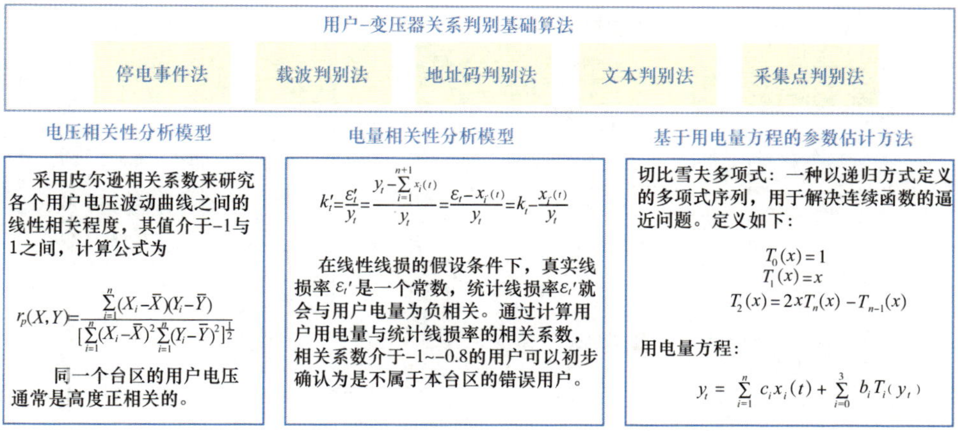

图3–15　用户–变压器关系自动判别算法示意图

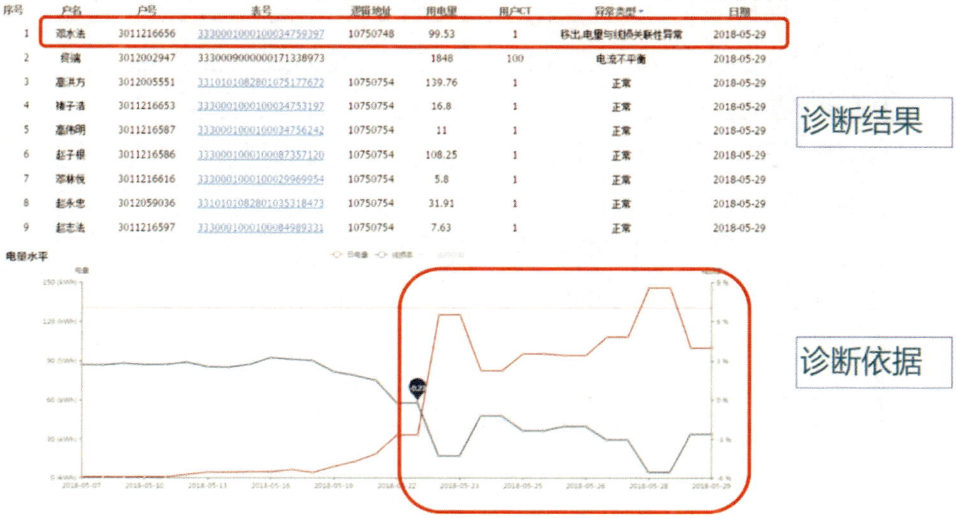

图3–16　用户–变压器关系自动判别结果示例

（2）反窃电分析模型。反窃电分析模型如图3–17所示。

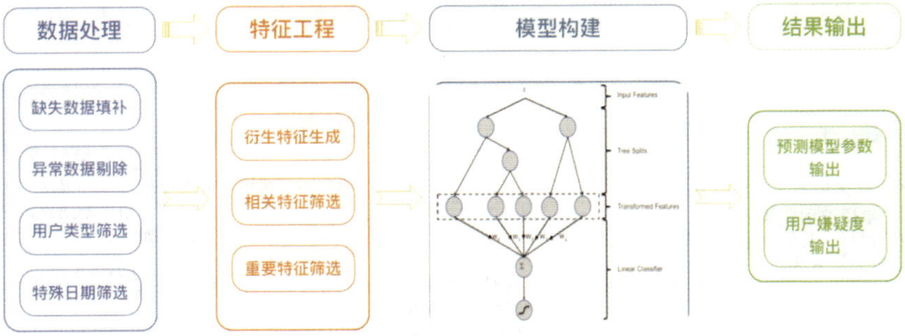

- 路灯用电、农业生产用电、农业灌溉等特殊用电性质用户
- 双休日和特殊节假日的用电日志

- 用电量
- 供电量
- 线损电量
- 线损率

- 构建多棵决策树
- 转化形成1280维向量空间
- 通过LR模型来预测样本嫌疑度

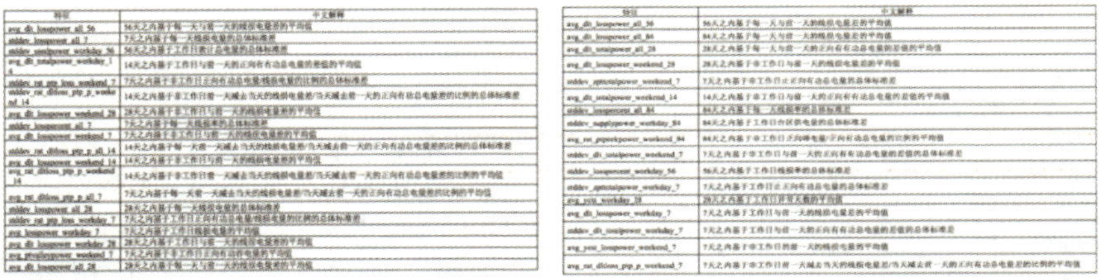

avg_dlt_totalpower_workday_14	(-inf, -0.4299999999999997]	0.282735
avg_dlt_totalpower_workday_14	(-0.4299999999999997, 0.1350000000000156]	0.067928
avg_dlt_totalpower_workday_14	(0.1350000000000156, 0.2512500000000002]	-0.16728
avg_dlt_totalpower_workday_14	(0.2512500000000002, 0.6780000000000002]	-0.44722
avg_dlt_totalpower_workday_14	(0.6780000000000002, inf)	-0.65851
avg_dlt_totalpower_workday_14	NA	1.00E-05
stddev_rat_ptp_loss_weekend_7	(-inf, 0.028501720062753994]	-0.23477
stddev_rat_ptp_loss_weekend_7	(0.028501720062753994, 0.056901974258001364]	-0.0401
stddev_rat_ptp_loss_weekend_7	(0.056901974258001364, 0.186457630169948]	0.248919
stddev_rat_ptp_loss_weekend_7	(0.186457630169948, 0.40247350399465454]	0.58975
stddev_rat_ptp_loss_weekend_7	(0.40247350399465454, inf)	1.005306
stddev_rat_ptp_loss_weekend_7	NA	1.00E-05
avg_dlt_losspower_weekend_28	(-inf, 0.3887500000000001]	0.268041
avg_dlt_losspower_weekend_28	(0.3887500000000001, 0.6924999999999997]	0.247145
avg_dlt_losspower_weekend_28	(0.6924999999999997, 1.3137499999999998]	-0.27021

avg_dlt_losspower_all_56	(-inf, -0.03160714285714278]	1.596913
avg_dlt_losspower_all_56	(-0.03160714285714278, -0.00017857142857140098]	0.714377
avg_dlt_losspower_all_56	(-0.00017857142857140098, 0.027391304347826082]	-0.38033
avg_dlt_losspower_all_56	(0.027391304347826082, 0.07821428571428564]	-1.17149
avg_dlt_losspower_all_56	(0.07821428571428564, inf)	-1.96941
avg_dlt_losspower_all_56	NA	1.00E-05
avg_dlt_losspower_all_84	(-inf, -0.011904761904761852]	1.318837
avg_dlt_losspower_all_84	(-0.011904761904761852, -5.882352941175823e-05]	0.759197
avg_dlt_losspower_all_84	(-5.882352941175823e-05, 0.03571428571428573]	-0.11487
avg_dlt_losspower_all_84	(0.03571428571428573, 0.08773809523809523]	-1.10172
avg_dlt_losspower_all_84	(0.08773809523809523, inf)	-1.73468
avg_dlt_losspower_all_84	NA	1.00E-05
avg_dlt_totalpower_all_28	(-inf, -0.09535714285714282]	1.274495
avg_dlt_totalpower_all_28	(-0.09535714285714282, -0.014999999999999934]	0.364309

定位嫌疑用户

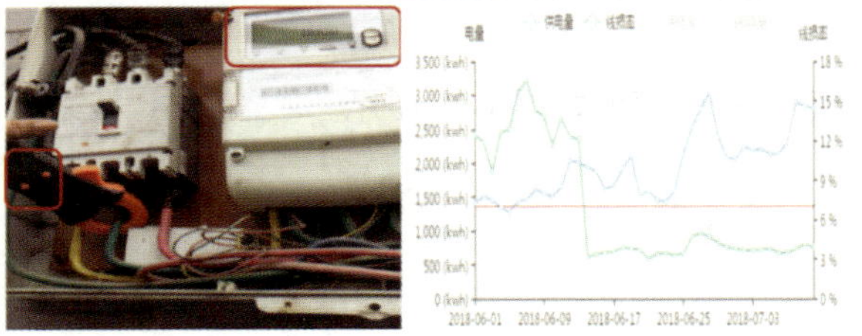

完成异常整改

经过现场排查，用户胡金华B相电流缺失，现场实测B相电流34A，表计B相电流0A，经过试算后台区线损率降低至3%左右。

图3-17　反窃电分析模型示意图

（3）异常量化模型。异常量化模型如图3–18所示。

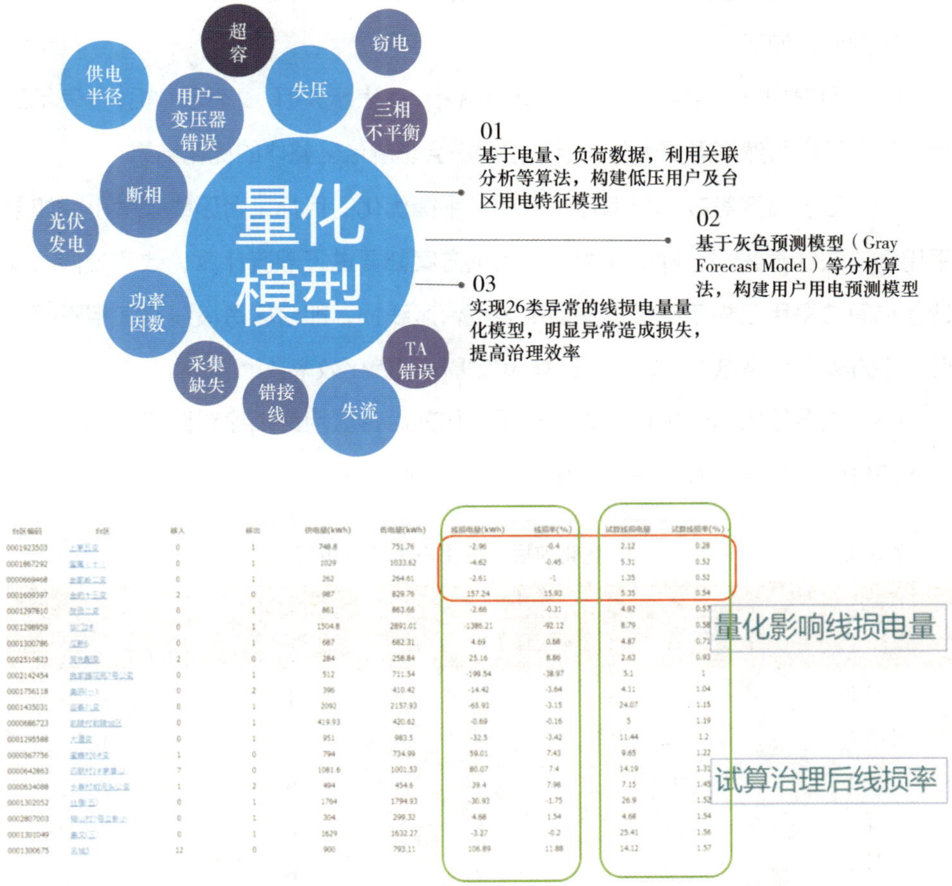

图3–18　异常量化模型示意图

（三）台区三相不平衡优化

台区三相不平衡优化最佳的效果是通过调整台区用户相序，实现台区出线、主干线、分支线等全台区平衡，因为台区负荷每天都在变化，实际管理中不可能每天都去调节用户相序，所以依据台区一年内典型日负荷曲线，优化出1～4种台区相序接入方案，以达到长时间范围内台区总体线损最少为目标，同时多种方案之间以最少用户相序调节为约束条件，使得有多个优化方案的台区在不同季节调节相序时工作量最小，在提升台区线损水平的同时有利于台区线损管理人员操作。

主要方法是基于用户相序编码与等效线损指标的快速遗传算法。

主要原理如下：

（1）用户相序采用离散编码，0表示A相，1表示B相，2表示C相，3表示三相。三相用户虽然不需要优化，但三相用户会影响台区整体的优化结果。

（2）基于台区等效线损指标，三相不平衡优化的目标是台区线损最小，如果采用潮流法计算线损，则优化中每个备选方案都要进行潮流计算，效率较低，快速遗传算法采用三相不平衡损失量来表征台区线损，即台区每段线路三相不平衡度的平方乘以线路电阻的总和，这样大大提高了优化效率。

（3）主要给出两个优化结果，一是优化前后台区用户相序对照表，标记出有变化的台区，见表3-3；二是给出优化效果预测，见表3-4。

表3-3　　优化前后台区用户相序对照表

用户	优化前		优化后	
	相序	编码	编码	相序
U1	A	0	1	B
U2	B	1	1	B
U3	C	2	0	A
U4	B	1	B	1
U5	C	1	B	2
…				
U*n*	三	3	3	三

表3-4　　台区三相不平衡优化效果预测

指标	优化前	优化方案预测		
		优化后	优化结果	同比
线损率（%）	7.2	3.4	降低3.8	降低52.78%
年线损电量（kWh）	12960	6120	减少6840	降低52.78%

二、线损移动作业

基层工作人员在现场作业时，往往由于缺乏与后台交互，得不到系统性的信息支持，完全依靠个人能力和所携带资料，导致对基层员工素质要求较高，同时严重影响了作业效率。

移动互联技术的发展，使得线损移动作业成为可能。国网山西省电力公司在线损助手App的基础上进行了定制开发，实现了线损助手App与线损可视化智慧管控平台、同期线损系统之间的数据共享和业务贯通，切实解决了基层无法在现场与后台系统交互的难点。基层人员在现场不仅能够随时得到后台系统提供数据支撑，也能得到系统的“智能”支撑，各种分析方法和分析结果即时共享，这也意味着前端作业的“简单化”。通过基层与后台的互联，提升了作业的准确性，提高了现场各项作业效率，也降低了对作业人员的综合素质要求，进一步提升了线损精益管理。

基层线损治理单位为台区、线路和供电所，对应的岗位角色为台区经理、线路管家和供电所长（助理）。线损助手App的核心能力之一就是为他们提供有效组织的数据。依据三种角色的各自需求，线损助手App提供了台区经理微应用、线路管家微应用和所长助理微应用，将各角色日常最关心的数据集中起来展示，使一线员工更加快捷方便地查看线损信息和治理进度，并实时比对现场、系统台账信息，将“在线监测”升级到了“掌上监测”，如图3-19所示，促进了线损治理提速。

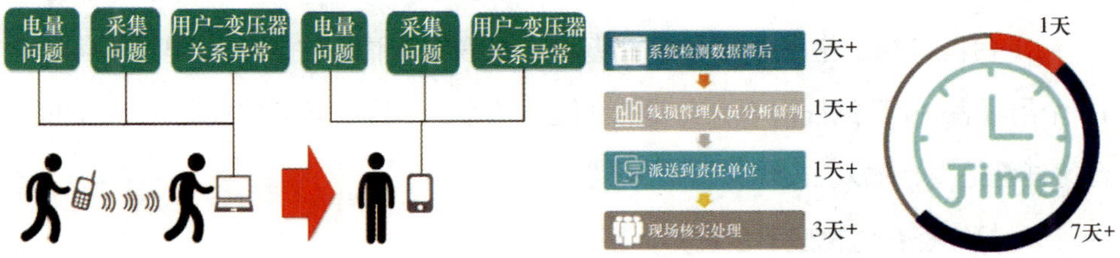

“在线监测”升级到“掌上监测”　　缩短现场设备和系统业务故障处理周期

图3-19　线损移动作业App效果示意图

线损可视化智慧管控平台、同期线损系统与移动终端App间的工单传递确保后台系统与现场工作互联互通，形成了线损异常治理的“预警–分析–检查–处缺–提高”闭环管控机制，促进营配末端融合。依托同期线损的线损数据获取、线损可视化智慧管控平台的预警及智能分析、线损助手App的末端接入，实现了线损异常的自动监测、智能分析、主动治理和闭环管控全流程业务一条线。线损移动作业流程如图3–20所示。

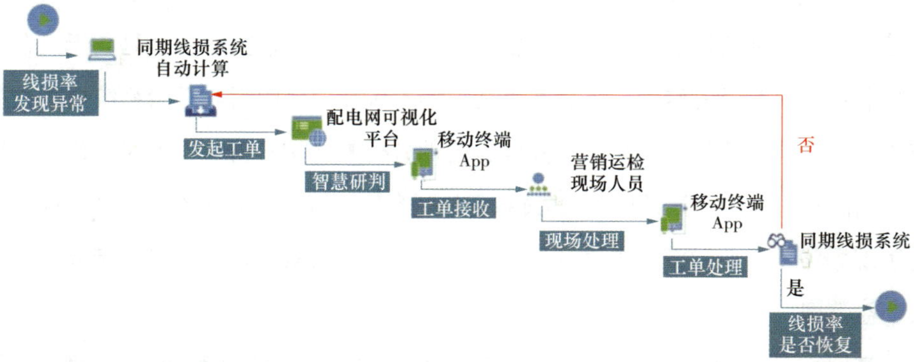

图3–20　线损移动作业流程示意图

线损助手App主要功能介绍如下：

（1）台区经理微应用包括首页（台区信息）、异常监测、业绩看板等功能。

1）首页：主要显示当前责任人的台区总数、台区达标数、台区未达标数、达标率和近 30 天或者 12个月达标率波动曲线，线损异常监测、采集异常检测、档案异常监测、模型异常监测的数量，当前责任人关注的台区列表，台区搜索等功能。

2）台区详情：进入某个台区，查看台区看板详情，主要包括电量明细，近 12 个月或者 30 日的线损率、电量曲线图、功率曲线图、电流曲线图和电压曲图，台区详细信息，输入、输出模型信息。

3）打标签：对相应的台区打标签。

4）零供分析、零售分析。

5）拟算：计算线损率。

6）台区下用户：台区下低压用户、分布式电源用户和办公用电用户。

7）低压用户详情：台区下低压用户详情。

8）异常监测：台区经理异常监测界面。

9）业绩看板：台区经理业绩看板界面。

（2）线路管家微应用包括首页（线路信息）、线路监测、业绩看板等功能。

1）首页：主要显示当前责任人的线路总数、线路达标数、线路未达标数、达标率和近 30 天或者 12 个月达标率波动曲线，线损异常监测、采集异常检测、档案异常监测、模型异常监测的数量，当前责任人关注的线路列表，线路搜索等功能。

2）线路详情：进入某个台区，查看台区看板详情，主要包括电量明细，近 12 个月或者 30 日的线损率、电量曲线图，线路详细信息，输入、输出模型信息。

3）打标签：对相应的线路打标签。

4）线路下用户：线路下台区、高压用户和分布式电源用户。

5）线路下台区详情：线路下台区用户的详细信息。

6）线路下高压用户详情：线路下高压用户的详细信息。

7）线路下分布式电源详情：线路下分布式电源用户的详细信息。

8）异常监测：线路管家异常监测界面。

9）业绩看板：台区经理业绩看板界面。

（3）所长助理微应用包括首页（台区/线路业绩排名）、异常监测、人员管理等功能。

1）业绩排名：可以查看线路、台区、经理的排名情况。单击台区排名，展示台区同期线损达标率和百分比分为全国、省、市、县，单击线路排名同台区一样展示列表，向下滑动列表到经理排名，显示姓名、总数、达标率、排名。

2）台区排名：当前单位下台区排名信息。

3）线路排名：当前单位下线路排名信息。

4）经理排名列表：当前单位下台区经理和线路经理排名列表。

5）搜索：当前单位下台区或者线路搜索，根据关键字搜索对应的台区或者线路。

6）异常监测：主要是将所有异常信息展示在界面，用户可通过选择不同的日期查看不同日期的异常数据。主要包括档案异常监测、线损异常监测、采集异常检测和模型异常监测。根据时间展示线路、台区所有异常。

7）人员管理：展示线路经理和台区经理的人员名单，单击线路经理姓名跳转到线路管家的个人页面，单击台区经理姓名跳转到台区经理的个人页面。

（4）工单管理微应用。针对五分线损及其关联要素出现的异常情况，建立“异常监测–工单派发–处理反馈–成效验证”闭环管控机制。

1）工单生成：生成工单。

2）工单填写：填写工单处理内容。

3）工单申请：申请延期、预警。

4）工单提交：提交工单处理结果。

5）工单审核：审核申请及工单处理结果。

（5）辅助决策功能应用。当前用户所属单位以及其下级单位的电量与线损监测分析、同期线损管理、年度建设评价指标和辅助决策。

1）辅助决策–首页：辅助决策模块展示了本单位当前年份的分线线损合格率、分台区线损合格率、异常检测和App使用时长的功能。

2）分线线损合格率、分台区线损合格率：单击首页对应的分线线损合格率和分台区线损合格率折线图中的点来展示对应的下级单位的线路线损监测和台区线损监测。

3）App使用时长监测：页面展示了所属单位及下级单位人员使用本App的情况，包括对应日期的使用总数、新增用户、按人次、按总时长，以及所属单位的按次数和按时长的使用统计情况。

4）异常检测：页面展示了分线线损异常情况、分线线损治理情况、分台区线损异常情况和分台区线损治理情况。

5）建设评价指标：可以查看所属单位及下级单位的模型配置、电量接入、分区同期月计算、分区同期日计算、分区供电量计算、35kV 分压同期月线损、10kV 分压同期月线损、400V 分压同期月线损、35kV 及以上分线站内母线平衡线损月计算、10（20/6）kV 分线同期线损计算和台区同期线损计算。年度建设评价指标模块可以查看下级公司及其对应的子公司的数据。

6）模型配置：可以查看当前展示单位的游离关口平衡率、分级线损模型一致率和分区分压线损模型一致率。

7）电量接入：可以查看当前展示单位的供电关口、高压用户和台区关口日表底完整率。

8）分区同期月计算：可以查看当前单位和下级单位的分区同期月计算。

9）分区同期日计算：可以查看所展示单位及下级单位的得分和计算完整率。

10）分区供电量计算：可以查看所展示单位及下级单位的电量偏差率和电量有效情况。

11）35kV 分压同期月线损：可以查看所展示单位及下级单位的达标情况。

12）10kV 分压同期线损：可以查看所展示单位及下级单位的达标情况。

13）400V 分压同期月线损：可以查看所展示单位和下级单位的达标情况。

14）35kV 及以上分线、站内母线平衡线损月计算：可以查看所展示单位及下级单位的 35kV 以上分线和站内母线平衡。

15）10（20/6）kV 分线同期线损计算：可以查看所展示单位和下级单位的档案情况、月线损情况和日线损情况。

16）台区同期线损计算：可以查看当前展示单位及下级单位的台区档案情况、台区月线损情况和台区日线损情况。

17）线损监测：可以查看所属单位下的配电线路监测分析和台区监测分析。

18）配电线路监测分析和台区监测分析：配电线路监测模块和台区监测模块展示了本单位和下级单位达标情况的监测。

19）配电线路、台区搜索：可以查询所属单位和下级单位下的所有线路。

20）配电线路、台区详情：配电线路详情页面和台区详情页面展示配电线路或台区的详情。

21）同期线损管理：可以按照分区域和分压两种方式查看线损情况。

22）分区同期线损管理：分区同期线损界面展示当前单位及下级单位的分区同期线损情况和电量明细。

23）分压同期线损：可以查看所展示单位及下级单位的分压同期线损情况和电量明细。

三、线损仿真实训

近年来线损管理岗位人员流动频繁，新人多、业务生，相关专业部门线损管理人员多为兼岗，对发现的问题分析不够深入，常常提不出有效的应对措施，探索高效的线损培训模式迫在眉睫。

前期已建设完成的同期线损系统通过传统的“理论课件+视频+系统演示”方式开展培训，让线损业务人员基本能够掌握同期线损系统业务及操作功能。同期线损系统业务指标多、计算公式复杂、数据来源复杂、数据量大，而生产环境数据不能随意操作，业务人员无法实际上手操作练习，导致实际操作能力较欠缺，难以第一时间分析定位线损异常问题，需要花费大量精力在问题排查上，直接影响公司线损数据的治理能力。

国网山西省电力公司将以往用于技能培训的仿真实训模式，应用于线损管理专业培训，开发了线损业务仿真实训平台（见图3–21），以仿真培训环境代替生产运行环境，业务人员可在没有风险的情况下进行线损日常应用实操练习和线损异常排查演练，模拟解决现场故障实际问题。线损业务仿真实训平台在很大程度上解决了传统集中面授模式存在的专业要素理解困难、实际业务操作不熟练、线损异常排查及数据治理效率有待提高等难题，将线损的各类概念“动态化”“实战化”，辅助线损业务人员充实知识储备，并通过模拟实战排查异常的方式，提高处理异常数据和档案的能力，逐步构建起贯穿“省–市–县–供电所”，覆盖发展、运检、调控、营销等专业的线损管理人才梯队，促进线损精益管理提升。

图3-21 线损业务仿真实训平台界面

仿真实训的建设指导思想为实现生产消费全过程全场景再现，实现以应用为背景的实战化互动，实现与岗位精准匹配的多角色支持。

（1）实现电力生产消费全过程全场景再现。基于典型电网结构图，建立从上到下的线损组织体系、关口模型、结果校验机制，涵盖线损产生的发、输、变、配、用各个环节，实现线损业务的全场景再现。为基层各专业不同业务需求的线损业务人员构建清晰的电网线损管理业务体系认知，为节能降损工作提供人才保障。

（2）实现以应用为背景的实战化互动。一方面，将静态线损知识点与动态实际情况通过系统模型配置建立直观连接，并接入实测运行数据，模拟计算出损耗电量及线损率，实现新到岗线损管理人员实战化训练。另一方面，模拟日常出现的高损或数据不匹配的“虚假高损”问题，梳理成“问题库”，以“仿真”形式再现，通过人员主动参与修正，有效提升了异常排查能力。

（3）实现与岗位精准匹配的多角色支持。针对不同培训对象的业务应用界面、日常工作中遇到的线损相关问题，展开培训需求分析，在此基础上构建专业精准的培训体系，包括课件库、实操教程库、基础练习库、异常练习库等，管理者可针对不同层次的培训对象制订差异化培训计划，并从学习时长、学习内容、考核结果三个维度做出评价，综合评估员工与岗位的适应性程度，为全员降损提供“源动力”。

（一）系统功能介绍

（1）基础资源配置。构建课件库、题库、实操教程库、基础操作库、异常排查库、试卷库等。内容涵盖线损业务人员可能用到的理论知识、技术技能、实际操作等各方面内容，在管理端提供接口，可按模板上传新的课件及题库。

以实操教程为例，可分为公共功能、专题功能，如图3–22所示。公共功能包括基础配置、档案查看、模型配置、模型查看、线损查看、电量查看、异动查看等模块，各专业人员均需要掌握。专题功能部分则按照专业、分类梳理需掌握的操作内容。

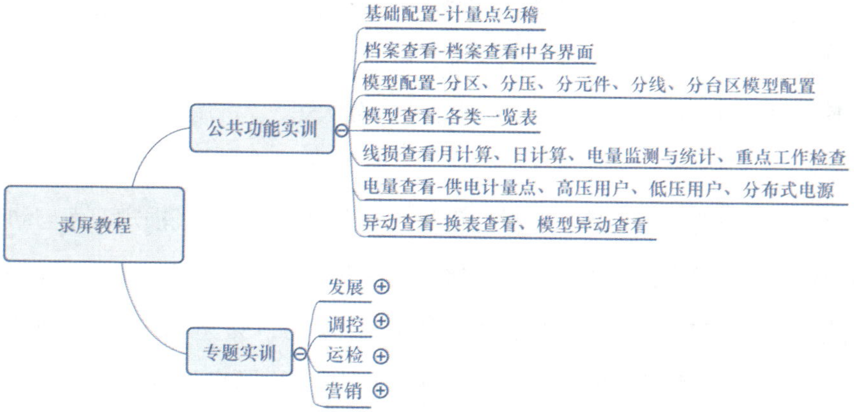

图3–22　实操教程功能示意图

（2）培训管理功能。仿真实训按照培训深入程度，可分为初级培训、中级培训、高级培训，如图3–23所示。

1）初级培训：线损基础知识培训（PPT演示）、系统基本操作培训。

2）中级培训：线损异常仿真培训、系统间档案异动和电量表底缺失等造成电量与线损异常仿真培训。

3）高级培训：现场故障仿真培训。

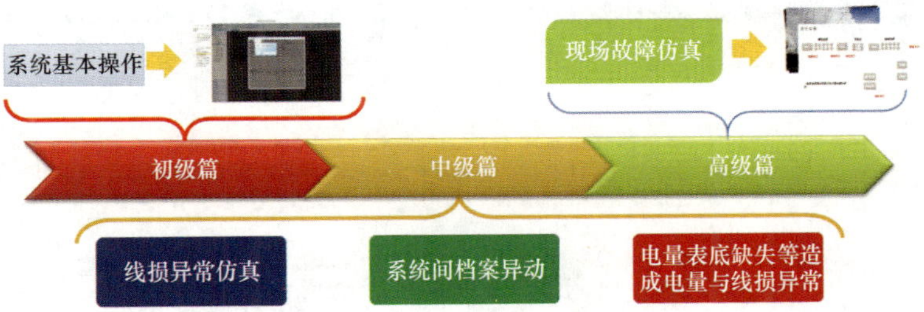

图3-23　培训管理功能示意图

为实现以上管理内容，管理端提供针对不同培训对象的“精准培训”管理功能，按照不同的培训对象，筛选系统中已有的各种培训素材。

如对供电所人员开展培训，课件部分选择线损基础知识、台区线损管理；试题部分选择台区线损管理；实操教程部分选用台区、分布式电源档案查看，台区模型生成，台区、低压用户换表记录查看，以及营销台区达标率及重点工作检查等；基础操作部分选择台区模型配置、分布式电源配置等；异常排查部分选用台区线损异常排查，设置台区总表关联错误、分布式电源方向错误等异常。通过针对性的培训方案制定，学员可以屏蔽无效信息，进行针对性的学习。在学有余力的情况下，可以自主学习基础知识、基础操作，进行互动式的基础操作学习和异常排查学习，更快掌握相关技能，如图3-24所示。

（3）考试管理功能。考试管理与培训管理相关联，针对业务人员的专业和工作性质，提供适应其岗位要求和业务需求的考试内容。

以有经验的地市公司专责为例，需要掌握各专业的各种难度的基础知识，并可以对已经设置好故障点的分区、分压、分元件、分线、分台区的线损率进行综合数据分析，排查并消除各类异常，修正异常数据。而针对初接触线损业务的供电所台区线损专责，考试范围和难度就要相应降低，不考虑分区、分压等非本专业内容，将低压分布式光伏在台区线损模型中的配置和常见异常等内容作为考核重点。

考试管理端提供考试计划制定、考试资源准备、在线考试、教师阅卷、成绩管理等功能，如图3-25所示。

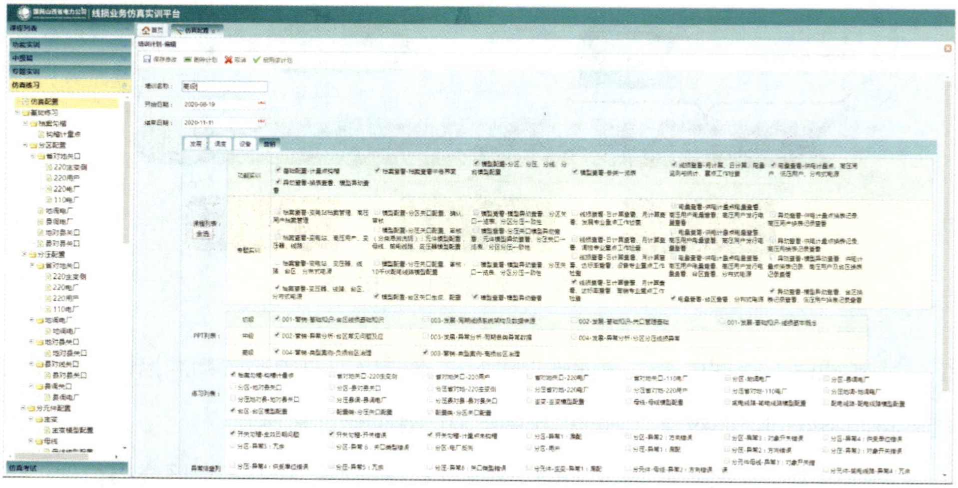

图3-24 培训管理——仿真练习

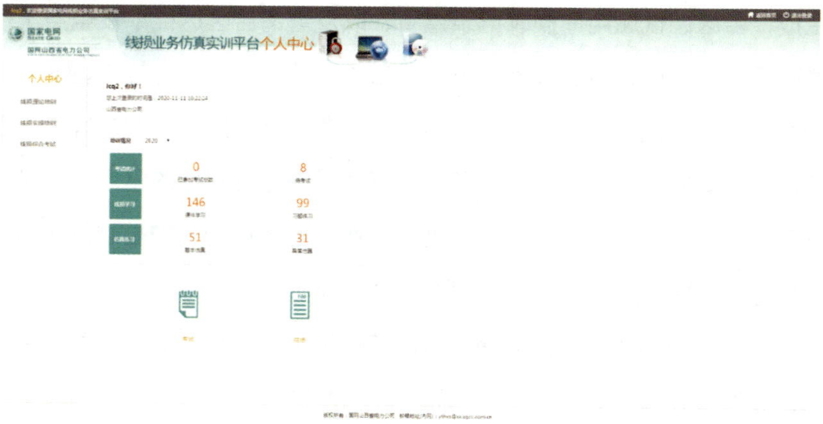

图3-25 考试管理

（4）非互动式线损业务学习。学员端非互动式线损业务学习包括课件的查看、实操教程的查看。学员可以先自主学习课件掌握必备的基础理论知识，再逐个查看相关的实操演示及语音说明，掌握系统基础操作，如图3-26所示。

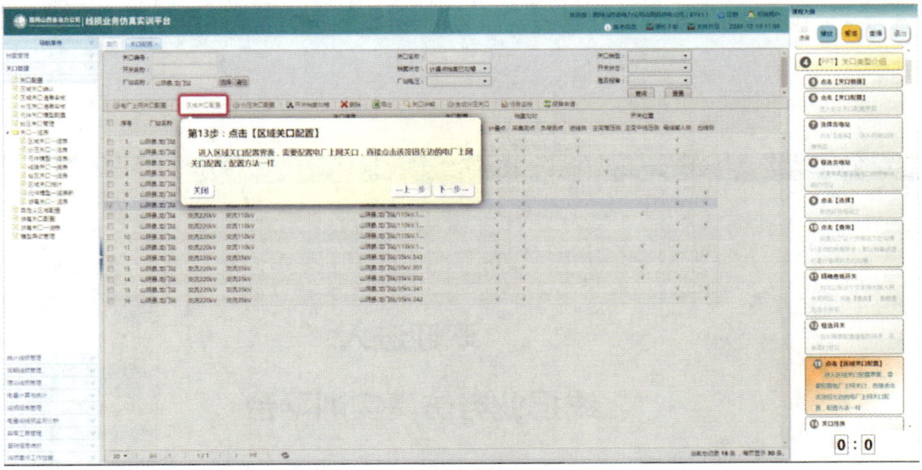

图3-26　实操教程——关口配置

（5）互动式线损业务及实操学习。互动式线损实操学习包括做练习题、基础操作实操和异常排查实操。

1）练习题部分。将线损题库按照专业、难度配置，每次提供5道练习并提供标准答案，以巩固和检验课件学习的成果，为下一步实操学习做好基础知识储备。

2）基础操作实操。主要满足业务人员从无到有构建各级线损模型的操作实训需求，如图3-27所示。不同专业的学员在进行实操时，根据在管理端提前配置好的培训方案，学习相对应的内容，力求涵盖所有小知识点。

如发展专业需要掌握分区线损实操，在范围上需要涵盖地市公司、县公司两级；地市公司线损模型需要涵盖省对地关口、地调电厂上网关口两部分；而省对地关口中，又细分为220kV主变压器侧断路器、220kV用户断路器、220kV电厂用户的售电量关口、110kV风电场上网电量关口等类型，如图3-28所示。每种类型，均以一个小练习题呈现，题目明确关口位置及定义，以及方向要求，学员可直接在系统中进行配置操作。配置完成并保存提交后，系统给出关键点的判别，指出错误的类型，并提供相关录屏教程的穿透功能，可针对性的对系统功能再次进行自主学习，以巩固该知识点的掌握，所有的基础练习可反复操作，直到达到培训目标。

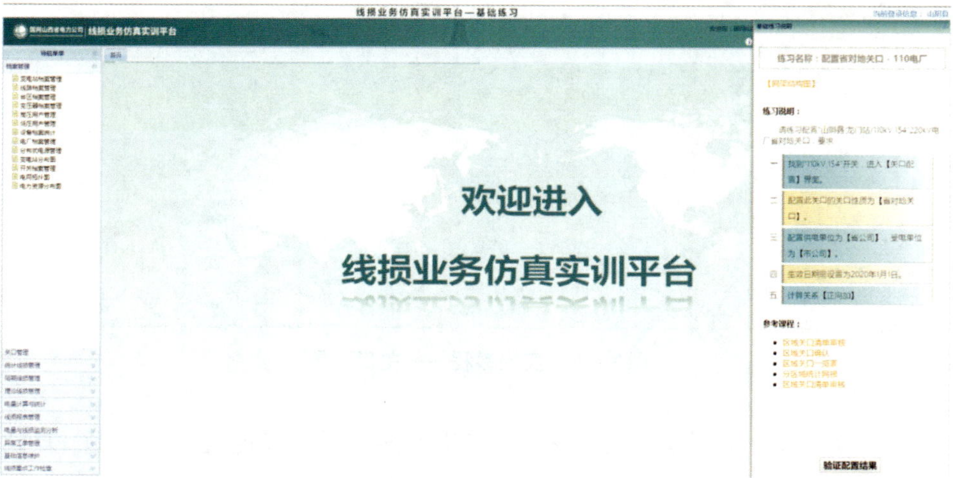

图3-27　基础操作实操

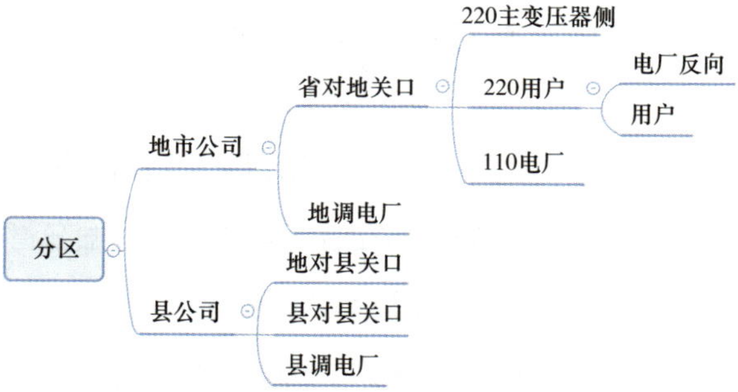

图3-28　分区线损实操功能示意图

3）异常排查实操。对掌握的实操技能提出更高要求，针对线损管理人员，面对实际工作中已经配置完成，可能存在各种异常或与实际不符的情况时，如何进行数据分析和异常排查及修正操作。具体内容，同样按照不同专业的业务管理界面和技能需求配置，并力求涵盖所有可能出现的异常情况，如图3-29所示。

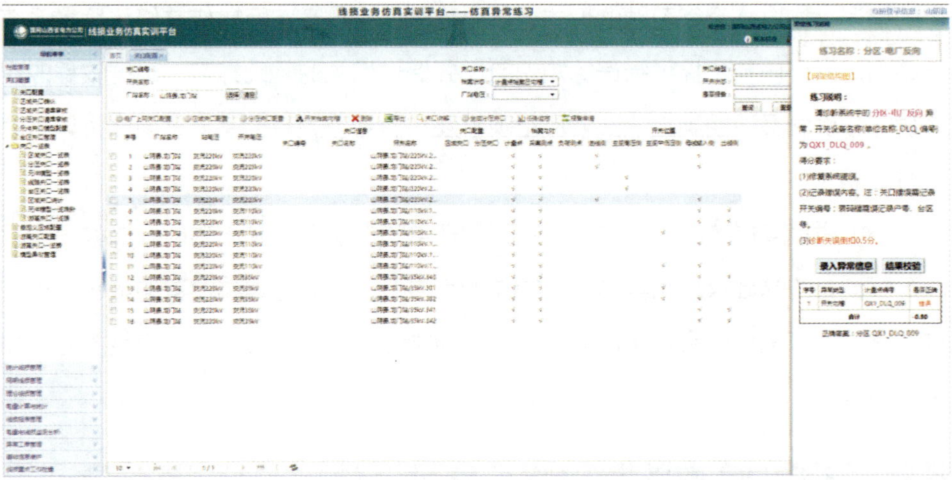

图3-29　异常排查实操

如运检专业，需进行配电线路线损异常排查练习，首先，从线路模型类型上，需掌握常规线路模型、带办公用电线路模型、带分布式光伏并网点的线路模型（其中，分布式光伏并网又需要按照是否全额上网，以及并网电压等级不同区分）。在每种类型的线路模型中，均可能出现漏配计量点、方向错误、对象选择错误、转入转出计量点冗余、加减关系错误等异常，如图3-30所示。将这些类

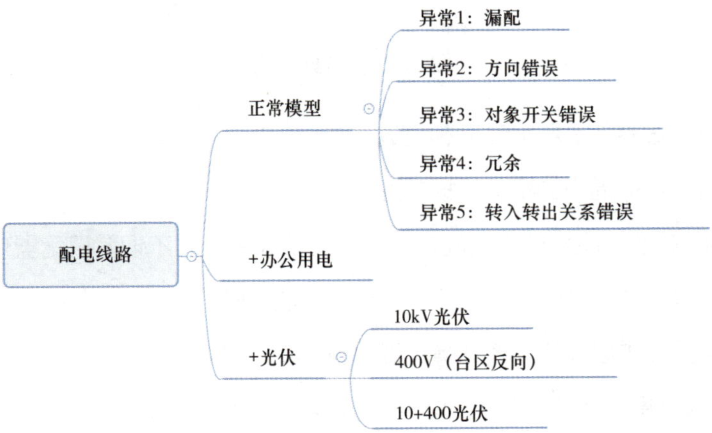

图3-30　配电线路线损异常排查练习功能示意图

型的错误，均以一个练习题的形式，逐个列举，人员在实际操作并修正后，系统自动判定操作质量，提供错误的知识点，并提供相关的基础练习、录屏教程的穿透功能，供学员退回到上一部，反复观看及实操练习，直至完全掌握此类异常处理方法。

（6）线损实操考试。在进行一系列的理论知识学习、基础功能录屏教程学习以及互动式的基础操作和异常排查操作的练习后，根据管理端设置的试题类型和难度，学员可进行综合性实操考试，以检验学习成果以及实际综合应用能力，如图3–31所示。

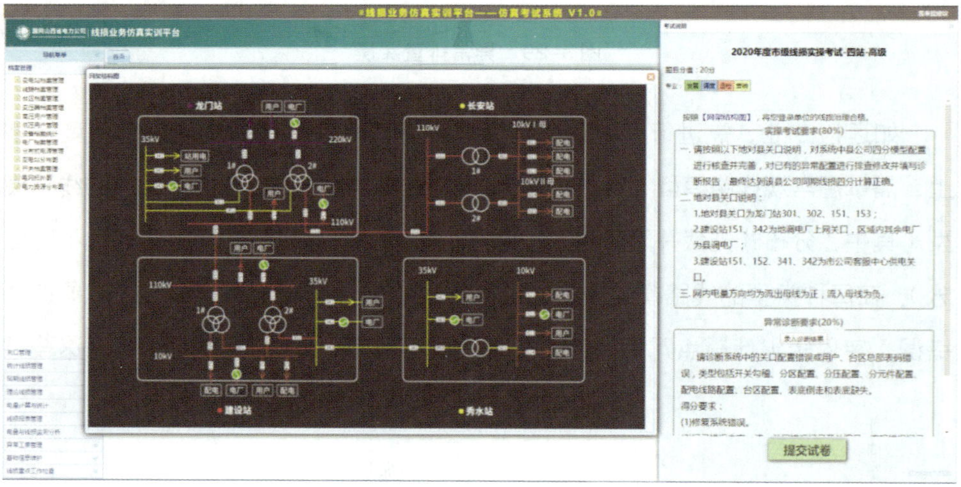

图3–31　仿真考试

学员可以按专业进行考试，根据题目提供的电网架构图，以及关口文件定义，自行梳理所分管范围内的相关线损模型。

1）初级难度。网架结构图简单，关口类型简单，并不设置已配置但有问题的干扰项，只需完成基础配置操作，计算出正确的线损率即可，考试成绩按照线损各类模型参数配置以及线损率计算正确性按比例评分。

2）高级难度。网架结构更为复杂，关口类型全量涵盖，并设置已经配置，但存在错误信息的干扰项，学员不仅要区分负责的关口模型，还要对已经配置的错误信息进行修正，最终维护好正确的配置，计算出正确的线损率。

考试成绩除按照配置信息和线损率评价外，还增加异常信息登入部分，记录操作过程。

（二）案例及效果

2019年3～4月，长治公司对供电所员工共156人进行4个批次的轮训，培训时长3天/批次。对供电所维护范围内的配电线路、台区模型进行初级难度的实训考试。学员观看理论课件共10.8节/人，进行基础练习13.4题/人，累计登陆时间15.9h/人。配电线路、台区模型配置正确率达到91.54%。

2019年6月，晋中公司及其县公司线损专责16人进行实训，培训时长5天。对县公司维护范围内的分区、分压、元件、线路、台区模型进行高级难度的实训考试。学员观看理论课件共16.8节/人，进行基础练习20.3题/人，进行异常排查练习45.2题/人，累计操作时间26.1h/人。分区、分压关口模型配置正确率达到95.65%，异常排查得分率92.13%。

2019年10月，国网山西省电力公司举办同期线损业务技能竞赛，如图3-32所示，共52人参加竞赛，其中仿真部分考试平均成绩83分，达到90分及以上21人，95分及以上12人，共评选出6名线损管理技能专家。

图3-32　同期线损业务应用技能竞赛（实操机试）考场

四、线损精准治理

中低压线损治理是线损管理工作中的重要组成部分，近年来越来越受到重视。全面高质量线损数据的持续获取，造价合理的新技术设备的不断涌现，使得中低压线损治理可以以一种更精准的方式展开。

（一）低压三相不平衡治理

三相负荷不平衡问题对电力系统、用户供电等都带来了严重的危害：增加变压器和线路损耗；配电变压器出力减小，降低了配电变压器的利用率；变压器发热，严重时甚至会烧毁变压器；容易导致过压、低压，影响用电设备的正常工作。低压配电网点多面广、结构复杂，并且随着人们生活水平的不断提高，负荷性质日趋多样化、负荷波动越发显著，使低压台区变压器三相不平衡问题越发突出。而另一方面，传统治理三相不平衡的方法相对欠缺，很难从人力和技术上解决，导致三相负荷不平衡问题非常普遍，尤以农网最为严重。

1.治理的基本思路

近年来，三相不平衡治理技术迅速发展，在传统人工改线调整负荷和配电变压器低压侧无功补偿的基础上，又发展出了有源电力滤波器（APF）补偿、在线换相开关与无功补偿相结合等新方式。

这些新的治理方式在带来各种优点的同时，也有着相同的缺点：添加新的设备带来成本上升和供电可靠性下降。

随着台区线损相关数据获取质量的持续提高，原有的人工改线调整负荷方案焕发了新的活力：筛选出具有改造价值的台区，根据台区各负荷用能特点优化负荷相位，根据兼顾效益与工作量的原则，在必要的时候进行相位重新调整。

2.治理的主要流程

首先现场核相，绘制台区拓扑图；其次将拓扑电量导入理论计算App，实现优化计算；然后对照清单，现场调相；最后核相验收，开展降损成效分析。

（1）台区现场查勘。新建、改造台区前，进行现场查勘和调查，为配电变压器位置、低压出线线路路径的选择提供依据。尤其对改造台区，通过走访用户，收集相关资料，详细了解现有用户用电负荷分布、用电类别构成情况，记录客户基础信息，包括户名、户号、地址、相序、表计资产编号、电量及用电类别。

（2）台区接线图绘制与参数输入。在工作手机上启动智慧台区App软件，根据现场勘查数据绘制台区接线图并输入相关参数，如图3-33所示。

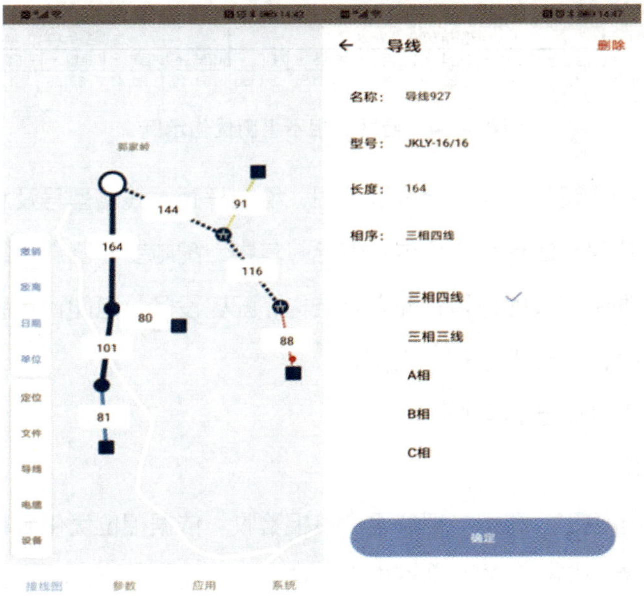

图3-33　台区接线图绘制与参数录入示例

（3）台区三相不平衡优化。台区接线图绘制完毕后，选择三相不平衡优化功能，进行台区三相不平衡优化计算分析。优化计算后，生成相位调整和增加无功补偿装置、变压器接入位置及电压等多种相应优化方案，如生成调整前后相位清单，以及优化前后各相电量、不平衡度、总损耗、线损率对比情况，如图3-34所示。

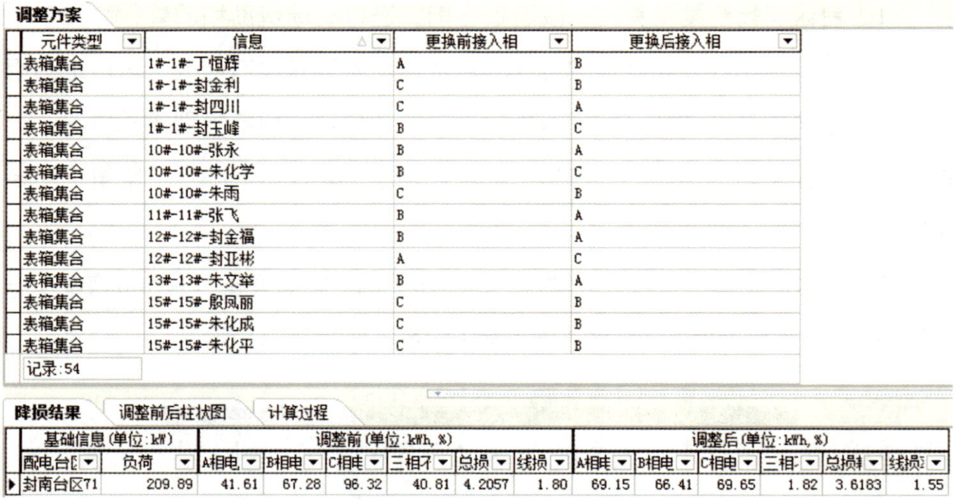

调整方案

元件类型	信息	更换前接入相	更换后接入相
表箱集合	1#-1#-丁恒辉	A	B
表箱集合	1#-1#-封金利	C	B
表箱集合	1#-1#-封四川	C	A
表箱集合	1#-1#-封玉峰	B	C
表箱集合	10#-10#-张永	B	A
表箱集合	10#-10#-朱化学	B	C
表箱集合	10#-10#-朱雨	C	B
表箱集合	11#-11#-张飞	B	A
表箱集合	12#-12#-封金福	B	A
表箱集合	12#-12#-封亚彬	A	C
表箱集合	13#-13#-朱文举	B	A
表箱集合	15#-15#-殷凤丽	C	B
表箱集合	15#-15#-朱化成	C	B
表箱集合	15#-15#-朱化平	C	B

记录:54

降损结果　调整前后柱状图　计算过程

基础信息(单位:kW)		调整前(单位:kWh, %)						调整后(单位:kWh, %)					
配电台区	负荷	A相电	B相电	C相电	三相不	总损	线损	A相电	B相电	C相电	三相	总损	线损
封南台区71	209.89	41.61	67.28	96.32	40.81	4.2057	1.80	69.15	66.41	69.65	1.82	3.6183	1.55

图3-34　台区三相不平衡优化示例

（4）图纸初步设计。完善台区设计图，绘制杆距、线路型号及路径、表箱序号、用户名、户号、表计所在相位等信息。其中，配电变压器选择靠近负荷中心及电源侧，方便进出线的位置；配电网结构、配电设备、电能计量装置等影响线损，设计线路时，应合理安排线路路径。

（5）技经工具输出工程预算。

（6）工程施工。

（7）验收与竣工。利用核相仪逐户核相验收。依据相位优化清单对现场用户按照"一户一表一相位"的原则逐户进行核对，完善用户相位标签，并同步在线损理论计算软件中核对拓扑图用户相位参数。

根据现场实际施工情况，完善台区标准图、竣工图。

（8）运行评估。验收合格后，试运行一段时间（两周），评估整治前后效果应与设计时的线损理论计算值相近，否则，再查找原因，直到线损率水平合理。

3.典型案例

陵川县闫家沟2号台区是晋城第一个三相不平衡台区治理试点，如图3-35所示，于2020年9月21日完成了8只多表位表箱的下户线三相四线改造，线损率由

7.75%降低到了5.7%。9月28完成了全部18只多表位表箱的下户线改造，线损率进一步降低到了3%左右。改造共投入资金1.41万元，压降线损率4%，月减少损耗电量1651kWh，折合成电费每年可以节约0.96万元，运行一年半即可回收成本。

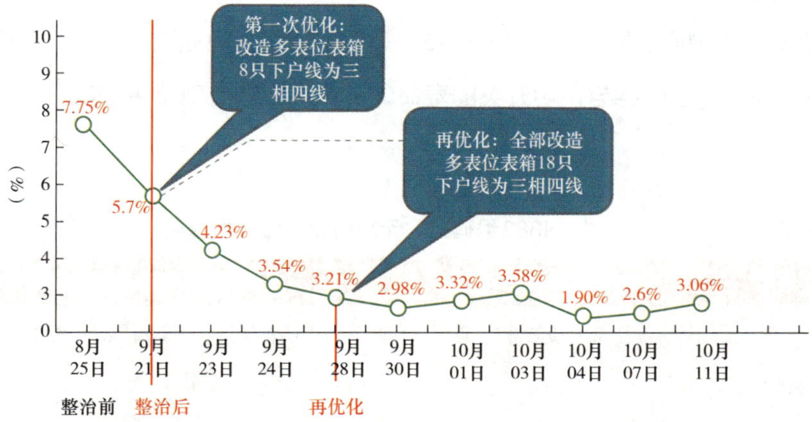

图3-35 低压台区三相不平衡治理效果示意图

（二）10kV线路精准无功补偿

当前典型设计中的无功补偿以三相共补为主，占补偿容量的85%。但如果三相所需补偿容量不同，如A、B、C三相分别需补偿10、20、30kvar，那么每项投入20 kvar会同时造成过补与欠补，影响10 kV线路降损效果甚至适得其反。线路负荷在每个时刻都不一样，有些台区变化的幅度甚至达到20倍以上，在这种背景下，典型设计中1/8的最小投切容量显然无法满足补偿所需的精度要求。若是补偿不到位，随之而来的首先是台区的电能质量问题，如末端电压低、电压质量差；其次是无功功率在电网中流动造成的线路损耗问题；最终甚至会影响到电网的输送能力。

1.治理思路

通过大数据筛选出有价值的线路作为线路精准无功补偿的潜在对象。把无功补偿“一刀切”的补偿形式优化为“按需补”，用全分相无功补偿的方式满足分补与共补的需求。在实践中不断以单台配电变压器为最小颗粒度优化补偿策略。根据成本与效益兼顾的原则，通过数据进一步筛选出有价值的台区和高压用户进行补偿。

全分相自动补偿装置在控制造价不增加、体积空间基本不变的前提下，采用124888编码式投切专利算法，合理分配电容器组容量组合，分相对无功进行31挡平滑调节，调节精度高达3%，见表3-5。装置电容均为电压过零投入、电流过零切除，大幅延长了电容与投切开关的寿命，并且不会造成电路中的电压差与电压叠加。

表3-5　“124888编码式”无功精细补偿技术特点

参数、性能	传统无功补偿装置	新型全分相自动补偿装置箱
投切开关	交流接触器	“电压过零投、电流过零切”智能开关
跟踪速度	≥1min	≤5～25s
补偿级差	10～20kvar	≤2kvar
补偿方式	大共补+小容量分补	全分补
电容器组数		6组31挡
体积		600cm×450cm×700cm
安装位置	配电变压器综合配电柜柜内	配电变压器综合配电柜柜内或柜外独立悬挂

2. 典型案例

10kV 862平南线线路总长11.74km，接带公用变压器14台/3335kVA，专用变压器12台/2565kVA。选取无功缺口最大的杨寨河1、2号，杨寨3号、新鑫石灰岩为全分相无功补偿试点，将从未达到85%的线路功率因数改善到了90%以上，线路线损率由6%下降到了2%左右，折合成电费每月可以节约1万元，运行三个月后即可回收成本。

其中新鑫石灰岩为专用变压器用户，该用户共有专用变压器3台/1130kVA，之前使用1000kvar普通共补装置，但近一年来平均每月都要缴纳0.8万元的力调电费，最多的时候还要翻倍。该用户有明显的改善无功补偿意愿，在遵循无功就地补偿的原则下，进行了分相补偿试点。在运行全分相补偿装置的20天里，该用户的功率因数可以保持在90%以上，继续保持的话，可以实现力调电费的由“罚”到“奖”了。

此外，无功补偿的控制器还安装了物联网芯片，可以实时采集用户的无功运行数据并上传，用户在手机上安装App就可以随时查看，如图3-36所示。

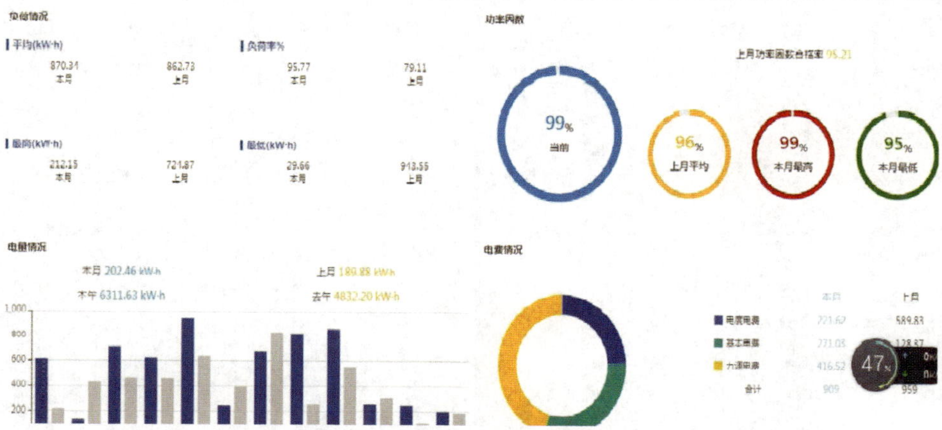

图3-36　用户用能分析示例示意图

第四章 线损管理的效益化驱动

CHAPTER 4

第一节 以效益化为驱动的线损管理

经济效益是从生产建设角度来反映企业经济活动的综合指标，衡量标准包括企业盈利、资金积累等。《现代汉语词典》对社会效益的解释是："各种经济活动及科学技术、教育、文学、艺术等在社会上产生的非经济性效果和利益。"管理效益是管理工作追求的目的，既是管理工作的出发点，又是管理工作的归宿。效益就其词义看是指效果和利益，即人们活动所产生的结果和带来的利益。如我们说一个单位效益好，是指它的生产活动给单位的员工带来了较多的经济收入，同时也指它更多地满足了社会的要求。一般说来，效能的实现就是效益。

一、线损管理的经济效益与社会效益

1.线损管理的经济效益

从我国经济发展层面来看，电力企业在促进我国的经济发展和提高人民的生活水平上发挥了非常重要的作用。由于电力工业也是我国能源消耗大户，采取有效措施促进节能降耗将具有非常重大的意义。线损是造成电力工业高耗能的重大原因，也是大型供电企业的重要经济指标，对整个企业的管理水平和经济效益有直接的影响。因此应尽可能做好线损管理工作，提高线损的管理效率，进而提高省级电网企业的经济效益。

从供电企业发展层面来看，市场竞争日益激烈，供电企业外部利润空间被进一步压缩，增加了企业经营难度，供电企业只有进一步从自身管理出发，才能够找到今后企业发展的道路。提高线损管理的成效，能够让企业从自身出发，挖掘企业潜力，扩展企业的生存空间，提高企业经济效益，加强企业竞争力。提高线损管理水平，能够给供电企业的发展带来新的动力和效益，能够从根本上提高企业经营效率。

2. 线损管理的社会效益

线损管理的社会效益主要体现在推动绿色发展、为用户赋能降低用电成本等方面。

首先，线损管理能够有效推动绿色发展。绿色发展既是当今世界主要的发展潮流，也是指导我国今后发展的重要理念。自绿色发展理念提出以来，以习近平同志为核心的党中央以坚决的态度、强有力的举措大力推进绿色发展，深入改善民生，取得重大成果和根本实效。当今世界，经济社会发展对能源的依赖程度不断增强，能源也反过来制约着经济社会发展。目前，全球大气污染治理形势严峻，加快节能减排的重要性和紧迫性不言而喻。国家电网有限公司作为负责任的大型央企，作为社会节能减排的先锋与表率，立足国情和企情，围绕国家工作大局，努力践行绿色发展理念，坚持走绿色发展道路，深刻认识电网功能和公司属性，制定实施绿色发展战略，努力推进自身、产业和社会的绿色发展，发挥电网功能和公司对产业和社会的带动力，服务经济社会可持续发展。国家电网有限公司高度重视电网降损工作，强化电网线损管理，实现节能降耗。以线损五分管理为抓手，以精益化管理为重点，持续挖潜增效、节能降损，提升电网自身节能减排水平。

其次，线损管理能够为用户赋能，帮助客户降低用电成本。对于大中型企业客户，引导客户参与电力市场化交易，并向客户提供能效诊断、节能咨询等综合能源服务，统筹运用新能源、储能等多种技术，指导客户实施电能替代或节能改造，实现降本增效。对于小微企业客户，指导客户优化用能方案，帮助其降低用电成本。

二、以效益化为驱动的线损管理总体思路

效益化生产决策机制是以效益为核心，以细化投入产出单元为核算基础，提高资源配置效率，实现效益最大化的生产组织管理模式。

线损精益管理全流程再造以“消除浪费”和“价值创造”为核心，从相关

专业线损管理前置精益控制和线损管理事后精益处置两个方面着手：一方面将线损管理前置嵌入规划改造、生产运行、电力营销三大专业相关环节，在其影响线损的关键业务流程环节增加线损管控相关工作，充分发挥线损管控在专业流程优化中的监控与指导作用，模拟规划改造后效果，提供更为经济合理的建设和运行方案，合理安排检修期间各项业务，最大限度防控跑、冒、滴、漏，提高相关人员自身素质，使工作流程更为顺畅、工作效果更为显著，同时发挥线损监测治理的经济指标评价作用，加强涉及线损管理的专业协同、信息共享和相互促进；另一方面深入挖掘海量数据平台价值，深化应用同期线损五分计算结果，着力打造“数据实时展示、指标自动预警、缺陷精准定位、原因智能分析、损耗经济评价、业务全面融合”的线损可视化平台，构建“概念定义现代化、职责分工科学化、专业流程精益化、人员培训场景化”的线损精益管理体系，以线损管理为主线，建成专业主动参与、良性互动、迭代更新、价值共享的生态链。实现全业务数据的深度应用，全过程线损的在线管控，全流程职能的优化再造，全方位设备的经济评价。以效益化为驱动的线损管理总体思路图如图 4–1 所示。

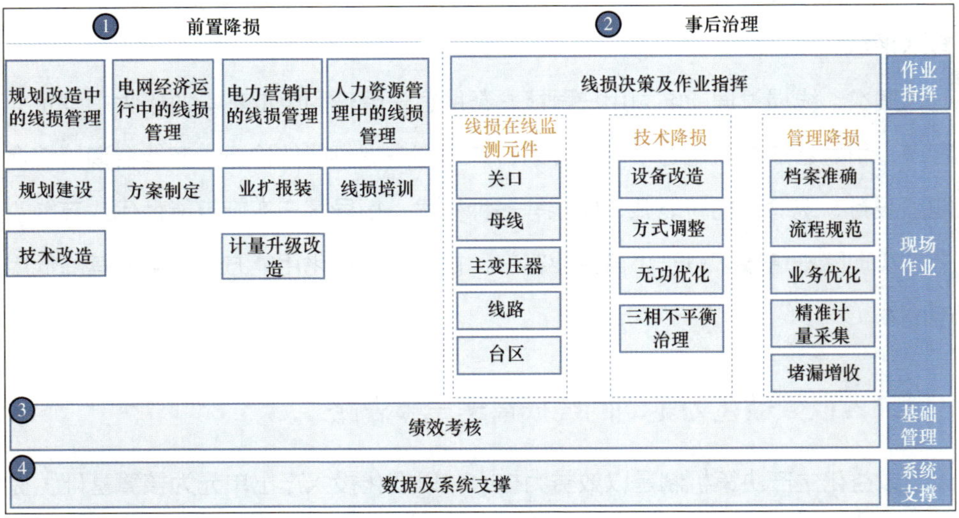

图 4–1　以效益化为驱动的线损管理总体思路图

首先，通过线损专业对电网规划改造专业流程的介入，实现了线损专业在“规划—建设—运维—营销”四个电力生产经营全链条环节中的贯穿，实现了对影响线损的全要素进行控制的第一步。同时，对涉及技改的项目和确定的技改方案，进行技术降损的经济性校验，对技改项目不能优化技术损耗或者使技术损耗提高的项目及时控制和整改，做到精准投资；同时将长期高损的设备纳入技术改造范畴，并通过投资和成本压缩控制，评价可行性，避免了规划改造项目实施后给线损管理造成的掣肘因素，是线损精益管理的核心内容，避免浪费概念的植入和落地。对于规划改造专业本身，使用技术损耗作为经济性评价的指标，能够进一步满足项目技术经济性的要求，也能给规划改造项目的立项和实施提供更加充足的设备投资、改造和建设方面的参考，有利于电网规划改造的精益科学管理，能够从源头上实现降损增效。

其次，通过线损专业对电网生产运行中35kV及以上方式制定与10kV及以下方式调整专业流程的介入，按照精益线损管控流程，对可能造成同期线损监测率异常的方式制定与方式调整关键业务环节，通过加入线损计算结果参考、应用线损可视化系统进行方式调整计算，实现线损工作业务在电网生产运行中的有效参与，满足线损同期监测的精益管理要求。

再次，通过线损专业对电力营销工作的业扩报装、计量升级改造、用电检查专业流程的介入，按照精益线损管控流程，对可能造成同期线损监测率异常的SCADA/OMS系统建模、PMS系统建档、GIS系统拓扑图形维护和SG 186等系统业扩线上流转、远程调试采集等关键业务环节，通过增加线损管控和监测实现线损工作业务线对业扩流程的有效控制，通过计量工作票及换表流程及时同步、计量工作质量评价等方式实现线损工作业务线对计量升级改造的有效控制，通过监测识别、计算分析、自动预警、系统排查与锁定用户等方式实现线损专业参与用电检查过程管理，确保业扩报装、计量升级改造、用电检查工作满足线损同期监测的精益管理要求。

接着，通过线损专业对人力资源管理中的线损培训专业流程的介入，按照精益线损管控流程，对可能造成同期线损监测率异常的线损工作参与人员能力素质等关键因素，通过增加线损培训需求分析、计划制定、组织实施与效果评估的针对性，实现线损工作业务线对线损培训的有效控制，满足线损同期监测的精益管理要求。

最后，有效利用、挖掘电网数据信息，将线损五分管理这一线损精细化管理行之有效的手段与数字化信息系统相结合，对现有的线损管理业务流程进行再造，优化了线损监测、电量异常分析、定位异常关口、异常原因分析、制定处理方案及数据校验的业务运行方式，新增线损预警、工单在线推送、技术降损等多个环节，在线损可视化系统及大数据分析的有效支撑下，实现线损实时监测、异常自动预警、异常远程定位与分析、工单自动派发等功能，提高线损监测的实时性、准确性与线损治理的及时性。

第二节　规划改造中的线损效益前置测算与优化

一、规划建设中的线损效益前置测算与优化

1.原有规划建设主要业务流程描述

电网规划建设从基础数据收集开始，到竣工验收，中间涉及业务流程环节15个（如图4-2所示），各环节主要工作内容如下：

（1）基础数据收集。对近几年的电网运行数据，电网结构及地区规模、经济形势，行业用电等数据进行收集整理。

（2）分析电网现状。包括电网情况、设备情况和电网结构分析，电网情况具体分析整体设备和负荷情况，设备情况需要分析变压器、线路运行年限和情况。

（3）负荷、电量预测。需要结合全社会最大负荷登记处数据进行负荷增长和

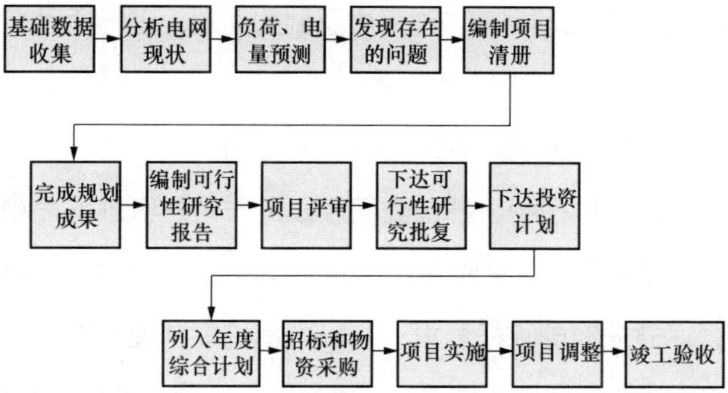

图4–2　原有规划建设主要业务流程环节

特性分析，使用回归分析法、产值单耗法等对用电量和负荷进行预测，最后得出分压分区网供负荷预测数据。

（4）发现存在的问题。通过数据分析和电量预测，发现当前配电网适应地区经济发展方面存在的瓶颈和短板，需要增加的电源点、管线和廊道计划。

（5）编制项目清册。在综合考虑电网安全性、电网投资与实现效益等因素的基础上确定最终项目清册。

（6）完成规划成果。综合各电压等级、各区域项目需求情况，按照项目清册，统筹编制电网规划内容，综合考虑经济运行、区域供电需求等内容，形成最终的规划方案。

（7）编制可行性研究报告。按照规划方案，对项目背景、需求预测、建设方案、选址方案以及环保、资金等问题结合实际进行综合分析，论述项目的可行性。

（8）项目评审。经研所通过结合电网可靠性、电网投资与实现效益进行多方面分析审核，提出评审意见。

（9）下达可行性研究批复。对项目可行性研究通过的，审核单位下达批复。

（10）下达投资计划。按照可行性研究批复对审核通过的项目下达项目投资计划。

（11）列入年度综合计划。将下达的项目投资计划列入年度综合计划。

（12）招标和物资采购。根据年度综合计划执行项目招标和物资采购。

（13）项目实施。根据年度综合计划开展项目实施。

（14）项目调整。根据项目实施过程中遇到的问题，进行项目方案调整。

（15）竣工验收。项目结束后竣工验收。

2.规划建设中线损效益前置测算与优化潜力分析

原有电网规划建设过程中，基础数据收集环节未对区域网损和涉及规划的线路、台区技术线损情况进行充分明确，无法为项目需求分析提供充足的数据支撑；在发现存在问题环节未考虑降损要求，降损方案仍需单独制定；在编制项目清册和项目评审环节未进行线损相关校验，可能导致方案建成后技术线损不符合要求；在招标和物资采购环节，可能存在物资采购过程中未执行标准化物料对线损造成影响；在项目调整环节，存在项目方案改变时未考虑对线损的影响，导致修改后的方案建成后技术线损不符合要求。

因此，在原有电网规划过程中前置嵌入线损效益测算与优化方案分析制定等工作，通过充分借助大数据平台，利用系统理论计算模拟功能，在综合考虑电网设备基础数据、电气运行数据、用户负荷情况及相应规划方案的情况下进行模拟计算，并以此作为评估规划经济性的一种依据，为最后规划审核和编制提供依据，削减规划专业中原本存在的数据粗放式处理方法，将规划审核和预估效益流程并行，减少流程的中间环节。

3.电网规划中前置嵌入线损测算业务流程环节描述

考虑到以上潜力，在电网规划现有业务流程的基础数据收集、发现存在的问题、编制项目清册和项目评审四个环节中，通过一体化规划设计平台、国网规划设计系统、网上国网（GIS 2.0）、建设项目管理平台、ERP系统等系统支撑，前置嵌入线损测算与降损方案制定内容，保证电网规划关键节点线损专业有效参与，在满足规划专业要求的同时，增加技术经济分析，实现线损专业提前介入电网经济性管理，同时对电网建设中涉及的方案调整、物资标准化管控、线损专业介入进行经济性校验，提高建设专业的产出效率。规划建设中的线损效益前置测算与优化如图4-3所示。

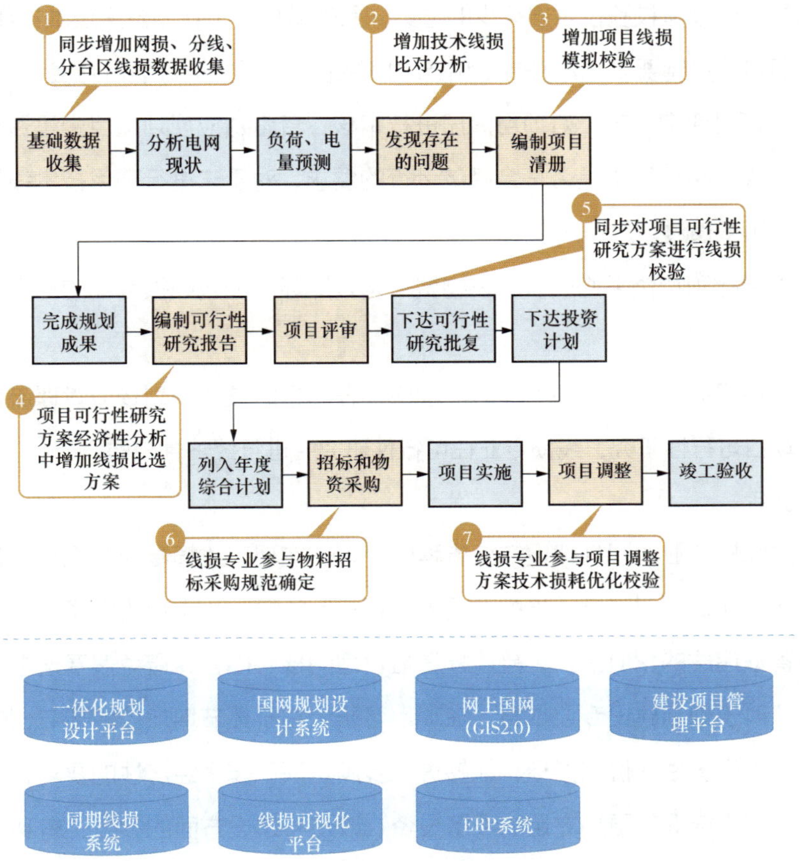

图4–3　规划建设中的线损效益前置测算与优化

（1）基础数据收集环节。在电网技术数据收集初期，按照理论计算结果收集相应区域电网的网损、分线和分台区线损等技术线损数据，为下一步技术线损分析做好数据准备。

（2）发现存在的问题环节。开展项目可行性研究，在问题分析中，对项目涉及的变电站、线路、台区进行项目经济性分析时，引入技术线损分析，同时对技术线损偏高的输电线路、配电线路和台区进行降损分析，考虑是否能通过规划改造进行降损、增加效能。

（3）编制项目清册环节。在项目清册编制中，对于同一项目多个规划方案的，侧重选择经过模拟校验技术损耗少的方案，另外增加多个规划方案技术损耗对比，综合项目投资控制要求、建设要求和技术损耗最优的要求进行项目制定。

（4）项目评审环节。对项目清册进行审核，查看对应规划项目中是否有模拟校验的结果、模拟结果是否符合经济运行的要求，对于未进行项目技术线损模拟计算的，不予通过。

（5）招标和物资采购环节。在物资采购入库环节加入线损专业的标准化物料校验。

（6）项目调整环节。项目实施过程中存在调整时按照规划专业管理流程，重新进行项目可行性研究，线损专业在可行性研究中进行经济性校验。

4. 小结

通过线损专业对规划建设专业流程的介入，实现了线损专业在规划—建设环节的贯穿，实现了对影响线损的全要素进行控制的第一步，也避免了项目实施后给线损管理造成的掣肘因素，是线损精益管理的核心内容，避免浪费理念的植入和落地。对于规划建设专业本身，在项目可研、物料环节增加校验环节，使用技术损耗作为经济性评价的指标，能够进一步满足项目技术经济性的要求，也能给项目方案和实施提供更加充足的设备投资、改造和建设方面的参考，有利于规划建设专业的精益科学管理，能够从源头上实现降损增效，同时提高规划建设全生命周期管理水平，促进规划向精准投资进一步演进。

例如，在2021年某风电项目可行性研究阶段中，A、B两种并网方案拟将该电厂负荷接入两个不同的变电站。其中，A方案选定的变电站距离风电厂位置较近，投资线路较短，似乎更加节约成本；但是通过分别收集这两个变电站近三年负荷和网损数据，模拟其接入后潮流和运行情况，计算风电输电线路网损率发现，由于两站设备和运行情况的差异，项目按照A方案并网后，输电线路功率因数较低，线损率比B方案高1.4个百分点。最后，将投资成本和线损率综合考虑，进行经济技术评价后，选定了B方案。

二、技术改造中的线损效益前置测算与优化

1. 原有技术改造主要业务流程描述

技术改造从设备运行情况收集开始，到竣工验收，中间涉及业务流程环节14个（如图4-4所示），各环节主要工作内容如下：

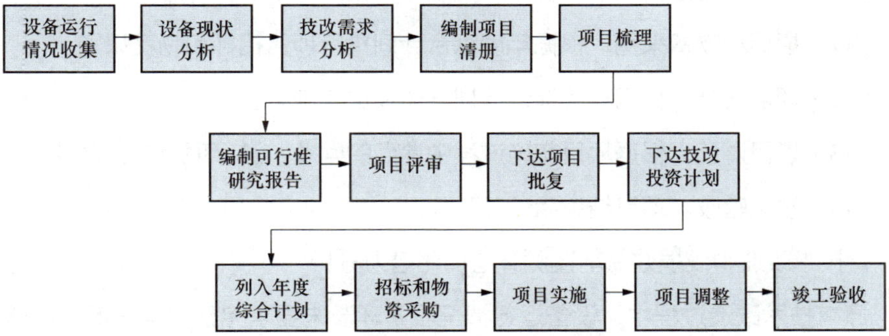

图4-4　原有技术改造主要业务流程环节

（1）设备运行情况收集。基层单位建立设备运行台账，按照设备常态化巡视、检修和状态监测情况，每月进行设备运行情况梳理。

（2）设备现状分析。按照设备运行台账记录，分析现有电网内运行设备的基本情况，对存在安全隐患、不满足供电需求的设备现状重点分析，判断能否通过大修提高性能和运行状态；对运行状态不满足安全要求、检修和大修不能解决基本问题的设备进行标记。

（3）技改需求分析。对于不能通过大修提高性能和运行状态的设备，提出技改需求，明确具体的技改方案。

（4）编制项目清册。下级单位按照技改项目需求编写技改项目方案，形成项目清册，上报发展部。

（5）项目梳理。发展部根据设备全寿命周期管理要求和安全生产相关规定梳理年度技改项目，对不符合技改要求的项目退回下级单位。

（6）编制可行性研究报告。委托设计单位编制技改类项目的可行性研究报告。

（7）项目评审。联系经研所会同公司发展部、调控中心、输电、运检、运行二次专业开展项目评审，下达评审意见。

（8）下达项目批复。上报省公司设备部，设备部核准后下达批复意见。

（9）下达技改投资计划。按照管理单位对批复通过的技改项目下达投资计划。

（10）列入年度综合计划。将生产技改项目列入年度综合计划。

（11）招标和物资采购。根据年度综合计划执行项目招标和物资采购。

（12）项目实施。根据年度综合计划开展项目实施。

（13）项目调整。根据项目实施过程中遇到的问题，进行项目方案调整。

（14）竣工验收。项目结束后竣工验收。

2.技术改造中线损效益前置测算与优化潜力分析

原有技术改造过程中，设备运行情况收集环节未要求完整记录设备损耗情况，未将损耗分析纳入设备运行分析，无法为技改需求分析中开展降损和经济技术指标分析提供依据，同时也可能造成线损偏高的线路由于运行条件符合要求未纳入技改项目需求；技改需求分析环节未开展降损分析，可能导致技改方案符合安全运行要求，但是线路损耗、经济技术指标不合理；在编制项目清册、编制可行性研究报告和项目评审环节未进行线损相关校验，可能导致方案建成后技术线损不符合要求。

因此，在原有技术改造流程中前置嵌入线损效益测算与优化方案分析制定等工作，将设备损耗情况纳入技改因素，同时对涉及技改的项目和确定的技改方案，进行技术降损的经济性校验，对技改项目不能优化技术损耗或者使技术损耗提高的项目及时控制和整改，做到精准投资；同时将长期高损的设备纳入技术改造范畴，并通过投资和成本压缩控制，评价可行性。

3.技术改造中前置嵌入线损测算业务流程环节描述

考虑到以上潜力，在技术改造原有业务流程的设备运行情况收集、技改需求分析、编制项目清册、编制可行性研究报告、项目评审、招标和物资采购、项目调整七个环节中，通过网上国网（GIS 2.0）、建设项目管理平台、ERP系统、同期线损系统等系统支撑，前置嵌入线损测算与降损方案制定内容，保证技术改造关键节点线损专业有效参与，在满足技术改造专业要求的同时，增加技术经济分析，实现线损专业提前介入电网经济性管理，如图4–5所示。

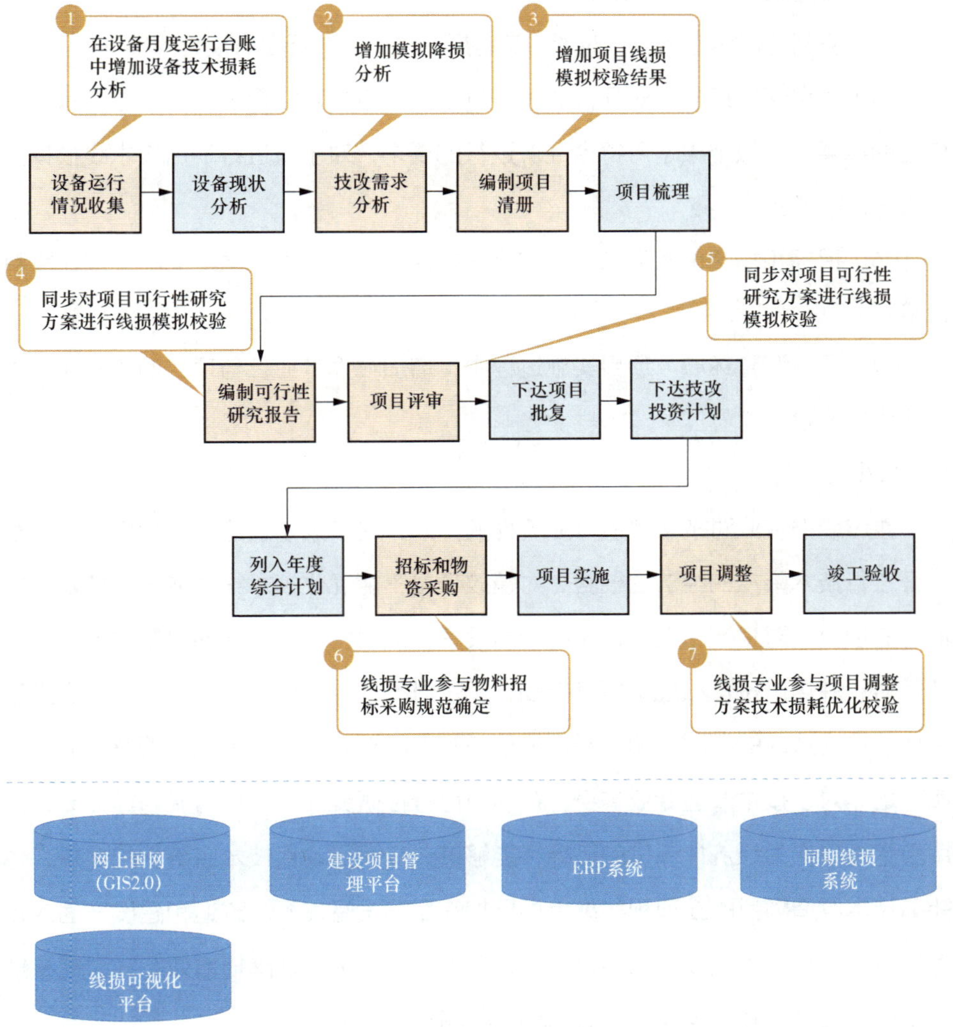

图4–5　技术改造中的线损效益前置测算与优化

（1）设备运行情况收集环节。在设备月度运行台账中增加设备技术损耗分析的内容。

（2）技改需求分析环节。对理论线损高的设备进行技改需求分析，按照技改投资和模拟降损结果确定是否进行项目技改。

（3）编制项目清册环节。增加线损模拟校验结果，对技改后技术损耗明细增加的项目重新调研分析，上报发展部。

（4）编制可研报告环节。对项目实施后的线损率进行模拟校验。

（5）项目评审环节。对项目清册进行审核，查看对应规划项目中是否有模拟校验的结果、模拟结果是否符合经济运行的要求，对于未进行项目技术线损模拟计算的，不予通过。

（6）招标和物资采购环节。在物资采购入库环节加入线损专业的标准化物料校验。

（7）项目调整环节。项目实施过程中，增加线损专业参与项目调整方案技术损耗优化校验。

4.小结

通过线损专业对技术改造专业流程的介入，对涉及技改的项目和确定的技改方案进行技术降损的经济性校验，对技改项目不能优化技术线损或者使技术线损提高的项目及时控制和整改，做到精准投资；同时将长期高损的设备纳入技术改造范畴，并通过投资和成本压缩控制，评价可行性，避免了技术改造项目实施后给线损管理造成的不利影响，是线损精益管理的核心内容，避免浪费概念的植入和落地。对于技术改造专业本身，在项目可行性研究评审、项目调整等环节，使用技术线损作为经济性评价的指标，能够进一步满足项目技术经济性的要求，也能给技术改造项目的立项和实施提供更加充足的设备投资、改造和建设方面的参考，有利于技术改造专业的精益管理，能够从本质上实现降损增效，同时提高技术改造全生命周期管理水平，能够真正的把钱花到刀刃上。

在配电网线路同期管理中监测到10kV某东线同期日线损率和理论计算线损率非常接近，均在7%以上，可以判定该线路技术线损偏高。分析其运行情况后发现，该线路的主干线型号不满足经济电流密度的要求，属于重载线路。通过引入线损管控，按照线路经济负载率制定主干线的改造方案，计算改造后的线损率及节约电量，对比成本投入发现，通过降损改造成本回收期仅为1年，为线路的降损改造立项、实施和评价提供了可靠支撑。

第三节　生产运行中的线损信息及时同步与管控

一、35kV及以上方式制定中的线损效益前置测算与优化

1.原有35kV及以上方式制定主要业务流程描述

35kV及以上方式制定从收集资料开始，到方式确定，中间涉及业务流程环节5个（如图4-6所示），各环节主要工作内容如下：

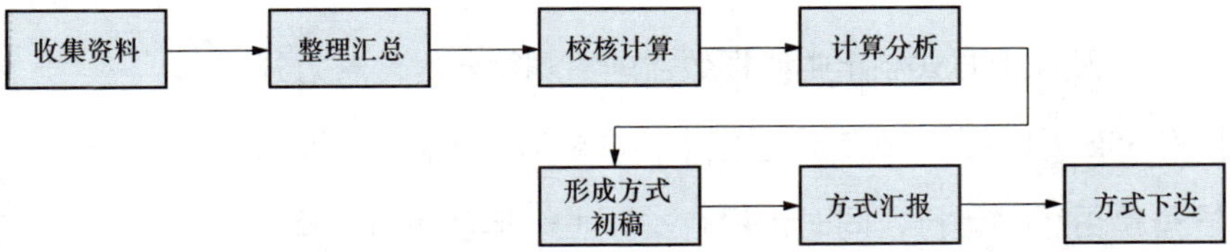

图4-6　原有35kV及以上方式制定主要业务流程环节

（1）收集资料。主要包括电网设备基础资料、网内重点负荷分布情况、设备投运和退运基础资料、新增电源布点、预计增加的负荷点以及配电网地方经济发展进行的电网保障等基本信息。

（2）整理汇总。按照上一年运行情况（包括新投设备和系统规模、供需平衡分析、运行指标和方式变化、事故统计）、新投产设备计划、需求预测、功电能力、检修方式安排分类对收集到的设备进行整理。

（3）校核计算。整理汇总资料后发送设备管理、规划部门进行确认和补充，

多部门确认资料后，确定短路计算的基本方式、基稳定性计算的联网方式和外部边界条件以及无功分层分区平衡情况，对电网短路水平、稳定性、无功和电压情况、潮流情况进行校核和计算。

（4）计算分析。根据计算结果判断短路电流是否满足标准、分电压等级、分区域进行潮流分析，得出负载率相关结论，并对N-1超标情况提出解决方案、分区局部区域电网运行风险和预备案。同时，对电磁环网稳定性和系统故障稳定性进行分析校验。

（5）形成方式初稿。根据计算结果编制本年度电网运行方式初稿。

（6）方式汇报。方式初稿形成后，市公司调控中心需要先向跟省公司调控中心汇报，通过后再进行市公司层面汇报，市公司调控中心审核各县公司的运行方式。

（7）方式下达。最后按照计算和分析情况，按照上一年电网运行总结、本年电网方式分析和2～3年方式滚动分析确定本年度电网运行方式，编制年度运行方式书。

2. 35kV及以上方式制定中线损效益前置测算与优化潜力分析

原有35kV及以上方式制定过程中，主要考虑电网运行的安全性，未充分考虑主网设备是否经济运行，同时也没有关注上一年度主网设备的损耗情况，存在可能影响线损精益管理和同期监测的风险问题。

因此，在原有35kV及以上方式制定过程中，针对可能存在的风险点制定对应的控制策略，一是在收集资料环节中，对上一年度理论计算重载、重损的输电线路和变压器分析原因，收集运行数据和计算资料。二是在计算分析当中，加入拟定方式下主网设备的线损率和计算校验过程，通过这个过程锁定在下一年方式中可能方式重损、重载的设备，在保证电网安全、稳定运行的前提下，进行负荷经济调配或者提出增加电源布点、改造设备的建议，避免主网元件高损、轻载或者重损运行。

3. 35kV及以上方式制定中前置嵌入线损测算业务流程环节描述

考虑到以上潜力，在35kV及以上方式制定现在有业务流程的收集资料、计算分析两个环节中，通过一体化规划设计平台、SCADA系统、PMS系统、电力系统分析与计算系统、配电网可视化平台等系统支撑，前置嵌入线损测算与降损方案制定内容，保证方式计划制定关键节点线损专业有效参与，在满足方式制定工作要求的同时，增加设备资料信息收集与线损计算结果参考的工作内容，实现线损专业提前介入电网35kV及以上方式制定管理，在综合考虑安全可靠和运行经济的前提下，确定合理运行方式。35kV及以上方式制定中的线损效益前置测算与优化如图4–7所示。

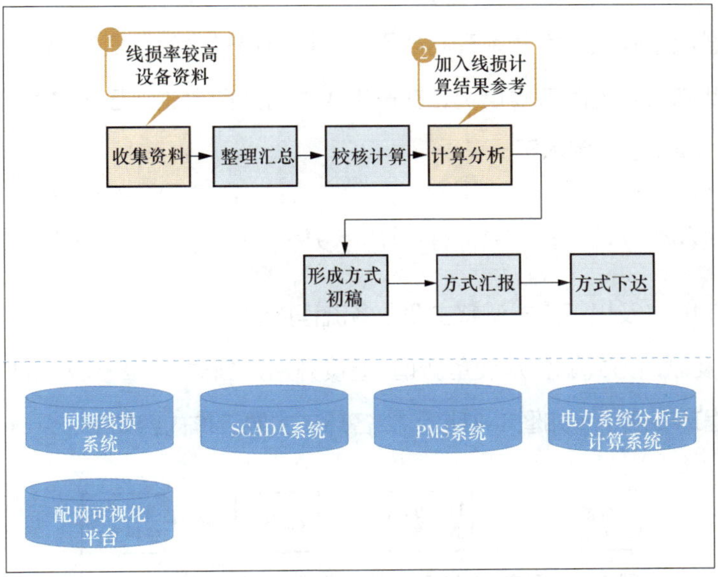

图4–7　35kV及以上方式制定中的线损效益前置测算与优化

（1）收集资料环节：收集线损率较高、轻载和重载的设备运行情况、潮流分布、理论计算结果等资料。

（2）计算分析环节：加入线损计算结果参考，对重损设备重新分配负荷或者在安全经济范围内调整运行方式，对于调整方式不能满足降损要求的，提出改造方案。

4.小结

通过线损专业对方式专业流程的介入，实现了线损专业在运维环节的贯穿，实现了对影响线损的全要素进行控制的关键一步，也避免了生产运行中重安全轻效益的问题，是精益运维管理的关键一步。对于方式专业本身，也实现了在满足安全运行的前提下，满足经济运行的要求，实现了本专业的经济管理。

例如：通过理论计算和输电线路线损率监测，定位35kV某站1号主变压器属于重载和高损线路，负载率达到60%以上，主变压器线损率达到3%以上。在制定2022年方式计划时，收集2021年全年的线损率和运行数据，发现其线损率水平长期受到接入的某10kV风力发电厂上网电量影响，该风电上网电量较大时，通过主变压器反送电量较大、负载率升高严重；上网电量较小时，负载率较低、线损率也低，因此结合当地的气候情况，在风电大发时期两台主变压器并列运行，经济分配负荷、降低线损率水平。

二、10kV及以下方式调整中的线损信息及时同步与管控

1.原有10kV及以下方式调整主要业务流程描述

10kV及以下方式调整从设备新增/退役开始，到对应系统资料维护，中间涉及业务流程环节四个（如图4-8所示），各环节主要工作内容如下：

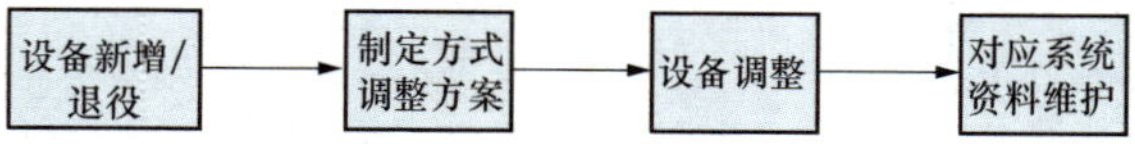

图4-8　原有10kV及以下方式调整主要业务流程环节

（1）设备新增/退役。指10kV供电线路由于临时检修、新增布点等原因投入运行或者切改负荷。

（2）制定方式调整方案。制定10kV及以下方式调整方案。

（3）设备调整。包括主网设备调整和配电网设备调整，主网设备调整是指变电站供电企业资产设备的投退和状态变化。配电网设备调整是指10kV配电网供电

企业资产设备的投退和状态变化。

（4）对应系统资料维护。一是PMS设备档案维护，配电网设备状态从检修调整为运行或从运行调整为检修时，当日对PMS系统内对应的设备状态进行调整，同时对台区所在线路关系进行维护，保证和现场一致。二是SG186档案维护，专用变压器用户负荷切改后，将专用变压器用户供电方案调整为和现场一致，所属线路修改为切改后的线路，负荷切改当日完成。三是GIS拓扑关系维护，在进行SG186档案维护时，同步维护GIS拓扑关系图，电源点追溯为当前线路，负荷切改当日完成。

2. 10kV及以下方式调整中线损信息及时同步与管控分析

原有10kV及以下方式调整过程中，存在可能影响线损精益管理和同期监测的风险问题，分别是：①设备运行状态改变，SCADA、OMS和PMS系统设备状态未调整；②负荷切改后，GIS系统拓扑档案和PMS线路–变压器关系档案未同步调整；③冷备用或检修状态的设备转为热备用时，采集未同步；④需要修改元件计算模型的，未及时修改。

因此，在原有10kV及以下方式调整过程中，针对有可能存在的风险点制定对应的控制策略，提出通过系统自动监测识别高损线路和配电变压器、通过系统自动计算比对优选经济运行方案、通过系统跟踪监测调整后线损达标情况验证方式调整合理性。

3. 10kV及以下方式调整中线损信息及时同步与管控业务流程环节描述

考虑到以上潜力，在10kV及以下方式调整原有业务流程的下达停电通知、设备停电两个环节中，通过SCADA系统、PMS系统、GIS系统、同期线损系统等系统支撑，嵌入线损信息及时同步与管控内容，在制定方式调整方案过程中改变原有的手工调整计算方式，通过系统开展计算，同时新增监测识别电网设备高损和线损数据校核两个环节，实现线损专业参与方式调整过程管理，确保运行方式调整过程中线损信息及时同步与管控。10kV及以下方式调整中的线损信息及时同步与管控如图4–9所示。

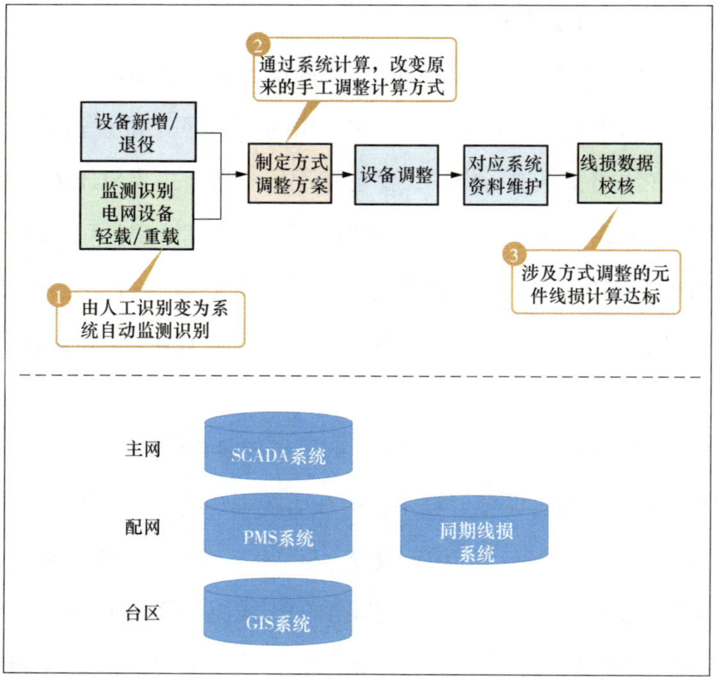

图 4-9　10kV 及以下方式调整中的线损信息及时同步与管控

（1）监测识别电网设备高损。电网设备高损的监测识别由人工识别转变为系统自动监测识别。

（2）制定方式调整方案。通过系统计算确定调整方式后对线损率的影响，线路是否重载、低电压、无功补偿不足等问题，然后确定调整方案。

（3）线损数据校核。涉及方式调整的元件损耗计算正常。

4. 小结

通过线损专业对 10kV 及以下方式调整专业流程的介入，按照精益线损管控流程，对可能造成同期线损监测率异常的制定方式调整方案关键业务环节，通过系统计算方式改变原来的手工调整计算方式，实现线损工作业务线对 10kV 及以下方式调整流程的有效控制，满足线损同期监测的精益管理要求。

在监测配电线路日线损中发现，10kV 某井线在接入新装的 3 个小区负荷后线损率明显升高，通过GIS系统查看这条线路拓扑图形，发现该线路与10kV某新线在34号杆有联络点，可以进行负荷切改和转带。通过模拟负荷重新分配的情况后，10kV某井线的日损耗电量下降2000kWh、线损率下降3个百分点，下降的主要原因是供电半径缩短；而10kV某新线的损耗电量上升1200kWh、线损率下降0.21个百分点，损耗电量上升的主要原因是负荷增加。明显地，这种负荷调整方法降低了总的损耗电量，从两条线路综合线损情况来看，取得了降损效益。

第四节　经营管理中的线损异常实时分析与处置

一、业扩报装中的线损异常实时分析与处置

1.原有业扩报装主要业务流程描述

业扩报装从业务受理开始，到计量验收，中间涉及业务流程环节12个（如图4-10所示），各环节主要工作内容如下：

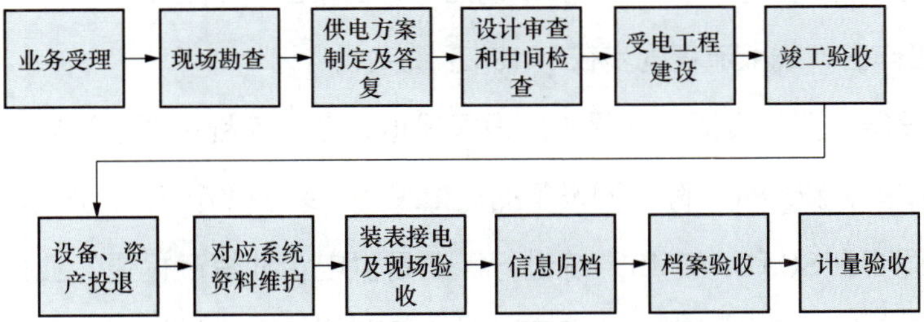

图4-10　原有业扩报装主要业务流程环节

（1）业务受理。客户通过线上App或现场服务方式提出申请，受理后通过系统工单派发至属地营业厅。

（2）现场勘查。按照用户用电申请至用户受电点查看供电设施建设情况、初

步确定电源点、用户受电工程要求、用户负荷特性。高压用户业务受理后5个工作日完成，居民用户业务受理后1个工作日完成。线上流程同步在SG186系统完成。

（3）供电方案制定及答复。根据用户现场勘查情况确定接入系统方案、受电系统方案、计量计费方案和其他事项，答复时限居民用户自现场勘查后2个工作日，其他低压用户自现场勘查后5个工作日，高压单电源用户自现场勘查后15个工作日，高压双电源用户自现场勘查后30个工作日，答复情况线上流程同步在SG186系统完成。

（4）设计审查和中间检查。对于特殊负荷用户，两个环节分别进行，对于普通用户，设计资料、施工图纸和竣工资料合并报送。居民用户无设计审查和中间检查环节，其他低压用户时限为用户提交设计文件、检查申请后7个工作日，高压用户为用户提交设计文件、检查申请后13个工作日，审查和中间检查情况线上流程同步在SG186系统完成。

（5）受电工程建设。根据供用电安全要求和设备接入要求进行受电工程建设，包括互感器安装和准确性校验。

（6）竣工验收。重点检查可能影响电网安全运行的接网设备和涉网保护装置，低压用户时限为用户提交竣工校验申请后3个工作日，高压用户提交竣工校验申请后5个工作日，线上流程同步在SG186系统完成。

（7）设备、资产投退。一是主网设备投退，业扩流程需要投运或退运调度管辖的主网设备、新增或拆除主网设备的计量装置，装表接电和现场验收当日完成，线上流程同步在SCADA/OMS系统进行。二是供电企业资产投退，业扩流程需要投运或退运运检管辖的供电企业资产设备、新增或拆除供电企业设备的计量装置，装表接电和现场验收当日完成，线上流程同步在PMS系统进行。

（8）对应系统资料维护。一是SCADA/OMS系统建模，主网设备运行状态、资产状态和设备接入状态发生变更时，按照调度自动化相关规程的规定，在自动化系统和资产系统中完成模型操作。二是PMS系统建档，供电企业资产运行状态、资产状态和设备入网状态发生变更时，按照运检专业资产管理要求，在PMS系统中完成资产信息录入、变更、图形信息维护等工作。三是GIS系统拓扑图形绘制，按照用户计量点位置和接入电网信息，在营销系统客户端绘制用户拓扑图，相关档案同步至营销SG186系统。

（9）装表接电及现场验收。现场安装电能表，要求电流和电压接线正确、通信线接口牢固，在负荷启动前完成（验收标准参见《国家电网公司电能计量装置技术管理规程》）。居民用户时限为竣工检验后2个工作日，其他低压用户竣工检验后3个工作日，高压用户竣工检验后5个工作日，计量装置档案同步在SG186系统建立、拓扑图形同步在GIS系统维护。

（10）信息归档。业扩流程全程线上线下同步流转，信息归档包括各项客户用电信息系统归档，装表接电当日完成，线上流程同步在SG186系统完成。

（11）档案验收。档案验收主要指业扩工程对应的用户档案、线路挂接关系、计量档案和采集档案都正常进入系统，方便同期线损计算和监测。

（12）计量验收。用户建立计量信息和采集点档案，并完成采集系统调试任务、终端能够正常采集表计数据、用户采集系统能够正常召测和和冻结终端数据。

2.业扩报装中线损异常实时分析与处置潜力分析

原有业扩报装过程中，存在可能影响线损精益管理和同期监测的风险问题，分别是：供电方案未考虑三相平衡、供电半径等经济性，导致线损率偏高；涉及主网设备变更的，SCADA/OMS系统未建模，开关无法匹配；涉及供电企业资产变更的，PMS系统未建档，设备档案无法接入；用户GIS系统拓扑图形未维护，用户电源点无法追溯；用户档案在SG186系统和现场接电时间不同步，用户售电量无法参与计算；远程采集调试失败，用户售电量为零或为空。

因此，在原有业扩报装过程中前置嵌入线损异常实时分析与处置潜力分析等工作，针对可能存在的风险点制定对应的控制策略，保证各个源端系统正常建模、档案正常接入、远程调试采集异常情况及时整改，最终确保用户负荷接入的同时，电量参与计算、线损监测情况正常。

3. 业扩报装中前置嵌入线损异常实时分析与处置业务流程环节描述

考虑到以上潜力，在业扩报装原有业务流程的供电方案制定及答复、档案验收、计量验收三个环节中，通过专线用户的SCADA系统、OMS系统、PMS系统以及专用变压器与低压用户的SG186系统、GIS系统等系统支撑，前置嵌入线损异常实时分析与处置内容，保证业扩报装关键节点线损专业有效参与，在满足业扩报装工作要求的同时，通过供电方案中增加线损模拟校验、线损专业参与档案完整性和准确性校验并考核、线损专业参与计量准确性验收，实现线损专业提前介入业扩报装过程管理，提高档案的完整性与校验准确性。业扩报装中的线损异常实时分析与处置如图4-11所示。

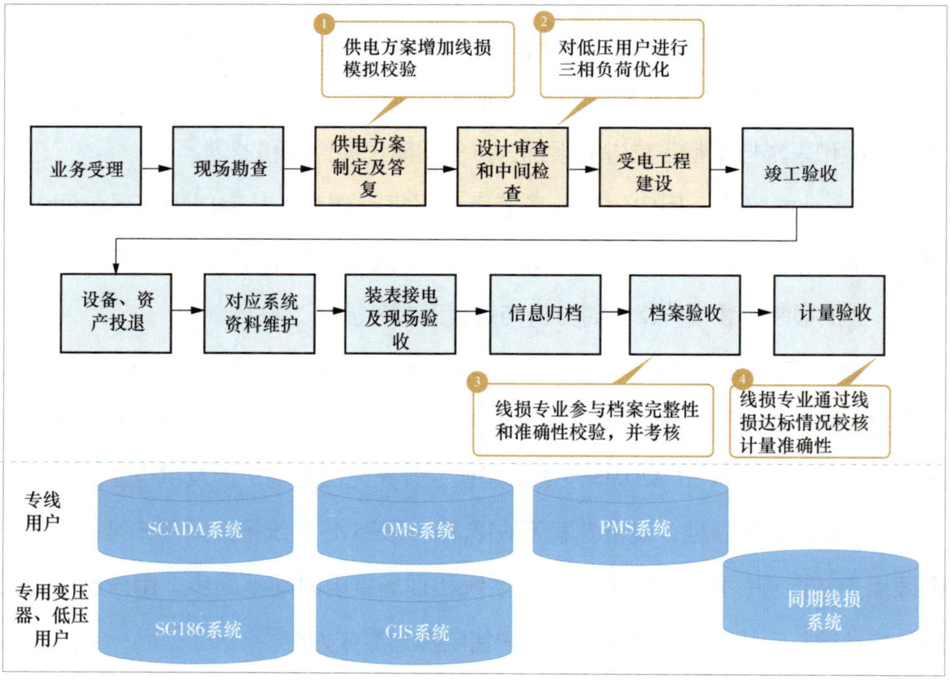

图4-11　业扩报装中的线损异常实时分析与处置

（1）供电方案制定及答复环节。线损专业参与，给出三相平衡、供电半径校验意见，供电方案答复抄送中查看意见落实情况。供电方案答复书同步抄送线损专工（低压用户当日线上执行），答复书增加设备变更情况备注栏，明确业扩流程是否涉及主网设备、供电企业资产设备投退。未执行该环节将导致投运同意书不进行线损业务校验签字，不能按期投运。

（2）设计审查和中间检查环节。在初步设计过程中，线损专业对低压用户进行三相负荷优化。

（3）档案验收环节。根据项目性质增加调控、运检、营销、发展专业线损专工，对SCADA/OMS、PMS、GIS系统、SG186系统和采集系统建模及档案接入情况进行说明，系统建模或档案信息未完成或完成不准确不允许项目投运。未执行该环节将导致投运同意书不进行线损业务校验签字，不能按期投运。设备投运审批表会签中（低压用户当日线上执行），根据项目性质增加调控、运检、营销、发展专业线损专工校验签字栏，在设备投运时，接引人员须携带有线损人员签字的投运审批表进行现场作业。未携带投运审批表或投运审批表无线损人员签字的，不执行现场作业。

（4）计量验收环节。远程采集调试判断环节增加线损专工参与，变电站内设备表计，设备投运当日查看厂站系统采集情况，如采集失败当日处理；次日查看同期系统和用电信息采集系统采集情况，如采集失败或无此用户，投运次日处理。用户表计，现场验收第2个工作日查看采集系统用户对应计量点表码冻结情况，如采集失败，投运次日处理；第3个工作日查看同期系统用户电量计算情况；如采集失败或无此用户，投运次日处理。

4.小结

通过线损专业对业扩报装专业流程的介入，按照精益线损管控流程，对可能造成同期线损监测率异常的SCADA/OMS系统建模、PMS系统建档、GIS系统拓扑图形维护和SG186系统业扩线上流转、远程调试采集等关键业务环节，通过增加线损管控和监测，进行流程再造，实现线损工作业务线对业扩流程的有效控制，满足线损同期监测的精益管理要求。

如：在某台区接入4排移民小区住房时，供电方案拟将这部分负荷全部接入C相。供电方案抄送线损专业之后，线损专工通过系统查看该台区三相负荷的接入情况，按照用户报装容量模拟计算这部分负荷接入C相后的线损率情况发现，全部接入C相会加重台区三相负荷不平衡，导致台区线损率升高3个百分点。而将一部分负荷接入A相、另一部分负荷接入B相之后，三相不平衡程度减轻，模拟计算线损率可以比当前该台区的线损率降低1.1个百分点。

二、计量升级改造中的线损异常实时分析与处置

1.原有计量升级改造主要业务流程描述

计量升级改造从计量设备新增/轮换开始，到采集数据验证，中间涉及业务流程环节5个（如图4–12所示），各环节主要工作内容如下：

图4–12　原有计量升级改造主要业务流程环节

（1）计量设备新增/轮换。分为用户新装和轮换、关口新装和轮换。用户新装和轮换流程是指在业扩环节答复供电方案后确定，供电方案包括客户用电申请情况、接入系统方案、受电系统方案、计量计费方案、其他事项5个部分，用户表计新装为计量计费方案内容，在用户工程竣工前完成准备工作，竣工检验合格后进行。关口新装和轮换流程包括表计新装和表计轮换流程，变电站关口设备由于运行需要接电新装表计；轮换流程按照《国家电网公司电能计量装置技术管理规程》4.1、4.2规定发起轮换需求。

（2）现场勘查装/换表。新装流程按照用户用电申请至用户受电点查看供电设施建设情况，初步确定电源点、用户受电工程要求、用户负荷特性。高压用户业务受理后5个工作日完成，居民用户业务受理后1个工作日完成，线上流程同步在SG186系统、业扩报装流程中完成。轮换流程现场勘查校验用户负荷是否有异常变化、互感器精度是否符合要求。

（3）现场验收。工程施工完成，对计量装置情况进行验收，验收合格后安装表计（相关计量装置安装工艺和设备要求参见《国家电网公司电能计量装置技术

管理规程》7.6规定），表计新装/轮换工作票同步抄送线损专业。

（4）对应系统资料维护。新装流程在SG186系统中发起，与业扩流程合并进行，流程名称为［电能计量装置配置］，安装信息录入为该流程的子流程，录入新装表计起止底码、关联表箱信息。轮换流程在SG186系统中单独发起［计量装置轮换流程］，仅进行表计线上分拣和配送、信息录入和检定。

（5）采集数据验证。用户启运或表计轮换当日完成，在用电信息采集系统中对营销系统发送的采集点变更信息进行处理，从而实现采集系统和营销系统、采集系统中间数据库和现场终端的双向联系，实现远程抄表。用户采集系统中，变更后的采集点能够和计量点、计量信息对应，同时成功根据规约实现数据冻结，在线损管理中，以每日零点冻结数据成功为准。结合96点电流电压和负荷情况，计算一日用户电量使用情况，与根据表计底码、倍率计算的电量基本一致，则判断计量准确。判断计量不准确时，现场重新核查负荷情况和计量情况。

2.计量升级改造中线损异常实时分析与处置潜力分析

原有计量升级改造过程中，存在可能影响线损精益管理和同期监测的风险问题，分别是：①互感器、表计精度和用户或关口线路所带负荷不匹配，计量失准；②线上计量装置信息和线下不一致，计量点档案接入错误、采集调试失败；③现场表计接线错误，计量失准、终端断线；④集中器参数设置错误，终端抄表失败；⑤线上调试流程错误，无法冻结终端数据，采集电量为零或为空，关联元件线损率异常。

因此，在原有计量升级改造过程中，针以可能存在的风险点制定对应的控制策略，提出工作票抄送线损专业、线损专业对计量工作质量进行评价等要求，保证现场计量准确、线上线下计量装置信息一致、终端正常抄表、采集系统正常获取冻结数据，电量正确参与计算、线损监测情况无异常。

3.计量升级改造中线损异常实时分析与处置业务流程环节描述

考虑到以上潜力，在计量升级改造原有业务流程的现场验收、采集数据验证两个环节中，通过OMS系统、SCADA系统、营销SG186系统、变电站及电厂采集系统、用户用电采集系统、GIS系统、PMS系统、同期线损系统等系统支撑，嵌入线损异常实时分析与处置内容，保证计量升级改造关键节点线损专业有效参与，在满足计量升级改造工作要求的同时，通过在现场验收过程中要求工作票抄送线损专业，同时换表流程自动推送至一体化电量系统与配电网可视化平台，在采集数据验证过程中，线损专业通过线损达标情况校核计量准确性，实现线损专业参与计量升级改造过程管理，提高计量工作的准确性。计量升级改造中的线损异常实时分析与处置如图4–13所示。

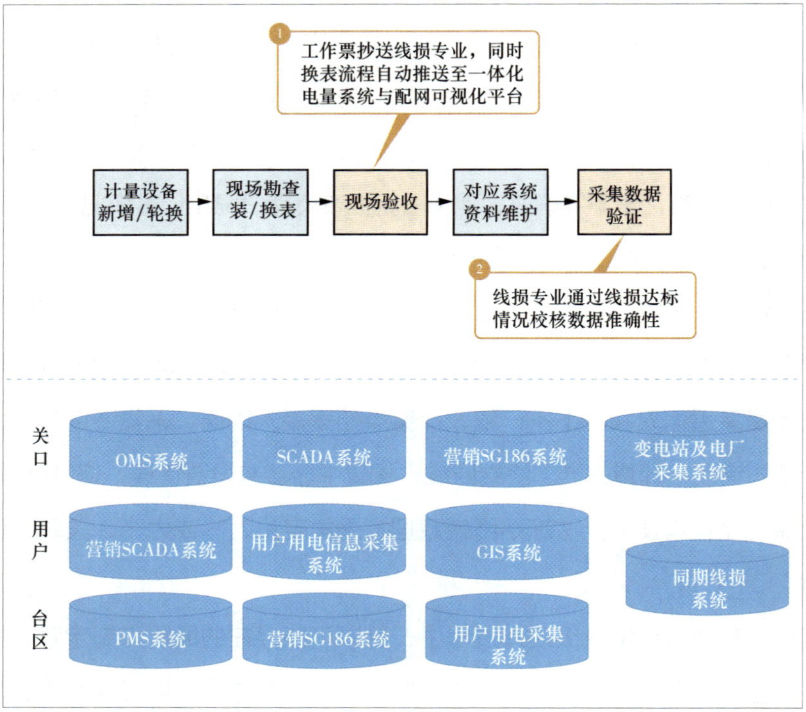

图4–13　计量升级改造中的线损异常实时分析与处置

（1）现场验收环节。①现场验收环节工作票同时抄送线损专业（低压用户当日线上执行），备注现场装表日期和计量点类型，计量点类型包括变电站关口计量、高压用户计量和低压用户计量，未抄送工作票负荷启动会签不能签字，负荷接引单无效；②线损专工在设备启运前核对安装信息录入内容和验收书的计量装置信息是否一致，属于关口计量的，在厂站系统核对计量信息。核对内容包括表计和互感器资产信息、电压等级信息、倍率信息、底码位数信息，核对异常退回安装信息录入环节，当日整改。未执行该环节投运审批表不签字，影响用户接电；③表计轮换次日，线损人员借助同期系统对装拆表计信息进行核对，核对异常的当日整改，核对正常后在表计拆回审批单签字，完成表计入库，否则拆回表计不能入库；④项目启动会签中（低压用户当日线上执行），增加线损业务校验签字栏，在装表接电和现场验收环节，接引人员携带有线损专责签字的投运审批表进行现场作业。未携带投运同审批表或投运审批表无线损业务校验签字的，不执行现场作业；⑤拆回表计入库单中，增加线损业务校验签字栏，在拆回表计入库环节，资产管理员携带线损专业签字的拆回入库单将废旧表计入库，无签字的同意书和入库单不能执行，将影响计量资产管理闭环。

（2）采集数据验证环节：①远程采集调试判断环节增加线损专工参与，变电站内设备表计，设备投运当日查看厂站系统采集情况，如采集失败当日处理；次日查看同期系统和用电信息采集系统采集情况，如采集失败或无此用户，投运次日处理。用户表计，现场验收第2个工作日查看采集系统用户对应计量点表码冻结情况，如采集失败，投运次日处理；第3个工作日查看同期系统用户电量计算情况；如采集失败或无此用户，投运次日处理；②负荷接引后，结合96点电流电压和负荷情况，线损专工参与计量准确性分析，按照功率积分原则和表计计量原则，校核计量准确性，如有异常，通知计量专业尽快排查处理。计量升级改造控制策略的关键环节是投运审批表、拆回表计入库单新增签字，因此每月抽查执行情况，对投运审批表无效仍执行现场接引作业的负责人、拆回表计入库单无效仍执行表计入库的自查管理员进行绩效考核。

4.小结

通过线损专业对计量升级改造专业流程的介入，按照精益线损管控流程，对可能造成同期线损监测率异常的SCADA/OMS系统建模、PMS系统建档、GIS系统拓扑图形维护和SG186系统现场验收、采集数据验证等关键业务环节，通过在现场验收过程中要求工作票抄送线损专业，同时换表流程自动推送至一体化电量系统与配电网可视化平台，在采集数据验证过程中，线损专业通过线损达标情况校核计量准确性，进行流程再造，实现线损工作业务线对计量升级改造的有效控制，满足线损同期监测的精益管理要求。

如采集提升工程要求拆除某台区2009年以前的表计，涉及用户46户，同时安装2013年的表计。线损专业接入计量改造项目后，供电所负责表计轮换的人员在现场施工验收后将轮换工作票、装拆表计等基础信息通过系统传递给线损专工，并注明工作结束时间。在工作结束当日，线损专业人员核查这46户轮回表计全部正常上线采集。在第2个工作日，线损专业人员通过同期线损系统查看该台区线损率计算结果，如发现台区线损率突增和突减，则可能是由于采集和计量问题，对引入台区线损率异常流程进行整改。

三、用电检查中的线损异常实时分析与处置

1.原有用电检查主要业务流程描述

用电检查从监测识别高损开始，到数据校验，中间涉及业务流程环节6个（如图4-14所示），各环节主要工作内容如下：

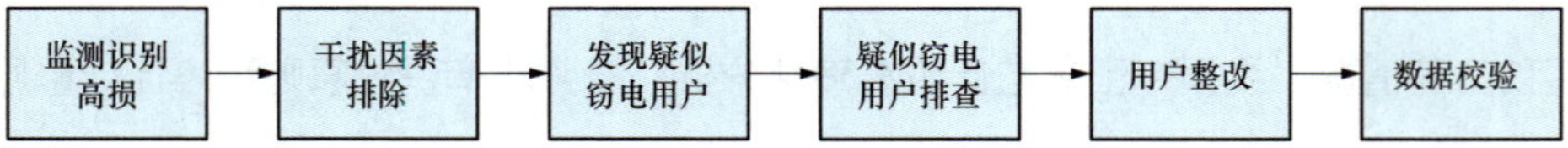

图4-14　原有用电检查主要业务流程环节

（1）监测识别高损。由调控中心、客户服务中心、用电检查班按照高危用户、疑似超容用户、疑似窃电用户经过系统排查历史电量、容量和电流关系、电压电流突变情况、表箱和表计操作事件，分析列出排查用户清单。

（2）干扰因素排除。用户档案信息中计量点对应线路、台区关系不正确，或应接入用户档案未接入、计量点和采集点缺少导致售电量不参与计算。

（3）发现疑似窃电用户。

（4）疑似窃电用户排查。常见的排查方法包括售电量拐点分析法、线损率曲线拟合法、电流不平衡分析法、历史电量对比法、积分电量和计量电量对比法、三相功率回归法。

（5）用户整改。对于违约用电和窃电行为按照相关规定提出整改建议，追补违约用电相关费用，危害电网运行安全和供用电秩序的行为拒不整改的参照《电力供应与使用条例》《供电营业规则》进行处理。增容和新装核对原计量装置是否和负荷匹配，不匹配的需要新装计量装置按照用户表计新装流程办理。

（6）数据校验。主要包括关联用户的线路/台区线损率恢复正常、无超容异常电量通报。

2.用电检查中线损异常实时分析与处置潜力分析

原有用电检查过程中，存在可能影响线损精益管理和同期监测的风险问题，分别是：①由于采集异常造成线路高损和负损，干扰窃电用户关联分析；②绕越表计接线情况售电量无拐点，依靠曲线拟合分析法不能锁定；③无表户和增容用户新装表计流程存在的风险，导致线损率校核异常；④窃电和超容整改流程不符合规范，影响用户体验；⑤档案异常需要现场核定，工作量大、整改周期长；⑥流程中涉及现场核查的内容不能及时闭环完成。

因此，在原有用电检查过程中，针对可能存在的风险点制定对应的控制策略，由人工识别变为系统自动监测识别、由人工收集数据计算变为系统自动监测识别，通过可视化系统监测预警发现、通过可视化系统排查、锁定用户，人工或借助线损App通知处理等工作，利用同期线损数据集成作用，基于系统监测的高损和电量异常预警，快速锁定疑似窃电用户。

3.用电检查中线损异常实时分析与处置业务环节描述

考虑到以上潜力，在用电检查原有业务流程的监测识别高损、干扰因素排除、发现疑似窃电用户、疑似窃电用户排查、数据校验五个环节中，通过同期线损系统、配电网可视化系统、线损App等系统支撑，嵌入线损异常实时分析与处置内容，在满足用电检查工作要求的同时，通过在监测识别高损过程中由人工识别变为系统自动监测识别，由人工收集数据计算变为系统自动监测识别，通过可视化系统监测预警发现、通过可视化系统排查与锁定用户，人工或借助线损App通知处理等，实现线损专业参与用电检查过程管理，保证锁定关联用户有效、用电检查行为规范、异常整改在规定周期内闭环，提高检查准确性和整改效率。用电检查中的线损异常实时分析与处置如图4–15所示。

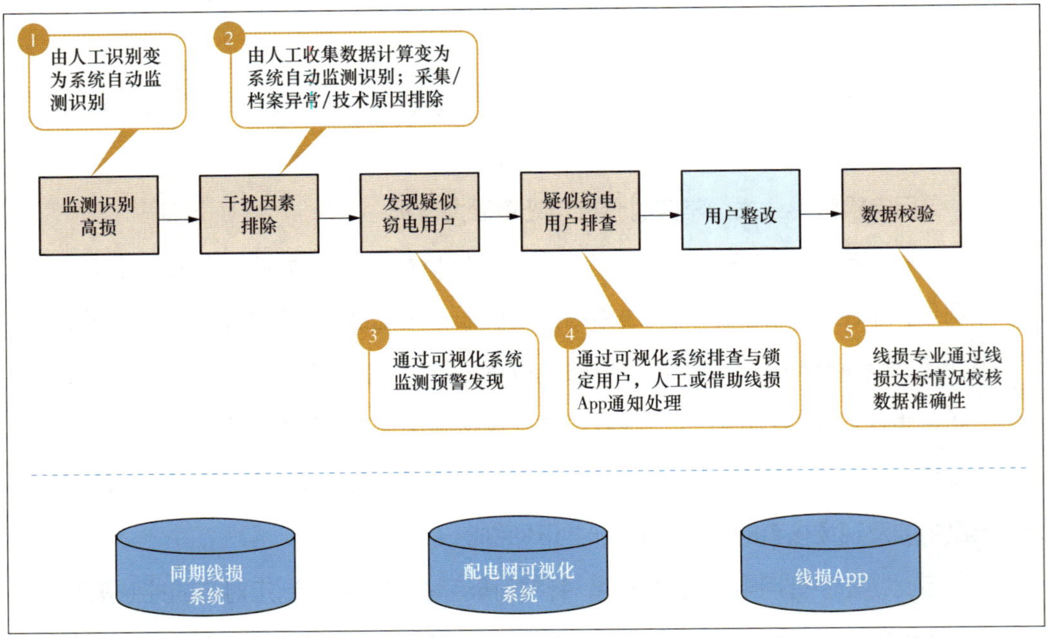

图4–15　用电检查中的线损异常实时分析与处置

（1）监测识别高损环节。高损线路/台区锁定由线损专业和采集专业共同参与，由人工识别变为系统自动监测识别。

（2）干扰因素排除环节。由人工收集数据计算变为系统自动监测识别，在用电检查流程中剔除采集调试、终端停运、跨零点停电、通道故障等非窃电因素的影响。

（3）发现疑似窃电用户环节。通过可视化系统监测预警发现疑似窃电用户，对常规分析方法不能锁定目标的用户，由调控和线损专业共同参与，批量使用积分电量和计量电量对比法、三相功率回归法进行比对锁定。

（4）疑似窃电用户排查环节。通过可视化系统排查疑似窃电用户，由线损人员参与采用瞬时停电等方法进行线路–变压器和台户关系校验，尽可能减少现场排查的次数、缩短排查路径。锁定用户，人工或借助线损App通知处理。

（5）数据校验环节。线损专业通过线损达标情况校核数据准确性。

4.小结

通过线损专业对用电检查专业流程的介入，按照精益线损管控流程，对可能造成同期线损监测率异常的监测识别高损、干扰因素排除、发现疑似窃电用户、疑似窃电用户排查、数据校验等关键业务环节，通过在监测识别高损过程中由人工识别变为系统自动监测识别、由人工收集数据计算变为系统自动监测识别，通过可视化系统监测预警发现、通过可视化系统排查与锁定用户，人工或借助线损App通知处理等，实现线损专业参与用电检查过程管理，保证锁定关联用户有效、用电检查行为规范、异常整改在规定周期内闭环，提高检查准确性和整改效率，满足线损同期监测的精益管理要求。

如配电网可视化系统接入数模对比法进行专变的异常电量定位时，自动标注了连续3天高损的10kV某李线的2个用户，其模拟计算电量和数字电量的偏差率达到28%，超过阈值5%，定位这里两个用户售电量异常，是造成线路连续高损的主要原因，现场对着两个用户进行排查整改，发现其中一个用户短接一相电流使得表计少计电量，现场处罚整改后，第2个工作日查看线损率情况恢复正常。

第五节　教育培训中的线损效益前置测算与优化

一、原有线损培训工作主要业务流程描述

线损培训从统计培训需求开始，到验收培训结果，中间涉及业务流程环节5个（如图4-16所示），各环节主要工作内容如下：

图4-16　原有线损培训主要业务流程环节

（1）统计培训需求。统计分析线损专业管理部门的培训要求，明确线损培训需求。

（2）制定培训方案。制定全员、全内容线损培训方案。

（3）确定培训计划。制定线损培训计划，明确培训组织时间、课程设置内容、培训参与人员等内容。

（4）培训实施。开展全员、全内容培训，包括理论、专业和仿真实训。

（5）验收培训效果。通过培训汇报或者考试验证线损培训效果。

二、线损培训工作中线损前置策划与优化潜力分析

原有线损培训过程中，培训需求分析及培训计划制定、组织实施基于线损管理工作全员与全内容进行设计，对于线损管理中的日常工作内容、系统应用情况、管理短板和弱项未进行深入分析，可能导致线损培训工作的针对性不足。

因此，在原有线损培训流程中前置嵌入线损效益测算与优化等工作，充分考虑线损的日常工作、系统应用及竞赛调考等内容，结合线损管理弱项、新管理理念方法、

新的系统应用等，深入分析线损培训需求，在培训组织实施过程中针对不同的培训内容采取差异化培训方式，以专题培训形式提高线损培训的针对性，以指标提升、业务流程贯通和线损异常评价来验证培训结果，促进线损培训工作的精益管理提升。

三、线损培训工作中前置嵌入线损测算业务流程环节

考虑到以上潜力，在线损培训原有业务流程的需求分析、计划制定、培训组织、培训实施、效果评估5个环节中，通过同期线损系统、配电网可视化系统、线损助手App等系统支撑，前置嵌入具有针对性的线损培训需求分析、培训组织实施与评估的内容，保证线损培训关键节点线损专业有效参与，在满足人力资源培训管理工作要求的同时，提高培训的针对性，实现线损专业提前介入人力资源管理，如图4–17所示。

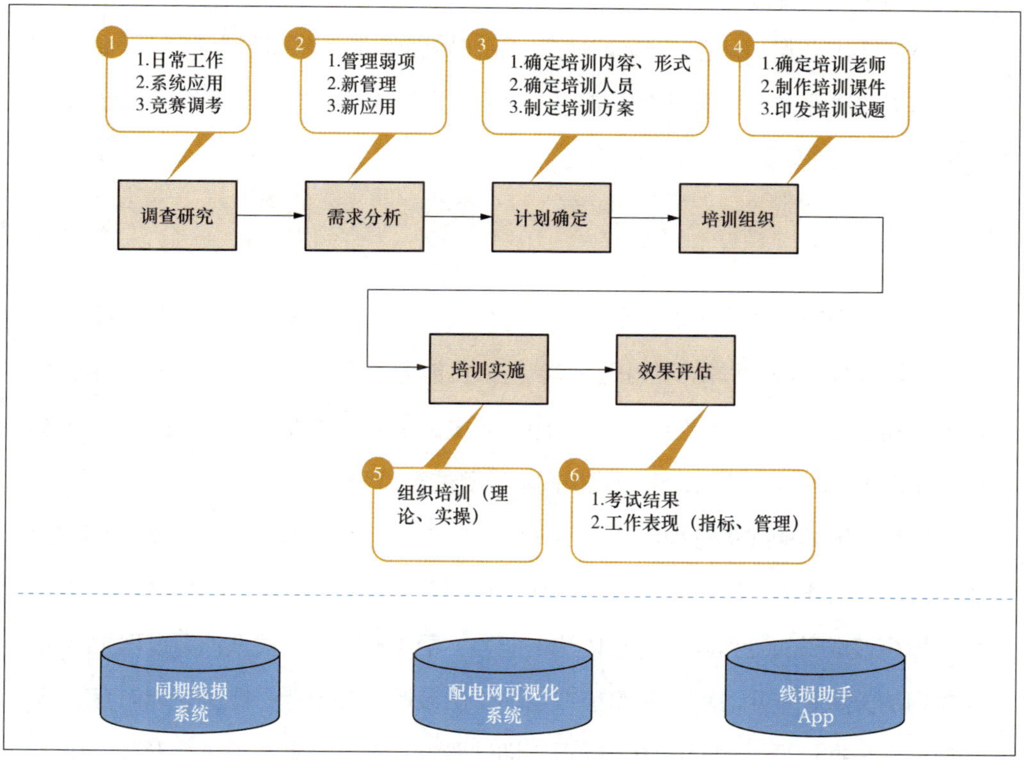

图4–17 线损培训中的线损效益前置测算与优化

（1）调查研究。线损培训开始前，充分调研了解线损管理日常工作内容与工作要求，线损管理中各个系统的应用情况、线损竞赛调考的等相关内容，为培训需求分析提供充足的参考依据。

（2）需求分析。通过同期线损对标管理情况、评价分专业的设备和管理现状、竞赛调考、专业协同等工作中，发现业务人员存在的技能实时、管理意识、数据应用方面的弱项内容。

（3）计划确定。按照弱项分析中发现的问题，确定培训的专业、难易级别，和具体的培训内容，对技能知识不能匹配管理需求的人员组织专项培训和考核。

（4）培训组织。线损培训主要以专题培训形式开展，提高培训的针对性，专项培训分为源端数据治理类、系统集成梳理类、指标类、操作类，按照弱项内容开展这几类专题培训。

（5）培训实施。确定线损培训师资，制作培训课件，印发培训试题。

（6）效果评估。主要以指标提升、业务流程贯通和线损异常评价来验证培训结果好坏，同时辅助考试竞赛等方式。

四、小结

通过线损专业对线损培训专业流程的介入，按照精益线损管控流程，对可能造成同期线损监测率异常的线损工作参与人员能力素质等关键因素，通过增加线损培训需求分析、计划制定、组织实施与效果评估的针对性，实现线损工作业务线对线损培训的有效控制，满足线损同期监测的精益管理要求。

如某地区同期线损分级线损率不一致，排查不一致原因时发现，该地区所属某县公司新任线损工作人员对该地区网络不熟悉，导致分区线损率模型配置错误。为了提高该成员对地区电网的整体认识能力，帮助他理清线损率计算过程中，各级关口的关系和作用，引入仿真模拟培训。由该地区线损专责设置培训内容、培训课件，根据该县公司网络情况配置培训试题，并使用仿真系统进行考试，让该线损专责根据本县电网情况配置分区分压计算模型。

第六节　基于数字化的线损监测治理流程优化

随着配电自动化、配电网可视化、用电信息采集、同期线损等信息系统的深化应用，电网系统中产生了海量的异构、多态数据，数据集合的规模已经达到了大数据级别。所以，如何有效利用、挖掘电网数据信息，将线损五分管理手段与数字化信息系统相结合，对现有的线损监测治理业务流程进行再造，实现线损监测与治理的可视化管理、实时监测、自动预警、在线统计分析等功能，是电网企业开展线损管理亟待解决的问题。

一、原有线损监测治理管理主要业务流程描述

线损监测治理从线损监测开始，到发现线损异常，中间涉及业务流程环节8个（如图4-18所示），各环节主要工作内容如下：

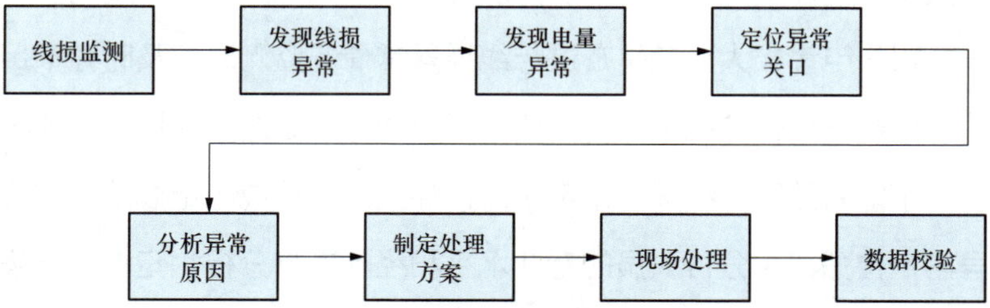

图4-18　原有线损监测治理主要业务流程环节

（1）线损监测。发展部监测分区线损情况，营销部监测400V分压及分台区线损情况，运检部监测10kV分压及线路线损情况，调控中心监测主网分压、分元件线损情况。

（2）发现线损异常。通过线损五分管理分别发现分区、分压、分元件、10kV线路和分台区的线损率异常的问题。

（3）发现电量异常。识别售电量、供电量、转入电量、转出电量中哪部分电量存在异常。

（4）定位异常关口。通过电量异常情况定位出现电量异常的关口。

（5）分析异常原因。针对电量异常关口，与历史电量数据进行比对，分析造成关口电量异常的原因。

（6）制定处理方案。针对关口电量异常的具体原因，制定处理方案。

（7）现场处理。现场处理人员根据处理方案完成现场处理工作。

（8）数据校验。对治理后的线损数据进行校验。

二、线损监测治理业务流程优化潜力分析

原有线损监测治理过程中，存在可能影响线损精益管理和同期监测的风险问题，分别是：由于主网、配电网设备较多，单纯凭借经验和一般的分析手段无法满足线损同期监测、日清日结的精益管理要求，从问题发现到整改的周期太长，不能满足企业精益管理对线损异常波动因素优化整改的要求。具体来说，线损监测治理过程中存在着以下五个方面的浪费：一是各专业在开展五分线损指标监测时，无法实现日监测，导致无法及时发现和处理线损异常，造成线损异常持续时间较长，损失电量较大。二是在进行线损异常情况监测时，及时性不足、直观性不足，造成数据价值挖掘不足，造成时间浪费。三是发现线损异常前不能确认预警措施，不能有效降低线损异常带来的损耗结果，造成电量浪费。四是需要人工分析异常定位关口，分析人员的专业水平和经验影响分析和定位的准确性和速度，造成时间浪费。五是现场处理过程中需要人工派发工单，造成时间浪费。

因此，在原有线损监测治理过程中，针对可能存在的风险点制定对应的控制策略，主要对能够进行系统识别的环节，借助数据中台的作用，引入多种优化方案和逻辑算法，系统一次性对影响线损的因素进行全量识别和计算，提前对存在的问题进行预警，同时通过线上手段流转工单，方便相关人员现场确认并及时进行异常处理。

三、基于数字化的线损监测治理流程再造描述

考虑到以上潜力，对线损监测治理原有业务流程的线损监测、发现线损异常、

发现电量异常、定位异常关口、分析异常原因、制定处理方案、数据校验七个环节进行优化，通过同期线损系统、配电网可视化系统、线损移动作业App等系统支撑，新增异常自动预警、自动推动App工单、技术降损内容等多个环节，实现线损实时监测、异常自动预警、异常远程定位与分析、工单自动派发等功能，提高线损监测的实时性、准确性与线损治理的及时性。

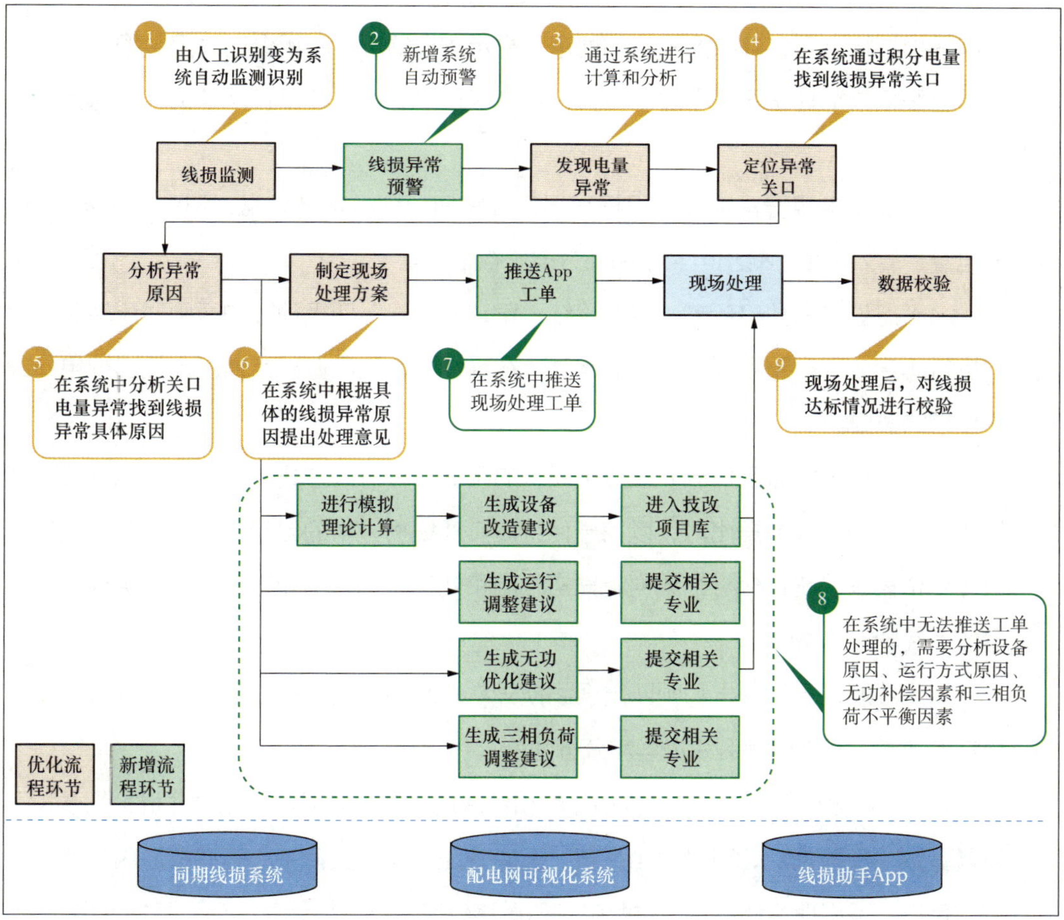

图4-19　基于数字化的线损监测治理流程再造

如图4-19所示，各环节的内容如下：

（1）线损监测环节。构建和应用线损可视化平台，在线损可视化系统中开展线损分区、分压、10kV线路和分台区的线损实时监测。

（2）发现线损异常预警环节。通过线损可视化系统实时发现线损率异常情况，依据线损五分管理要求，分别定位线损异常出现的单位、电压等级、线路和台区。设定线损率的预警阈值，实现系统自动预警线损异常；在线损系统模块中，针对不同线损指标台区，以热力图叠加地理图显示线损情况，利用台区线损数据，创建台区线损指标柱状图或者曲线图，设定台区正常峰值，超过正常范围，推送指标预警。

（3）发现电量异常环节。根据线损率异常情况分析电量异常，识别供电量、售电量、转入电量、转出电量中哪部分电量存在异常。

（4）定位异常关口环节。按照“红、黄、蓝、绿”四级预警的原则对所辖关口进行排序，同时引入积分电量的比对，在系统中通过电量异常情况定位出现电量异常的关口。

（5）分析异常原因环节。改变了原有的手动分析原因方式，充分运用线损可视化平台，进行大数据比对，以信息化手段实现线损异常的自动比对和研判，线损专业依据系统统计分析结果判断异常原因和处理意见，例如采集失败、更换表导致表底异常等原因。

如无法通过系统分析和判断出现线损异常的原因，则分析以下方面造成线损异常的技术因素，以台区线损异常分析为例：

1）科学规划分析。通过台区拓扑图和台区地理图关联展示、比对分析，结合设备参数、负荷情况，对供电半径长、配电变压器偏离负荷中心等高损原因进行精准定位。运用理论计算方法对配电变压器移位等进行模拟计算，演示降损效果，生成配电网改造规划建议，储备到配电网规划建议库。

2）经济运行分析。运用可视化技术比较相邻重载、轻载台区，运用理论计算模拟手段将低压台区用户进行分台区切换，提供经济运行调整意见。形成经济运行方案，储备到经济运行策略库。

3）无功补偿分析。通过开发用户智能运维App，实时监测电流电压等用电情况，给用户提供合理的用能方案，减少用户的力调电费，力调电费实现由罚到奖。同时，用户端无功补偿后能够有效释放电网线路的输送容量，减少电网的设备投资。

4）三相四级平衡分析。通过单相用户合理调相优化，实现三相平衡最优化，三相四级平衡改造过程投入较小，产生的效益较为明显，能够将台区线损率降至理论线损率之间，城网线损率能下降到3%以下，农网线损率下降到4%以下，并长期跟踪维护与保持指标。

5）制定处理方案环节。根据系统自动生成的具体异常原因制定线损处理方案。

6）推送App工单环节。派发人进行初步分析，对异常原因和处理建议进行描述，派发给下一环节处理部门及人员，完成工单派发工作。

7）现场处理环节。现场处理人员根据线损助手App中的工单要求完成现场处理工作。

8）数据校验环节。现场工作人员完成现场处理工作后，通过系统计算线损率的结果对处理后的线损数据进行校验。

四、小结

通过应用线损可视化平台，按照精益管理要求，对线损监测治理业务流程进行再造，优化了线损监测、电量异常分析、定位异常关口、异常原因分析、制定处理方案以及数据校验的业务运行方式，新增线损预警、工单在线推送、技术降损等多个环节，在线损可视化系统及大数据分析的有效支撑下，实现线损实时监测、异常自动预警、异常远程定位与分析、工单自动派发等功能，提高线损监测的实时性、准确性与线损治理的及时性。

同时，在原有技术降损过程中，针对有可能存在的风险点制定对应的控制策略，利用同期系统数据集成功能，进行无资本投入的技术降损模式探索，提前保证负荷实测数据完整性、现场核查工作按期完成、按照方式调整风险控制策略参与控制、严格执行其他现场作业按期规程，保证技术降损方案滚动实施、区域技术线损逐步优化。

第七节　建立线损精益管理的考核评价体系

一、线损精益管理的考核评价体系建设思路

（一）五分线损指标考核体系

1. 线损计划指标是线损管理的追求与动力

线损指标管理也称为线损目标管理，是指一定时期内线损管理活动与其达到的成果或效果。目标有远期（≥10年）、中期（3～5年）、短期（1年）、执行期（季度或月），线损指标计划管理有总目标与分目标。线损计划指标可以指导企业降损节能资源的分配方向，它代表着线损管理工作的努力方向，通过对分区、分压、分元件、分线、分台区五分线损指标以及线损小指标完成情况的考核，从而达到和实现对线损管理网络甚至全体员工降损节能的激励作用。

2. 线损指标管理是线损的目标管理与过程控制相结合的标志

线损指标管理是指对构成线损指标体系的线损率指标和线损管理小指标的全面管理。正是由于电力营销、电能计量、电网经济运行等专业管理方面的线损小指标的支撑，才能保证线损率指标的实现。

3. 线损指标和小指标的实际成果是线损管理考核与奖惩的依据

是否完成上级公司下达的线损计划指标，是考核供电企业经营活动成效的一项重要内容，同样在供电企业内部对线损指标和小指标完成情况的考核，也是

对线损管理的有关专业部门、各级线损管理人员以及线损管理目标责任人奖惩的依据。

4. 五分线损指标管理是线损精益考核评价体系的核心

全同期的理念，依靠电表和采集系统的软硬件基础，依托同期系统落地执行，自动采集供、售关口表底电量，自动生成线损结果，消除不同期影响，实现线损指标归真；通过表底、电量穿透和基于物理关口的五分联动模型，做实做细五分分析，透明展现各环节、各元件线损情况，多维度查找线损异常原因，提升线损精益化管理水平。技术的进步带动管理水平的提升，依托同期线损系统，五分线损指标管理成为线损精益管理的核心。

5. 五分线损指标管理链

通过对五分线损指标管理中存在问题的分析，应认识到要实现计划目标，真正发挥指标管理在线损精益全过程管理中的核心作用，就必须建立一个完整的指标管理链。一个完整的指标管理链，应包含指标的构成以及指标的评价标准、指标的核定、指标的过程管理与统计分析、指标的分级控制、奖惩激励、矫正措施等内容，如图4-20所示。

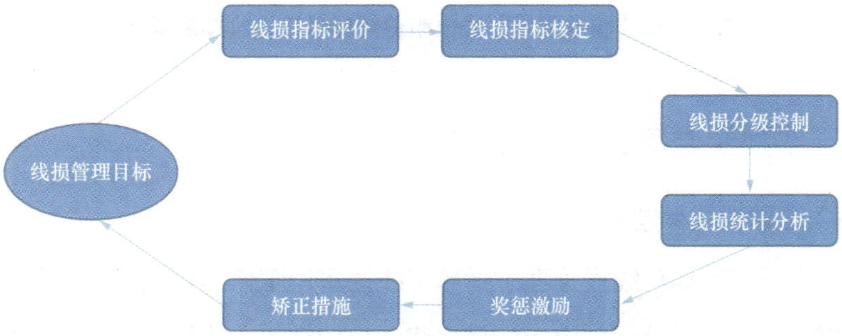

图4-20　五分线损指标管理链模型图

（二）“四纵四横”线损精益管理考核评价体系

“四纵四横”线损精益管理考核评价体系覆盖省、市（含省公司所属支撑机构）、县（含市公司所属支撑机构）、所（站）四个层级以及发展、营销、调控、运检四大专业，如图4-21所示。四个层级、四个专业考核评价重点各有不同，“四纵”“四横”相互交织、相互链接，形成线损精益管理考核评价体系基本框架，层层打通各专业间壁垒、垂直贯通本专业上下阻隔，使得线损精益管理精髓在线损管理组织体系中畅通无阻。

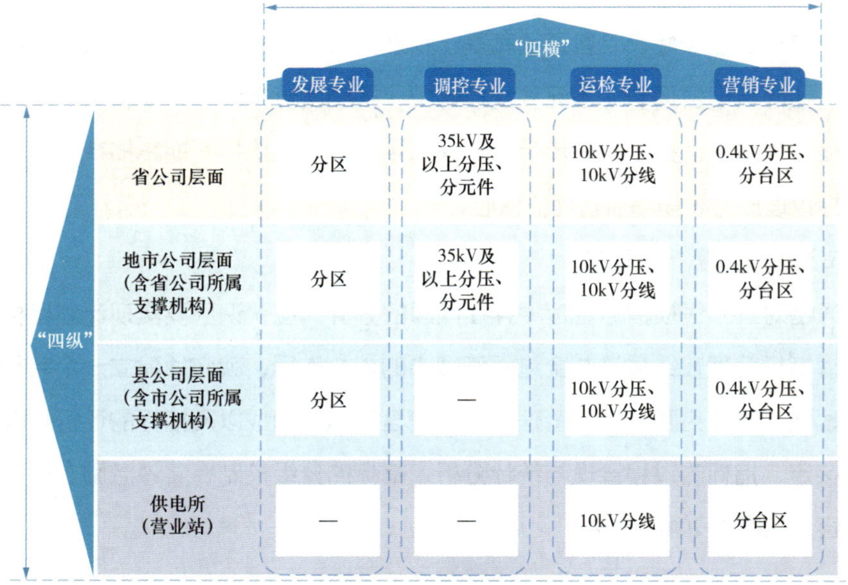

图4-21 “四纵四横”线损精益管理考核评价体系框架图

二、线损精益管理的考核评价体系建设内容

（一）线损指标体系的构成及评价标准

五分线损率指标与线损管理小指标（线损管理工作质量指标）共同构成了线损管理指标体系。五分线损率指标是最终的目标结果，线损管理小指标是对相关部门线损管理工作质量的管理与考核，体现了全过程管理与控制。

1. 五分线损率指标

（1）分区线损率指标。分区线损率指标考核主要针对省、市、县三级供电单位。归口管理单位为各级发展部门。分区线损率指标考核的重点主要包括波动率、率值合理区间、与理论计算值的偏差范围等。

（2）分压线损率指标。分压线损率指标实行分级管理考核机制，主要针对省、市、县三级供电单位，可分为主网分压线损率和配电网分压线损率。35kV及以上电压等级主要涵盖了省网主网架（220kV、500kV）、地区电网主网架（220kV、110kV）、县域电网主网架（110kV、35kV）；10kV及以下电压等级主要指配电网。分压线损率指标的考核重点主要包括波动率、率值合理区间、与理论计算值的偏差范围等。

1）35kV及以上分压线损率。35kV及以上分压线损率主要是指35kV及以上网损（含主变压器损耗），归口管理单位为各级调控部门。

2）10kV及以下分压线损率。10kV及以下分压线损率指标主要是指10kV、0.4kV分压线损率。10kV分压线损主要包括10kV配电线路损耗、10kV开关站站损等，归口管理单位为各级运检部门。0.4kV分压线损主要包括台区损耗、低压线损损耗等，归口管理单位为各级营销部门。

（3）分元件线损率指标。分元件线损率指标归口管理单位为各级调控部门。分元件线损率指标的考核重点主要包括输电线路线损率、变压器线损率。

（4）分线线损率指标。分线线损管理中，纳入供电单位管理考核的10kV配电线路是指10kV公用配电线路，10kV专线不在考核范围内。归口管理单位为各级运检部门。分线线损率指标的考核重点主要包括分线线损合格率、高损/负损线路占比、高损/低损线路治理率等。

（5）分台区线损率指标。分台区线损率指标归口管理单位为各级营销部门。分台区线损率指标的考核重点主要包括合格台区占比、高损/负损台区占比、高损/低损台区治理率等。

2. 线损管理小指标

要取得降低线损率的效果，重点是抓好线损的过程管理，也就是要抓好电力营销业扩报装与抄核收管理、电能计量管理、电网规划与建设、电网经济运行、节能降损新技术新设备的应用、线损理论计算与线损管理网格化、营配贯通等各个环节的管理。衡量以上专业管理工作的质量，可以量化为以下指标：

（1）营业抄核收管理的考核指标（与线损管理有直接关系的）：电能表实抄率、营业电量差错率、月末及月末24h抄见电量比重等。

（2）电能计量管理考核指标，按照《电能计量装置技术管理规程》的规定，主要有周期受检率、周检合格率、周检考核率、周检轮换率、修调前检验率、现场检验率、现场检验合格率、电压互感器二次回路压降周期受检率、计量故障差错率等。

（3）电网规划与建设的有关“技术导则”“技术原则”中有关电网经济运行的规划指标有导线截面积、供电半径、电压偏差值、功率因数、主变压器容载比等。

（4）电网经济运行的主要指标有各类电压合格率、各类用户、各条公用线路功率因数和主变压器各侧母线功率因数、电容器可用率、负荷率、低压三相负荷不平衡率等。

（5）电力稽查、用电检查的指标有违章用电、窃电处理率等。

（6）节能降损新技术、新设备的应用指标可以有有载调压主变压器比率、节能主变压器比率等。

（7）其他指标，如变电站、供电所自用电定额等。

以上指标都可以列入线损管理小指标，也就是线损管理工作质量指标，它们反映供电单位对线损管理的全过程在控程度和水平。可以作为线损考核指标的线损率指标和线损过程管理的小指标比较多，不建议全部纳入本单位指标体系。实际管理考核中，应根据科学、先进、激励、实用的原则，结合不同阶段供电单位实际情况建立线损指标体系，且不断动态更新、升级。以国网山西省电力公司为例，列举线损率指标的构成及评价标准，见表4-1。

表4-1　　国网山西省电力公司线损指标的构成及评价标准表

考核内容	标准分	考核周期	评分标准	得分	备注
1.线损率指标考核	300				

续表

考核内容	标准分	考核周期	评分标准	得分	备注
1.1 线损率指标考核	150	年度	1）未完成线损率目标计划值扣100分		
			2）11月、12月综合线损率环比值不得超出5个百分点。超出5个百分点但不超出6个百分点，每出现1次扣10分；环比值超出6个百分点，每出现1次扣20分，最多扣20分		
		季度	3）季度综合线损率均方差较上年同期值升高或均方差超过2.5，每出现1次，扣10分，最多扣30分		
			4）综合线损率负损情况：城区/县供电公司（含客服中心）若有一家单位一季度、上半年和前三季度累计线损率，出现负线损1次扣30分，市供电公司月度出现负线损1次扣30分（考虑春节因素一季度合并为一次），两者合计最多扣60分		
			5）分压线损率负损情况：市供电公司各电压层级（220kV、110kV、35kV和10kV及以下）上半年、前三季度和全年累计线损率，出现负线损1次扣10分，最多扣40分		
1.2 辅助性指标考核	150	月度	1）配电变压器三相负荷不平衡率合格比例不低于85%。合格比例低于85%的扣5分，低于80%的扣10分，低于70%的扣20分		
			2）月末抄表电量比重不低于省公司平均水平。月度内未达到扣10分		
			3）月度办公用电占发行售电量的比重不高于省公司平均水平。月度内未达到扣10分		
			4）地对县关口（含小电厂上网关口）、县对县关口电能信息采集覆盖率100%，采集成功率99%，采集可用率100%。月度内有一项未达到扣5分		
			5）低压用户智能电能表电量采集可用率，参照用电信息采集系统内日均线损台区统计占比不低于90%。月度内未达到扣10分		
			6）分台区开展线损管理（低压台区在线损综合管理平台实现按月自动统计分析）比例不低于省公司平均水平；在线损综合管理平台中当月高损台区（月度线损率>10%）占比不低于省公司平均水平。月度内有一项未达到扣10分		

续表

考核内容	标准分	考核周期	评分标准	得分	备注
1.2辅助性指标考核	150	月度	7）变电站母线平衡合格率考核标准：97%≤合格率<100%，扣5分；95%≤合格率<97%，扣15分；90%≤合格率<95%，扣20分；合格率<90%，扣30分		
			8）变电站关口所在母线平衡合格率考核标准：99%≤合格率<100%，扣5分；97%≤合格率<99%，扣15分；95%≤合格率<97%，扣20分；合格率<95%，扣30分		
			9）变电站母线平衡异常工单处理率不低于90%。月度内未达到扣15分		
2.工作质量考核	700				
2.1健全线损管理组织机构和基础资料台账	100	年度	1）组织机构：成立线损管理领导组，建立线损管理组织体系		
			市、县公司成立线损管理领导组，负责贯彻执行《国家电网公司线损管理办法》要求，定期开展监督、检查、指导线损管理工作，协调解决日常工作中遇到的问题。未成立领导组扣5分，未按照《国家电网公司线损管理办法》要求开展线损管理工作的扣5分，对线损管理工作未开展督导的扣5分，未进行协调解决问题的扣10分		
			市、县公司建立健全线损管理组织网络，市公司发展部设有专职线损管理岗位，营销、运检、调控等部门设有兼职线损管理员，市经研所设有线损管理兼职人员，县公司设有专（兼）职线损管理员。以上部门和单位未明确线损管理人员的扣5分		
			2）基础管理：以上基础资料和台账每缺一项扣10分，内容不完整的扣5分，直至扣完为止		
			①地区电网图、地区电网主接线图、35～220kV变电站主接线图、关口文件、运行方式等基础资料		
			②10kV配电网公用线路线损档案，包括供电关口，以及与之对应的转出关口（线路互供、公用变压器台）与专用变压器用户		
			③380V低压台区线损档案，包括供电关口，以及与之对应的低压用户、用户所在相等		

续表

考核内容	标准分	考核周期	评分标准	得分	备注
2.1 健全线损管理组织机构和基础资料台账	100	年度	④降损规划和年度降损措施计划		
			⑤变电站母线电量不平衡率统计报表		
			⑥线损辅助性指标（办公用电、站用电、配电变压器三相负荷不平衡率）统计报表		
			⑦分区、分压、分元件、分线和分台区线损五分统计报表		
			⑧无功补偿装置的配置情况、运行情况报告		
			⑨线损管理（面向基层供电所）培训记录资料		
2.2 统计报表及线损分析制度	100	月度	1）按时上报省对地关口和小电厂上网关口追补电量明细表、线损统计报表、线损分析报告。要求数据齐全、准确，分析深入全面。未按时上报扣5分，上报数据不准确扣5分		
			2）按照线损分析报告大纲要求，采用百分制对线损分析报告内容进行月度评分，折算成月度得分		
			3）按月组织召开线损分析会，对线损异常现象进行分析，制定措施并督促落实。未召开会议扣5分，无会议纪要扣5分，未制定措施及督促落实扣10分		
2.3 理论线损计算	80	年度	根据国家电网有限公司和省公司要求开展线损理论计算，按时完成基础资料的收集整理工作，要求基础资料齐全、实测数据完整。线损理论计算报告内容完整，符合《国家电网公司理论线损计算技术标准》要求，并及时上报省公司。按照理论线损计算工作大纲要求，对理论计算系统数据维护质量和《理论线损计算分析报告》内容进行评分。其中，基础数据维护质量权重占35%，理论线损计算分析报告质量权重占65%		
2.4 降损措施及降损专项改造工程	40	年度	1）参照本单位《理论线损计算问题梳理报告》，全面分析线损构成，梳理出重损的线路、变压器、配电变压器和台区，于9月底前制定下一年度降损技术措施和具体项目计划，为本单位技改、大修和电网运行方式等计划工作提供参考。无计划措施扣10分，内容不完善扣5分		
			2）对纳入本单位技改、大修和电网运行方式的项目，制定年度降损项目实施里程碑计划，按计划组织实施降损专项改造工程，对改造后的降损效果进行分析评估。无计划扣10分，未按计划完成扣10分，未进行效益评估扣5分		

续表

考核内容	标准分	考核周期	评分标准	得分	备注
2.5 站用电管理	30	年度	1）制定变电站站用电管理办法并严格落实，按时下达所管辖变电站站用电（月度）指标计划，在“线损综合管理平台”实现站用电自动统计，并进行月度统计和季度考核工作。未制定站用电管理办法并严格落实扣10分，未完成站用电计划扣10分		
			2）当站用电量超过计划时，应分析具体原因并制定具体控制措施。未分析原因并采取措施扣10分		
2.6 配电变压器三相负荷不平衡测试与调整	30	年度	依托“农村配电网运行监测系统”开展配电变压器三相负荷不平衡测试与调整工作，制定《配变台区低压三相负荷测试和调整制度》，明确测试时段或周期，有测试和调整工作记录。未制定负荷不平衡调整制度扣5分，未开展三相不平衡实测工作扣10分，未开展三相不平衡调整工作扣10分，无测试和调整记录扣5分		
2.7 无功电压管理	20	年度	加强一次无功补偿设备的运行维护，无功补偿设备可用率应在96%以上，城市（农网）综合电压合格率完成省公司下达的计划。有一项未达到要求扣10分		
2.8 关口计量与抄表管理	60	月度	1）贯彻落实公司关口计量管理规章制度，关口管理职责明确，业务流程顺畅；职责不明确，流程不顺畅扣5分		
			2）能及时掌握各类关口（含线路、台区计量关口）变化情况，关口台账更新及时；台账未及时更新扣5分		
			3）关口采集数据准确，不发生因关口异常造成的不同期电量影响线损波动问题；月度内每有1次扣20分		
			4）定期对电厂上网关口、地县关口电能计量装置进行检验，有检验报告；未开展关口计量定检工作扣5分，无检验报告扣5分		
			5）严格执行抄表周期、抄表时间相关规定，按规定的抄表周期进行抄表，对每一个抄表区域固定抄表时间段。随意更改抄表周期和抄表时间扣10分，出现错抄、漏抄现象无处理措施扣10分		
2.9 反窃电工作	30	年度	1）组织开展严厉打击窃电专项行动，制定防窃电措施，每年至少开展一次大型打击窃电行为的专项活动。未开展打击窃电行为的专项行动扣10分，无打击窃电行为的专项行动报告扣5分。未制定防窃电措施扣5分		

续表

考核内容	标准分	考核周期	评分标准	得分	备注
2.9 反窃电工作	30	年度	2）建立政企协调、警企联动、共同打击窃电的协调机制，加强与公安、工商、技术监督等政府部门机构沟通协调。未建立政企协调、警企联动、共同打击窃电行为的协调机制扣5分。无违约用电及窃电处理工作记录扣5分		
2.10 线损承包管理	30	月度	1）建立本单位线损承包考核责任制，明确线路、台区承包责任人。未建立承包考核责任机制的扣10分，未责任到人的扣10分		
			2）责任人每月对发现的问题进行深入分析并查明原因，对高损线路和台区形成具体分析报告和降损措施。发现问题未及时分析处理的扣10分		
2.11 电网经济运行	80	月度	1）开展地区电网无功优化控制工作，实现AVC自动投退变电站无功补偿装置，未实现AVC自动控制的扣10分。每月开展AVC运行情况分析，及时消除运行控制中出现的缺陷并做好记录，无运行情况分析或缺陷处理记录的扣5分。参与AVC无功调节的设备闭环投入率应达到95%以上，每低于1个百分点扣3分。AVC调节合格率应达到90%以上，每低于1个百分点扣3分		
			2）利用线损综合管理平台开展地区网损精益化管理工作，按月进行日网损统计、分元件损耗统计、母线电量平衡统计等工作，通过网损突变分析、元件损耗突变分析、母线电量不平衡异常分析、供电区域电量平衡分析、运行方式变化线损情况分析等多种手段提出降损措施并进行跟踪落实。未进行统计分析的扣5分，统计数据不完整的扣5分，分析不深入全面的扣5分，未提出降损措施或未跟踪落实的扣5分		
			3）在保证电网安全可靠供电前提下，按月开展配电变压器经济运行管理、重载负荷倒接、统筹安排电网检修计划、地区小电厂发电计划管控等电网经济运行工作。未开展上述降损工作的扣5分，开展工作不到位的扣3分		
			4）开展电力用户功率因数监视工作，对电力用户功率因数情况进行统计分析，并对不满足要求的用户采取整改措施。未开展电力用户功率因数情况监视工作扣10分，未统计分析或统计不完整、不正确扣5分，未采取整改措施或整改无效果的扣10分		

续表

考核内容	标准分	考核周期	评分标准	得分	备注
2.12 同期线损系统推广工作	100	月度	按照国网总部管控组系统推广工作要求，开展同期线损系统建设推广工作，依据国网总部系统推广实施进度评价标准，实施厂家与基层单位开展工作互评分，对每一项工作进行考评打分，经公司线损管理办公室核实后，计入月度考核得分		
3. 加分项考核	200				
3.1 线损率指标完成情况	120	年度	1）线损率完成值低于年度计划值（如年内有调整计划，按调整计划值执行）在0.02个百分点以内，加20分		
			2）分线、分台区同期月线损合格情况。2016年仅针对大型供电企业（太原公司）进行考核。分线、分台区同期月线损合格率（在0% ~10%之间，不含0%和10%）环比每增加1个百分点，加6分，年度最多加30分，各月合格率均超过99%的加20分（该指标以同期线损系统自动采集数据为准）		
		季度	3）一季度、上半年、前三季度和全年的中低压线损率在7%（含7%）以上的，较同期值每下降1%，加5分，最多加50分；中低压线损率在5%~7%（含5%）以内的，较同期值每下降0.6%，加5分，最多加50分；中低压线损率在5%以下的，较同期值每下降0.3%，加5分，最多加50分		
3.2 线损管理工作	80	年度	1）编写线损管理创新和科技创新（管理机制、管理手段、监督激励措施和科技降损攻关）经验和同期线损系统推广工作典型经验，效果、效益明显。每开展一项工作且有推广价值并被省公司采纳的加5分，最多加50分		
			2）线损管理创新成果和科技项目获得省公司及以上三等奖，加10分，二等奖加20分，一等奖加30分		

3. 线损管理指标体系的构成及评价标准

线损指标的评价的标准一般有以下几种：

（1）以企业自定或上级下达的计划指标为评价标准。

（2）以同业对标选定的线损指标标准为评价标准。

（3）以理论线损值为评价标准。

（4）以国家和行业的有关规程、规定要求的指标或"达标""升级""创一流"所规定的标准为评价标准。

（5）其他标准。

实际管理考核中，可以根据科学、先进、激励、实用的原则，结合公司实际建立自己的线损指标体系。其评价标准可以结合单位目前的管理水平和实际选用一种和几种，且应动态调整，适用于公司当前发展和经营管理需要。

（二）线损指标的核定

1.线损指标的核定原则

（1）可行性——自比有进步，逐步缩小与先进水平差距，戒"高不可攀"。

（2）激励性——经过努力能完成目标，并"有产可超"。

（3）公正性——核定原则、计算公式统一，在结合实际进行调整时要做到升有理、降有据。

（4）合理性——综合考虑有关影响线损变动的基础性因素和变动因素。

基础性因素应包括线损统计数据，固定、可变损耗比例，理论线损值等。

变动因素应包括电网建设、改造，降损措施工程实施，年电量增长预测，电量结构变化预测以及大客户、无损户变化等。

2.线损双指标核定与考核模式

（1）双指标管理模式实现的目标。线损管理网络每个层级、每个部门、责任人都应该具体体现出恰当的指标约束和激励，实现企业效益和员工收入的共同提高。

（2）双指标模式的建立。双指标模式是指在下达线损指标时，分别下达两个层次的线损指标，第一个层次的指标称为考核指标，第二个层次的指标称为激励指标，如图4-22所示。

1）考核指标属于基本要求，相对容易完成，一般以线损的平均管理水平为依据，被考核单位完成该指标后不奖励或少奖励，若完不成，则重罚，实现对考核单位的负强化激励。例如，综合线损率，完成后不奖励，如未完成，严格考核。

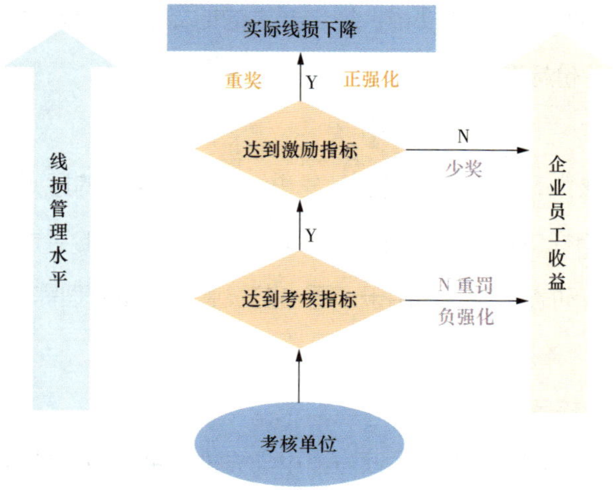

图 4-22　双指标模式图

2）激励指标是根据各单位实际，一般以不同程度高于线损的平均管理水平为依据，被考核单位能完成则重奖，完不成不奖或少奖，实现对考核单位的正强化激励。例如，综合线损率年度计划偏差率，完成则重奖，未完成不扣绩效。

对于被考核单位来说，形成通过不断提高线损管理水平来实现自身收益提高的期望；对于企业来说，线损管理水平和经济效益得到可持续提高。双指标模式更适用于基层线损管理，尤其适用于10kV和400V线损管理，因为这两级线损相对于35kV及以上网损而言，直接管理的客户类型多，点多面广，影响因素多，管理难度大。在电网结构不变和技术线损相对确定的情况下，更需要激励机制来激发管理者的积极性和主动性，不断加强线损管理来降低管理线损。

1）双指标管理模式建立的约束条件。因电网及其潮流不断变化，其理论线损值也在不停的发生变化，这决定了任何一种有效的线损指标核定方式都应是动态的。线损双指标模式的指标核定方式也是建立在理论线损变化下的一种动态指标核定模式。但是在实际工作中，一个完全动态的指标核定模式是没有可操作性的，随着计算机技术、管理信息系统的发展，使供电企业短周期进行线损理论计算、统计、分析成为可能。因此，在很短一个考核期，为了便于分析，可以近似认为电网的物理特性变化不大，其线损理论计算值可认为是一个固定的常数。线损双指标管理体系就是建立在一个时期内理论线损值为固定值条件下的线损指标管理体系。在下一个考核期，可以通过重新进行线损理论计算或在原线损理论计算的基础上，通过考虑一些修正因素，近期及历史线损统计值，来调整线损理论值高低，从而形成新的线损理论值约束条件下的双指标线损考核方式，实现线损指标的动态考核。

2）双指标模式修正线损指标的主要因素。其包括系统电源分布的变化；电网结构的变化；电网更新改造及降损措施工程的影响；电网运行方式和潮流分布的变化；用电负荷增长和结构的变化；新增大宗工业用户投运的影响；其他重大因素的影响。

3）双指标管理模式中考核指标、激励指标和激励空间之间的相互关系。在图4–23上，可以清楚地看出双指标管理体系中考核指标、激励指标和激励空间之间的关系。线损指标变化特性静态分析图是指在不考虑其他修正因素的情况下，在一个考核期内，通过图形表现出的各个线损指标的变化特性及其相互关系。所谓静态是指在固定考核期内不考虑其他修正因素，近似认为理论线损值为常数。具体分析如图4–23所示，坐标横轴代表一定时期线损管理水平；坐标纵轴代表在某一线损管理水平下所核定下达的指标（考核指标、激励指标），曲线1代表考核指标，考核指标值的高低一般代表企业线损管理的历史平均水平，该曲线随着线损管理水平的提高表现出逐步下降的趋势，同时，其下降过程也是逐步变缓的过程；曲线2代表激励指标，它也是随着线损管理水平的提高，逐步下降并逐步接近电网线损理论计算值的过程。但其变化趋势比考核指标曲线平缓得多；曲线3是电网线损理论值，随着电网经济运行水平和管理水平的提高，线损理论计算值也有逐步下降的趋势，但幅度不大；在任一特定的线损管理水平下，总存在有“考核指标>激励指标>线损理论值”；其中，在激励指标曲线和理论值曲线之间的空间就成为激励空间。在理论值近似不变的情况下，随着线损管理水平的提高，激励空间会越来越小，最终会稳定在一定水平，形成最终激励空间。也就是说，激励指标在管理水平达到一定程度后，应与理论值曲线平行。如果不考虑线损的正常波动，考核指标曲线则无限接近于激励指标曲线，这样，迫使线损责任单位最低也要把线损指标控制在考核指标与激励指标之间时，其线损率水平仍就呈现稳步下降。

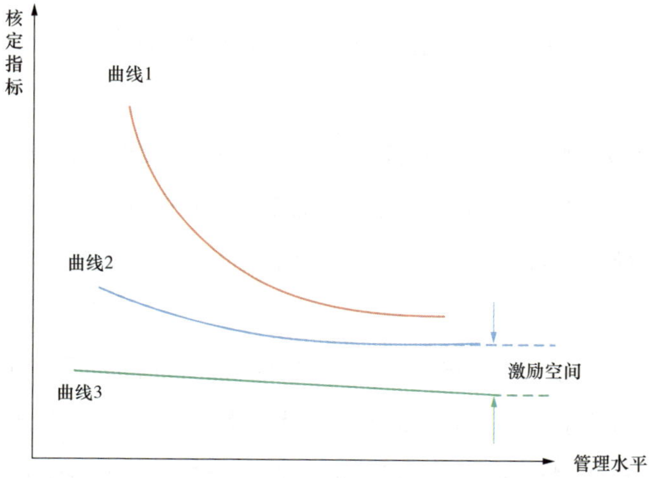

图 4–23　线损指标变化特性静态分析图

在线损双指标管理模式中，激励指标是降低线损的动力，考核指标则是降损的保障。最终固定的激励空间，为员工稳定地从降损中获利提供了动力；而不断缩小的激励指标和考核指标之间的差距，保证了企业与员工降损效益的依法合理分配，并提高完不成线损考核指标而面临巨额罚款的风险，为企业稳定获得降损收益提供保障。

只要线损率理论值相同并保持不变，不论最初的激励指和考核指标是多少，线损完成率都将最后收敛于理论值附近，而激励值都将收敛于与理论值相差一个最终激励空间上方，而考核指标最终和激励指标只相差一个线损波动造成的最大误差，也即双指标最终又逐步向单指标回归，但这并不表明指标激励体系走向僵化，这恰恰是线损指标动态管理的最高阶段。

（3）线损双指标管理模式应用过程中应注意的两个问题。

1）在线损双指标管理模式中，初始的考核指标和激励指标之间的差距应该是多少？它与什么因素有关，是值得进一步深入研究的问题。但有经验的线损管理人员和领导经过一段时间的试验摸索不难确定适合的数据。

2）线损指标的调整周期应该是多长时间？也是值得进一步研究的问题，一年一调整，“鞭打快牛”，供电所没有积极性；调整周期过长，降损效益得不到合理分配，也不利于促进线损率的进一步降低。比较适当的调整周期应以2～3年为宜。

（三）线损指标分类、分级控制

1.线损指标过程控制的必要性

线损管理与其他专业管理一样，分目标决定总目标，过程决定结果。线损闭环管理要求做到线损指标核定后，重点是进行分级、分压、分线、分台区管理与控制，要把涉及线损管理的各个环节都要管理到位，使实现线损指标的全过程处于可控、在控局面，使每一级的损耗、每一条线路的损耗、每一个台区的损耗降低到最小，即实现效益最优化，保证线损总目标的实现，线损的闭环管理与管理过程的可控、在控有以下五个优点：

（1）为线损监督管理提供具体工作平台。

（2）增强管理的责任性。通过分级、分压、分线、分台区管理与考核，明确各级管理职责，避免线损管理的“大锅饭”。

（3）堵塞用电管理漏洞。通过分级、分压、分线、分台区管理，及时查找线损高的线路和台区，及时发现营销、计量等问题，及时采取针对性的措施，避免类似情况发生。

（4）有利于电网建设与改造。通过分级、分压、分线、分台区管理，及时分析和摸清电网结构和现状，有利于针对性开展电网建设与改造提供方向和依据。

（5）加快新技术和新设备的应用。通过分级、分压、分线、分台区管理，能及时发现影响各级线损和每条线路、每个台区的主要因素，促使供电企业尽快采用新技术和新设备降损。

2. 线损指标的分类、分级控制管理原则和要求

（1）分级控制流程。线损指标的分类、分级控制管理必须依据线损管理网各个层级的职责和工作流程进行。即，将各个线损率指标和管理小指标都明确责任部门、考核标准、考核部门和考核周期，形成一级管理一级，一级控制一级，一级考核一级，一级负责一级的全过程管理控制。

（2）分级控制载体。各种线损统计报表、线损分析报告、指标通报排名以及考核标准是线损管理与控制的载体。

3. 线损指标分类、分级控制考核模式

地市供电公司线损指标分类、分级控制、考核模式表（示例）见表4-2。

表4-2　　地市供电公司线损指标分类、分级控制、考核模式表（示例）

序号	线损指标分类	指标标准	责任部门	考核部门	考核标准考核周期
一	发展部				
1	综合线损率（%）	≤	发展部	组织部	月/年
二	运检部				
1	10kV分压线损率（%）	≤	运检部	发展部	月
2	10kV分线线损率（%）	≤	运检部	发展部	月
3	供电综合电压合格率（%）	≥	运检部	发展部	月
4	变电站（所）用电量（kWh）	≤	运检部	发展部	月
5	变电站电容器可投运率（%）	≤	运检部	发展部	月
三	调控中心				
1	网损率（%）	≤	调控中心	发展部	月/年
2	输电线路线损率（%）	≤	调控中心	发展部	月
3	母线电量不平衡率（%）	≤	调控中心	发展部	月
4	变电站母线电压合格率（%）	≥	调控中心	发展部	月
5	主变压器变损率（%）	≤	调控中心	发展部	月

续表

序号	线损指标分类	指标标准	责任部门	考核部门	考核标准考核周期
6	35kV及以上分压线损率（%）	≤	调控中心	发展部	月
7	变电站功率因数	≥	调控中心	发展部	月
四	营销部				
1	0.4kV低压综合线损率（%）	≤	营销部	发展部	月/年
2	台区线损率（%）	≤	营销部	发展部	月
3	台区线损合格率（%）	≥	营销部	发展部	月
4	月末抄见电量比重（%）	≥	营销部	发展部	月
5	客户功率因数	≥	营销部	发展部	月
五	计量中心				
1	关口电量采集成功率（%）	≥	计量室	营销部	月
2	高压用户表底完整率（%）	≥	计量室	营销部	月
3	电能表周期轮换率（%）	≥	计量室	营销部	月
4	现场检验合格率（%）	≥	计量室	营销部	月
5	计量故障差错率（%）	≤	计量室	营销部	月
六	供电所				
1	10kV线路线综合线损率（%）	≤	供电所	运检部	月
2	10kV配电线路线损率（%）	≤	供电所	运检部	月
3	10 kV线损率功率因数	≥	供电所	运检部	月
4	配电变压器台区功率因数	≥	供电所	运检部	月
5	配电变压器三相负荷不平衡率	≤	供电所	运检部	月
6	客户功率因数	≥	供电所	营销部	月
7	0.4kV低压综合线损率（%）	≤	供电所	营销部	月

（四）奖惩激励

企业战略和经营的本质就是差异化，而奖惩激励的核心问题也是基于企业特定的战略，在有限的薪酬资源条件下，动态差异化地投入被激励对象，激发效率，提高投入产出比。而且，不同岗位价值创造和价值评价的方式不一样，应该设计针对性的奖惩激励机制，典型的岗位价值创造和价值衡量方式有三种，详见表4–3。

表4–3　　线损考核评价体系三种典型岗位价值创造和价值衡量方式

类型	管理结果（结果激励）	管理行为/过程（过程管控）	管理个人（个人激发）
代表性岗位	一线技能岗位等	技术类、管理类岗位	中层以上领导干部
特点	业绩结果相对单一且可量化	业绩结果难以量化评估、可通过业绩指标、同业对标指标等替代	业绩结果难以客观量化且有一定长期性和综合性，工作过程难以标准化或有效跟踪，业绩产出受人员能力和工作投入度影响较大
具体岗位	营业站、供电所、生产/营销班组、计量室员工等	县公司、市公司线损管理人员	发展、营销（含计量、电费、市场室）、运检（含配电运检）、调控等专业分管领导
激励因素	工作量、工作质效	业绩/同业对标指标	个人
激励与激励工具	月度绩效加分、加班补贴、培训学习机会、绩效等级考评等	对标指标考核与月度绩效相结合、绩效过程管理、评先选优等	负责人业绩指标考核、单位绩效考核等

（1）一线技能岗位是直接产出明确单一的业绩结果的，比如营业站、供电所、生产班组、营销班组等一线岗位。因此，绩效管理的标的就是工作量和业绩结果，以月度绩效加分、加班补贴、培训学习机会、绩效等级考评等激励方式引导结果。

（2）技术类、管理类岗位是无法直接产出明确单一的业绩结果的，是通过综合性的过程行为影响同业对标、业绩指标好坏的，比如发展专业、营销专业线损专工、调控专业网损专工等。因此，绩效管理应该是对过程和行为的控制，并通过全面性的绩效指标和流程来确保正确。

（3）中层以上领导干部岗位既无法直接产出明确单一的业绩结果，也无法对过程行为进行标准化监控与管理，同时个人内在动力对工作成果的影响比较显著，甚至影响一个单位的业绩指标和工作质效。因此，绩效管理的标的应该更多地关注对人的管理，通过负责人业绩指标考核、单位绩效考核、企业文化、弹性工作等工具，激发人员马斯洛需求层次的自我实现需求，从而激活内在动力。

国网山西省电力公司“六维动态奖惩机理模型”主要包括以下内容：

（1）战略维度。以提质增效工作质效为抓手、深化同期线损系统应用为载体，营造“向精益管理要效益”的企业氛围，引导公司上下全体员工关注企业经济效益，将企业利益与员工利益挂钩，共享线损管理价值，实现线损管理共赢共享。

（2）平衡维度。基于实际情况等因素确定合理的差异化考核标准，确保内部公平。以台区线损管理为例，国网山西省电力公司将线损管理颗粒度细化到台区经理，在国家电网有限公司统一制定的台区线损考评指标基础上，改变以往台区线损指标“一刀切”的方式，以差异化方式开展“一台区一指标”管理，即结合系统中的数据、台区档案、现场情况录入等数据，运用台区全相理论计算方法，核定每个台区合格标准、达标区间。激发台区线损改进潜质，进一步释放线损管理价值。

（3）竞争维度。突破传统“撒胡椒面式”的奖惩激励体系，重奖重罚激发员工价值。以山西太原公司为例，台区经理月度奖罚金额在数百元至上万元之间浮动，同岗同工的员工工资收入因工作质效和绩效表现不同，差距在十倍甚至百倍以上。激发员工主动干事、积极干事、用心干事的潜能价值，进而促使线损管理价值不断提升，形成良性循环。

（4）激励维度。按照线损货币价值兑现绩效奖惩，直接参与降损效益分享。应用线损可视化系统分台区自动计算台区指标达标值、完成值、超出值、超额或未达标部分线损折算货币金额，金额按照用行业用电性质，以等量电价折算，依据计算结果兑现台区经理月度绩效奖惩，实现员工绩效表现与企业经济效益直接挂钩，共同分享降损增效成果。

（5）成长维度。国网山西省电力公司每年年初下发线损考核评价标准，围绕公司年度重点工作和年度工作目标，并结合线损管理攻坚方向，有针对性的调整核心指标权重，以适应企业发展、线损管理水平提升要求。除设置各项线损核心指标、辅助指标以外，每年动态设置加分指标，用以鼓励各地市、各县公司员工积极进取、大胆创新，实践线损管理新思路、新方法，并总结提炼可推广的典型经验、典型成果，并在省公司层面搭建交流互动平台，以集中培训、视频例会等形式开展经验交流和相互学习，为企业发展贡献集体智慧，同时促进员工个人成长，以适应新生代员工激励不再只是“钱”，需要全面激励体系。

（6）政策维度。国网山西省电力公司创造性地提出网格化线损评价，建立省、市（含省公司所属支撑机构）、县（含市公司所属支撑机构）、所四个管理层级与发展、营销、调控、运检四大专业交织的无死角、无盲区网格化线损评价体系，并辅以领导责任包干制、员工岗位积分制、指标选优挂钩制、供电服务职工同轨制等制度，构建起结构分明、层次清晰、导向明确的网格化线损评价体系。考核评价体系设计的视角从压榨考核转向激励激发。

（五）矫正措施

在线损指标核定中，本书提到了双指标模式修正线损指标的主要因素有系统电源分布的变化、电网结构的变化、电网更新改造及降损措施工程的影响、电网运行方式和潮流分布的变化、用电负荷增长和结构的变化、新增大宗工业用户投运的影响以及其他重大因素的影响等。这是技术层面的矫正措施，而管理层面的矫正措施主要包括：建立绩效委员会机制以及流程化的绩效考核申诉机制，以绩效管理信息系统为辅助工具，采集分析跟踪人员绩效改进成效，确保线损考核评价体系、奖惩激励体系的正常运行、持续改进和可持续发展。

（1）绩效管理委员会机制。绩效管理委员会机制主要适用于地市公司层面。即以公司主要领导为组长、副组长，组织部牵头，发展、营销、运检、调控四大专业部门配合的绩效管理领导小组，每月定期召开绩效管理委员会，审核通过当月绩效考核结果，确保绩效考核结果公开、透明。

（2）绩效考核申诉机制。每月地市公司发展部提交各专业部门线损管理考核结果，各专业部门提交支撑单位、各县公司线损指标考核结果，例如，运检部提交分线达标率考核结果，营销部提交分台区达标率考核结果，由发展部汇总各专业五分线损指标考核结果，统一提交绩效管理委员会待审议，同时将考评结果挂网公示，如有对考核结果有异议的单位，可向绩效管理委员会递交《公司线损管理考核申诉表》，明确申诉原因，在召开绩效管理委员会时，对申述事件进行核实、评估，如申诉原因被采纳，当场修改考核结果，并最终以会议纪要的形式下发至各相关单位，当月绩效兑现。

第五章 线损管理的生态化激活

CHAPTER 5

第一节　生态化与企业生态化简介

一、生态化的基本概念

（一）生态化的定义

生态化是指人们在遵循生态规律和经济规律的基础上，运用生态学和经济学原理，指导人的思维方式和社会生产实践活动，平衡人与自然的关系，实现自然财富和社会财富的综合最佳化，人们健康幸福、资源永续利用，经济、社会和生态可持续，人与人、人与自然、人与社会全面和谐发展的过程，并最终实现自然生态平衡优化、社会生态和谐有序、人的自由而全面发展。

（二）生态化理论的思想渊源和发展演化

生态化的根本目标是建设生态文明。文明是人类社会的开化程度和进步状态，是人类改造自然、改造社会、改造自我的科学成果的总和。生态文明是在深刻反思工业化沉痛教训的基础上，对人类社会和自然环境可持续发展理论和途径的新探索，是新时代人类社会发展进步的标志。生态化的核心问题是如何对待和解决人类社会和自然环境的关系问题。生态化的发展过程是动态的不断完善的过程，生态化理论同样是不断发展渐进的过程，最终服务于生态文明、人的自由而全面发展。

（三）生态化理论的理论基础与基本框架

生态文明的本质和核心是人与人、人与自然、人与社会真正实现和谐统一。其主要特征体现在：一是思想观念的生态转变，即从人与自然的对立关系向人与自然和谐相处转变；二是目标与行为的生态转变，即从单纯追求经济目标向追求经济、生态和社会多重目标转变；三是生产技术的生态转变，即从有害环境技术向无害环境技术转变；四是伦理价值观和世界观的生态转变，用人与自然协调发展的价值观代替人统治自然的价值观，用尊重自然、敬畏生命的哲学，代替极端的人类中心主义的哲学。生态化是生态文明的基础，生态文明是生态化的目标。

而生态化理论既是生态化发展的实践凝练，又是生态文明建设的基础支撑。

1. 生态化理论的理论基础

生态化是泛指生态学的思想和理念渗入到人类各种实践、思维等活动的过程。具体而言，是指在一定区域内，遵循生态规律和经济规律，综合运用生态学原理和经济学原理，在生态系统承载能力范围内，充分发挥资源利用效率，实现自然财富和社会财富最大化，人与自然和谐相处，人民健康幸福，资源永续利用，生态、经济和社会可持续发展的过程。生态化理论是关于人类经济社会发展中实现自然财富和社会财富最大化，人与自然和谐相处，人民健康幸福，资源永续利用，生态、经济和社会可持续性发展一般规律的知识体系。

生态化理论主要以生态思想、生态革命、生态转型和生态创新为突破口，努力实现经济社会的生态转型和生态公平。生态化理论体系，实质上就是创新生态观念、提高生态效率、调整生态结构、完善生态制度的生态化发展体系，是资源节约型、环境友好型、生态文明型的理论知识体系。

2. 生态化理论的基本框架

生态化理论的基本框架主要包括生态化理论的构建、生态化指数评价分析、生态化指数的应用三部分：

（1）生态化理论的构建。主要是在生态学、经济学的基本原理支撑的基础上，对生态化的内涵、外延、定义等相关概念进行定位，对生态、生态化、生态化水平、生态化进程、生态经济、生态文化、生态文明概念进行综合分析，确定生态化理论的目标、内容、结构及特点。

（2）生态化指数评价分析。在生态化理论的指导下，通过确定生态化评价模型，对生态化进行定性和定量分析。

（3）生态化指数的应用。包括综合生态化指数评价、农业生态化指数评价、工业生态化指数评价、生态工业园区生态化水平评价、自然保护区生态化水平评价、区域生态化水平评价等。在定性和定量、静态和动态分析的基础上，对区域或行业生态化水平进行科学评价，以达到准确定位，推动生态化建设更好的发展。

二、企业生态化的基本概念

在新经济的环境下，企业正变得越来越“生态化”。社交化促进企业间的合作互联，形成链接一切、去中心化、网络化生产的企业生态圈，企业之间的竞争升级为生态圈之间的竞争。技术创新和人本经济改变了企业内部组织的运作逻辑，越来越多的企业组织由传统的线性发展转向多维发展，形成广分布、共生、自驱动的生态型组织。生态型组织如同自然界中的生态圈，也是一个互利共生、自发运行、可持续发展的生命系统。

与有边界的传统组织不同，生态型组织是一个开放的体系，通过打破组织界限，极大降低了管理熵，提高了运行效率。生态型组织通过搭建平台，与组织内外部的个体共享创新资源，共同发展。组织中的资源和人在生态化的管理制度下自由流动，实现整个组织的利益最大化。它强调以人为本，组织与人由传统雇佣关系转向互利合作的关系，员工在自我管理的模式下，最大程度上解放人的价值，不断激发组织的创新生命力，完成共同的组织目标。生态型组织通过对业务的拆分重组，简化组织结构，提高组织的灵活性和敏捷性，跟随环境变化不断进化，始终保持与外部环境的动态平衡。

在新技术与商业模式的冲击下，企业间的竞争不仅仅是战略和产品的竞争，更是组织能力的竞争。新兴企业自诞生之日起就携带着生态型组织的基因，传统企业也在不断探索组织变革，以应对日益加速变化的新经济环境。海尔、华为等企业转型的案例已表明，构建生态型组织是打破传统企业“大企业病”、提升企业持续竞争力的有效方案。如何根据组织的发展特点，逐步走向生态化，是传统企业亟需思考的问题。

（一）企业生态链概念

1. 传统企业的生态链模式

企业生态模式与第三方平台不同，第三方平台无论是综合性平台，还是垂直型平台，还是某些细分市场的服务型平台，都是基于撮合双方或多方以上的资源链接，都是基于需求和被需求所开放的平台。企业生态链模式，则是以一个企业为核心，甚至说以企业品牌为核心，形成众多相互依赖或者相互补充的各种类型企业组成的企业生命综合体，形成类似于自然界一个小的生态圈的商业模式。

2.“互联网+”下的企业生态链模式

随着互联网深入发展，企业的平台化运转也发生了深刻变化，最明显的就是整个传统行业受到电商平台的冲击，在这种情况下，对那些过千亿元的品牌企业而言，就必须寻找适应互联网时代企业竞争规则的发展模式。

（二）企业生态圈概念

1.企业生态圈的内涵

从生物学视角看，生态圈是一个复杂的开放系统，是指一个由不同类型生物及其所处环境通过相互支持与制约而形成的动态平衡的统一整体。一个池塘、一片树林、一个草原都可以构成一个典型的生态圈。商业也是一样，任何一家公司都不可能完整掌握其产品开发所需的知识和技术链条，从而使得公司与公司之间、公司与其他类型的组织之间的合作成为必然选择。生态圈基于从价值创造到价值获取，从关注企业自身到关注企业的周边，生态优势的力量来自于企业外部，也是整个生态的核心点。从自然生态里可提炼出几个重要特点：多样化、互补性，互相依赖，不断创造新的价值。而商业生态系统的特点有共生、互生和再生。第一个特点是共同创造价值；第二个特点是互相依赖的关系，例如腾讯QQ开放平台，允许第三方开发游戏、开发应用，腾讯从中分得部分利益，这是一种相互依赖的关系；第三个特点是可持续再生，把不同能力组合在一起能够达到1+1>2的效果，多方共同维护生态系统，让生态变得更加稳定，不断创造新的价值。

2.企业生态圈产生的原因

（1）消费者对用户体验的极致追求，越来越多企业希望把多方供应商整合在一个简单极致的产品里提供给用户，这是用户需求的完整性和极致性追求的结果。

（2）行业的不确定性，企业选择做价值链某一个环节，把其他的东西做协同合作。

（3）变化，战略层面解决竞争范围问题，因为行业多样化，必须选择最擅长的，以便组合不同供应商给用户提供一个出口，用以满足消费者的极致化需求。随着大数据、物联网、云计算等基础设施的发展，外部交易成本不断降低，在很大程度上改变了企业生态的构建方式。

构建一个生态圈的终极目标是希望能够在竞争中获取更具优势的地位，从而得到最大的商业利益。生态思维的核心是共享与共赢，一方面能够汇聚多样化的组织，通过资源与能力的互补及价值链的构造，创造出1+1>2的价值；另一方面要能在生态圈中找到自己的位置，获取应有的利益。

3.企业生态圈的构建方式

构建企业生态圈有几种方式：第一种，资源驱动型，企业在营销、生产、物流等方面与其他企业的某些资源能力形成互补协同，往往是以非常紧密的股权交易关系来实现的。第二种，未来的数据驱动型，如分为三层的小米生态圈，第一层是智能硬件生态链，第二层是内容产业生态链，第三层是云服务，这三层之间通过MIUI相互连接，实现信息流动、资金流动，将小米变成一家互联网公司。再如，NEST是具有学习能力和算法驱动的智能温度控制器，与奔驰厂家合作，当用户开着奔驰回家，离家1km时，温度控制器自动把温度调回来；与洗衣机厂家合作，温度控制器可以非常准确地感知洗衣机什么时候使用成本最低；与手环厂家合作，是因为消费者戴着手环跑步返回时，温度控制器自动把温度调回来。当温度控制器与所有家居智能设备连成一个网络时，它会获得精准的家庭能源使用列表，以此为基础，提供家庭定制能源解决方案，并把每个家庭的解决方案放到云端，感知一个区域家庭每时每刻需要多少度电，反馈给电网，继而形成一个强大的网络，创造更多价值，让生态走得更远。

（三）价值生态系统概念

自哈佛大学商学院教授迈克儿·波特（Michael. E. Porter）先后在1980、1985年的《竞争战略》《竞争优势》中提出“五力”模型和价值链概念，分析了公司在竞争中所处的内外部环境和战略决策，从企业、产业层次系统地论述了竞争优势的培育和竞争优势的运作技巧后，运用供应链管理及价值链分析理论培育竞争优势一时成为企业家们眼中的“圣经”，深受国际学术界的赞誉和实业界的青睐。1993年，美国经济学家穆尔（Moore）在《哈佛商业评论》上，将供应链和价值链理论外推，首次提出了商业生态系统的概念。他将商业生态系统描述为以组织和个人（商业中的有机体）的相互作用为基础的经济联合体，是供应商、生产商、销售商、市场中介、投资商、政府、消费者等以生产商品和提供服务为中心组成的群体。

价值生态系统的外围环境由企业组织圈、自然环境圈、社会圈组成，企业组织圈是其核心，价值生态系统的中心流程在企业组织圈实现。自然环境圈是由自然生态系统组成的包括各种自然资源的集合，是企业生产的源泉；社会圈是由人组成的个体的集合，是企业组织产品的最终用户，是企业市场圈的延展。企业组织圈从自然环境圈获取能量和资源，通过价值生态系统实现物质与能量交换。价值生态系统是以用户需求拉动的、由企业组织圈内的核心企业组织与其供应商、制造商、运营商、分销商、用户、外包服务公司、融资机构、竞争对手、客户和监管机构及其环境组成的价值生态流程，通过信息流、物流、资金流、知识流、服务流与自然环境圈、社会圈、其他行业价值生态系统产生能量与物质交换，满足市场需求，并将废弃物排放到自然环境圈的一个价值产生过程。

总之，价值生态系统是综合价值链、产业链、人才链、知识链为一体的动态系统。系统中各成员借助能流和物质循环形成一个有组织的功能复合体，在系统中担当着不同的功能，各司其职，但又形成互赖、互依、共生的生态系统。在价值生态系统中，虽有不同的利益驱动，但互利共存，资源共享，注重社会经济环境综合效益，共同维护系统的延续和发展。价值生态系统构建的是一个以“合作”为手段、以“开放”为准则、以“共赢”为目标的用户、核心企业及合作伙伴和谐的价值渠道。

（四）企业生态化的成功案例

平台性、自主性、进化性是生态型组织的三大特征。平台通过提供共享资源以及设定游戏规则，为生态型组织的运行提供了必要的资源和机制保障，是生态型组织构成的基础。在平台的基础上，通过充分自主地释放人的创造性与自我管理能力，以洞见力察觉机遇，驱动组织向着未来发展趋势自发前进，是生态型组织发展的驱动力。在自主性的推动下，生态型组织根据环境的变化不断进化，演变出高阶形式，保持高效运作，形成组织演变的途径。

随着互联网技术的发展，企业通过搭建平台，以更高效、更公平的方式服务、激活、整合组织内、外部的个体的活力和创造力。与传统组织不同，生态型组织不是埋头自己发展，而是通过提供创新平台，连接、开放、共享一切资源，连接价值链的各个环节，并以“互利共生”的方式与平台上的个体“协同进化”，在成就别人的同时成就自己。生态型组织与平台是一对多的关系，一个生态型组织内可以有一个或者多个平台；平台与参与者也是一对多的关系，一个平台对应多个参与者。平台上的参与者可以是个人也可以是组织团体，所有的参与者从使命、价值观上完成对平台所有主体的融合和统一，来实现彼此基于平台上更大的商业认同并彼此维系。

已经有很多生态化企业的成功案例，这些案例有些侧重于内部生态化建设，有些侧重于外部生态化建设。

1.海尔的生态化建设

在海尔三十多年的创业过程中，组织形式跟随企业战略的变化持续进行变革调整。2005年，海尔将组织从传统的“正三角”结构转变为“倒三角”自主经营体，把直接面对用户需求的一线员工放在最上层，为员工提供资源和支持的管理者放在下层，完成了“从服从领导到服从用户”的转变。但“倒三角”组织并没有完全打破层级，各个经营体仍旧以自我为中心，忽略部门之间的协同。为了进一步解决协同问题，海尔进行了以小微为基本运作单元的平台性组织变革。2015年9月，张瑞敏提出，海尔破解“大企业病”的探索颠覆传统组织模式，通过“用户个性化、组织平台化、员工创客化”，实践共创共赢的价值创造新生态，海尔的组织形式由“倒三角”转型成为“创客平台”。每个单元是一个独立的经营单位，上下游有结算规则，形成市场关系。海尔组织变迁示意如图5-1所示。

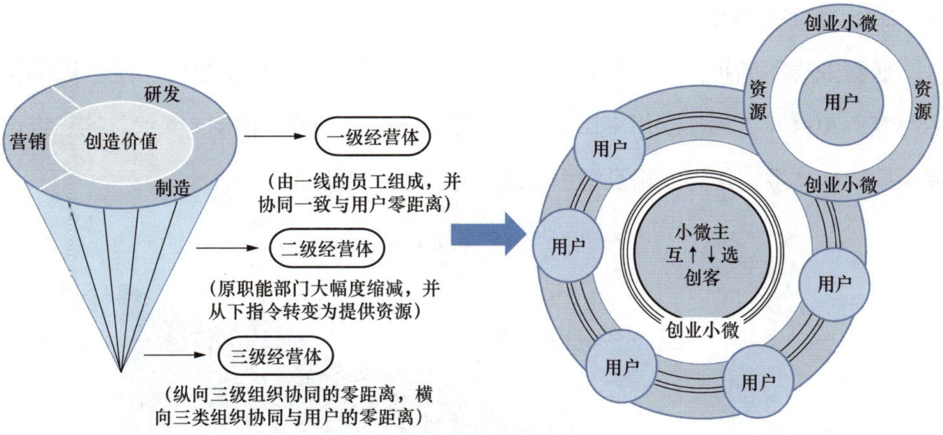

图5-1　海尔组织变迁示意图

组织层面，海尔从制造产品价值的企业转型为制造创客价值的平台，采用分布式的方式将组织进一步扁平化，最终打造成完全没有层级的组织。组织转型后，海尔只有三类人。第一类人是平台主，平台主负责搭建一个平台，并确保这个平台是开放的，满足平台上的资源流入，实现平台上创业团队快速成长。第二类人是小微主，即一个创业团队的负责人，利用社会化的资源、社会化的资金来进行创业。平台主和小微主都需竞聘上岗。第三类人是创客，海尔原来的员工全部变成创客，而且平台上创客的招募与退出变成一个完全社会化、自主化的过程，采用“官兵互选”机制。

机制层面，海尔从管控型组织转型成投资驱动的平台。平台上每个员工的身份发生了变化，由“在册”变为“在线”，从“企业付薪”转型为“用户付薪”。员工不再是执行者而是创客，企业为每个员工提供的不再是工作岗位而是创业机会，衡量每个员工工作业绩的不再是任务结果而是为用户创造的价值。通过平台功能，海尔的生产组织模式从传统的线性“串联”转变为网状化的“并联”：海尔旗下的空调、冰箱、洗衣机、厨房电器等板块化身成不同的小微，每个小微都可以独立负责研发、设计、制造、营销等环节，同时进行独立核算、自主决策、分配资金、自主用人，根据用户需求快速推出引领市场的新产品；平台为小微提供开放的采购、生产、物流、技术、数据、资金和其他职能服务等资源支持，助力小微组织进行创新。

2. 华为的生态化建设

随着规模不断扩大、战略不断调整，华为的组织架构趋于整体稳定、局部灵活可变。2014年，通过组织变革，华为搭建起一个“纵向+横向+网状”的三维可变组织架构体系。华为战略及组织变迁示意如图5-2所示。

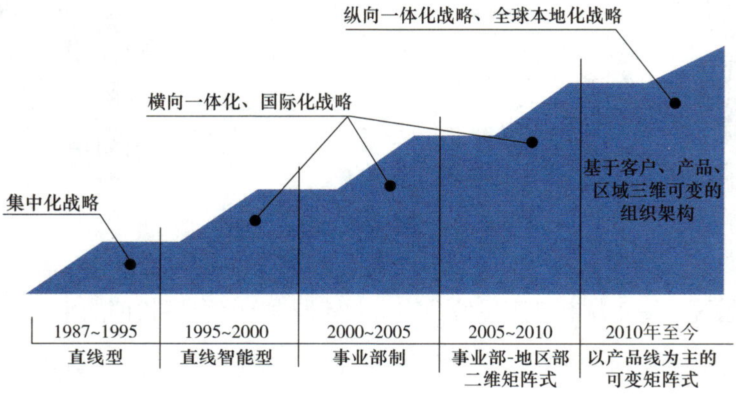

图5-2　华为战略及组织变迁示意图

华为组织架构的三个维度分别是区域、客户和产品，其中区域属于横向划分，客户和产品属于纵向划分。第一个维度是区域组织，即华为区域经营中心，负责位于区域的各项资源、能力的建设和有效利用。第二个维度是客户群（business group，BG）组织，即以客户为中心的组织架构，面向3个客户群（运营商网络、企业业务和消费者），以适应不同客户群的商业规律和经营特点。第三个维度是产品组织，根据不同的产品特点而设定。通过进行三维层次的组织架构，华为形成了根据区域、客户、产品划分的、直接面对用户的前台业务小组。同时，为支撑、服务、协调前台业务小组的工作，华为设立了包括人力资源平台、企业发展平台、网络安全平台、内部审计平台等在内的16个职能平台，向前台业务小组提供及时、准确、有效的服务，在充分授权的同时，加强监管。

华为的三维可变组织架构中，区域和客户层是相对稳定的，产品层可实现组织架构伸缩自如的灵活可变性。当华为要精简部门、岗位和人员时，组织架构网会收缩叠加起来；当华为要实行战略扩张时，组织架构网会拉开，增加部门、岗位和人员。在组织架构变化的过程中，业务流程会始终保持一个相对稳定的状态，同时要求内部员工有良好的互动协作能力，能够随时组建新的默契团队。基于三维可变组织架构，华为真正打造了基于消费者需求变化的、可变的组织体系，对内部员工技术创新、外部合作及终端消费者的灵活互动性快速响应，快速接受新产品并进行裂变式传播。

3. 阿里巴巴的生态化建设

马云一直将“建设商业生态系统而不是商业帝国”摆在首要的地位，“任何一‘帝国’都有倒台的时候，但‘生态系统’基本上是可以生生不息的，如果我们不破坏这个‘生态系统’的话。一个‘生态系统’有春夏秋冬，就像非洲草原有旱季和雨季，只要是一个生命，就有生长、成长、发展、繁育和重新恢复的过程”。马云在给员工信件中也表示，他对事业部的划分，主要也是希望各事业部不要简简单单的只局限于自己本身的利益上面，而是要以整体的商业生态系统的健康发展作为重中之重，能够使商业生态系统更加市场化、平台化。

虽然阿里巴巴目前的业务涵盖多个方面，但其许多业务都是由电子商务衍生出来的，因此阿里巴巴商业生态系统目前从本质上来讲是一个电子商务生态系统，如图5–3所示。阿里巴巴旗下的电商平台吸引了许多消费者、零售商、供应商、金融机构、物流公司等相关组织和个人集聚，阿里巴巴集团和众多集聚者紧密协作、彼此依赖、共同组成了一个庞大的电子商务生态系统。阿里巴巴电子商务生态系统中的四大种群目前都已发育得非常成熟，见表5–1。

表5–1　阿里巴巴商业生态系统中的四大种群

种群	个体描述
领导种群	阿里巴巴集团旗下的各个交易平台。包括淘宝网、天猫、1688、全球速卖通等
关键种群	使用阿里巴巴集团旗下电子商务平台进行交易的买家和卖家，包括进行国际贸易和国内贸易的消费者、生产商、零售商、供应商等
支持种群	支撑网络交易完成的相关机构，包括电信、金融机构、物流公司、互联网技术提供商、政府等，如蚂蚁金服、菜鸟网络、中国万网
寄生种群	为关键种群和支持种群提供增值服务的机构，如技术外包商、咨询和培训机构、客服外包公司、广告服务商等，代表性的有阿里妈妈、阿里云

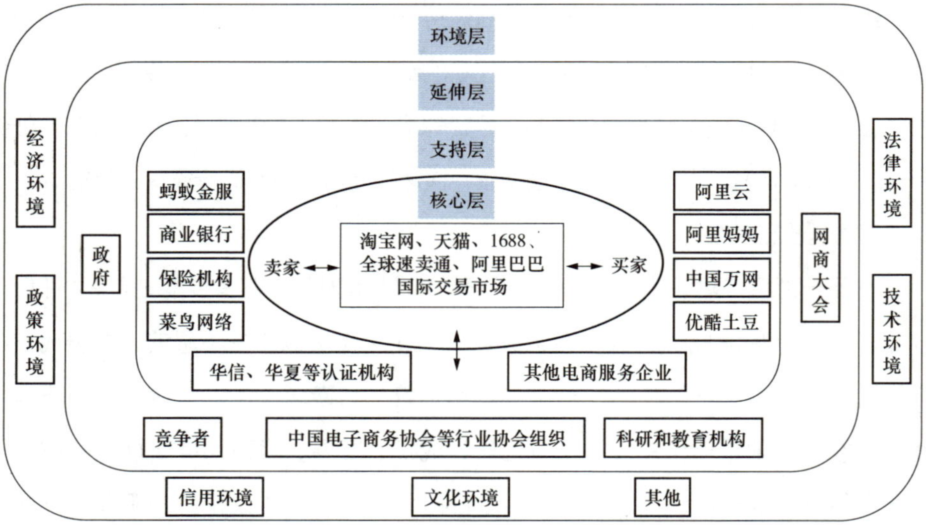

图5–3　阿里巴巴商业生态系统

除了生物种群以外，阿里巴巴商业生态系统还包括影响主体生存的各种环境，主要包括经济环境、法律环境、政策环境、技术环境、信用环境和文化环境。具体来说，经济环境主要包括国内外的经济运行状况、发展趋势等；法律环境主要包括与合同、电子签名、电子支付、知识产权、消费者权益保护等相关的法律法规，具体的有《合同法》《网络商品交易及有关服务行为管理暂行办法》《第三方支付管理办法》《中华人民共和国电子签名法》等；政策环境主要包括与电子商务相关的投资政策、税收政策、人才培养政策等；信用环境主要包括目前社会上的信用意识、信用评价和管理体系、信用数据的市场开放度等；技术环境主要包括网络数据通信技术、安全技术、电子支付技术、数据库技术等；文化环境主要指系统成员的价值观念、风俗习惯等。

核心层主要包括阿里巴巴集团的各个平台（淘宝网、天猫、1688、全球速卖通、阿里巴巴国际交易市场）以及平台上的买方和卖方（消费者、生产商、零售商、供应商等），买卖双方围绕平台进行电子商务交易。

支持层是直接参与阿里巴巴平台交易、为关键种群提供例如网上支付、安全认证、物流配送、广告营销、咨询服务等各种服务的相关组织，包括提供支撑服务的支持种群和提供衍生服务的寄生种群，如蚂蚁金服、菜鸟网络、阿里云、阿里软件等。

延伸层涵盖与电子商务交易存在关联的政府、行业协会、科研和教育机构及竞争者，如中国电子商务协会、网商大会、阿里研究院、京东和唯品会等竞争对手。

环境层是与阿里巴巴核心电商业务及关联业务发展密切相关的外部环境，包括经济环境、法律环境、政策环境、技术环境、信用环境、文化环境等。

4.汽车产业生态圈

汽车产业生态圈体现出诸多生态系统特征，以此为假设条件，可以认为汽车产业生态圈中各个构成要素也具有生命体特征，并体现出相应的不同的生命周期形态，而它们则是该生态系统出生、成长、发展等的决定性因素。汽车产业生态圈如图5-4所示。

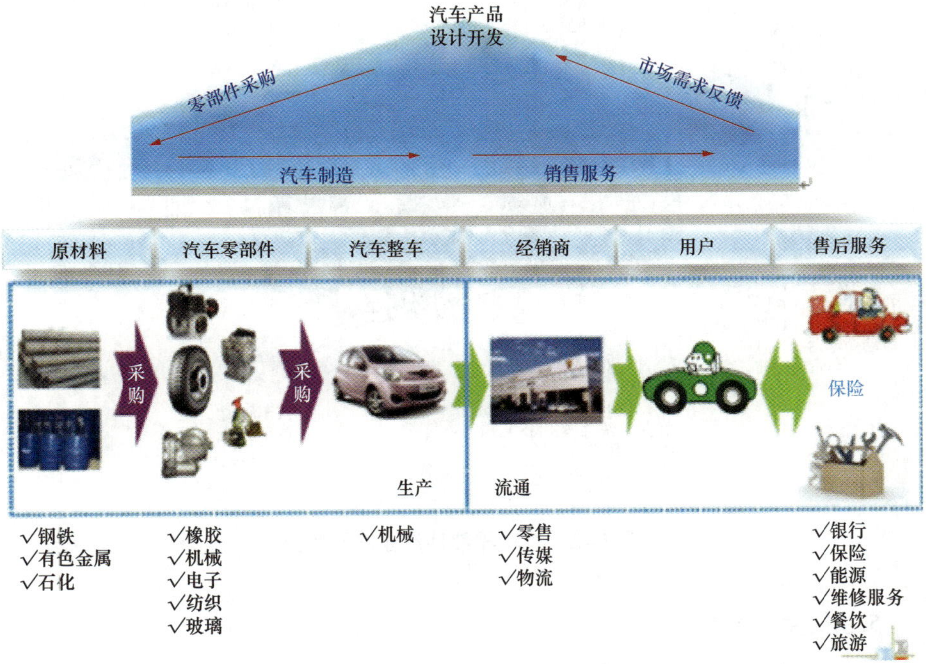

图5-4　汽车产业生态圈示意图

汽车产品完善的价值概念可分为三个层次：第一是汽车的核心产品，它是承载汽车的实物核心产品，回答客户实际购买的是什么；第二是汽车有形的产品，指具有一定质量水平的功能、款式、品牌、商标和包装的物品；第三是汽车附加产品，它是有形的产品和提供额外服务的企业出售。在这一理念下，在汽车产品的汽车已经不仅仅是一般意义上的实体本身，第二和第三产业的经济实体都参与到这三个层次。三个层次将汽车生产者、销售者和消费者组织起来，形成一个完整的价值链。当然，汽车价值链的定义是从汽车产品的角度来看的。而从上下游汽车行业的关系角度来看，对汽车的价值链可以被看作参与上游的铁、钢、有色金属、橡胶、汽车修理、汽车配件、塑料、玻璃和提供设备、机械、电子、家电和其他领域，同时也延伸到了销售市场、道路交通、金融、保险等许多方面的长链（如图5–5所示）。

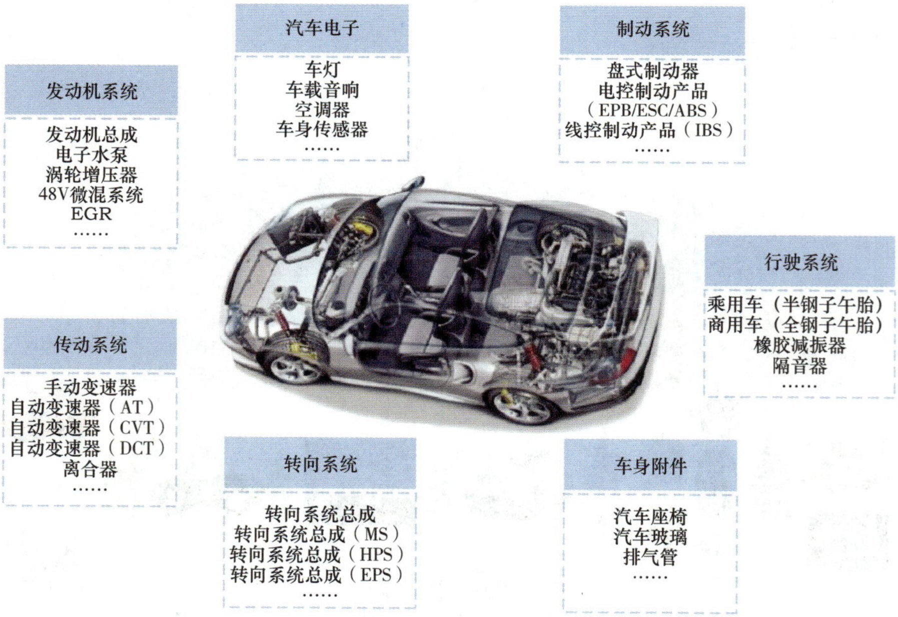

图5–5　汽车零部件产业链示意图

5.智能手机产业生态圈

智能手机产业生态圈由手机软件商、芯片生产商、关键配件厂商、零部件厂商、应用软件开发商、手机组装厂商等组成。

（1）手机软件商。在智能手机的价值链中，价值含量最高的是软件系统。当前苹果和GOOGLE把控着操作系统，掐住了产业链的命门。

（2）芯片生产商。在智能手机的价值含量中，芯片仅次于操作系统。相比于操作系统，手机芯片生产厂商较多，生产的手机芯片更是种类繁杂。但芯片的供应商主要有高通、三星、联发科（MTK）、英伟达、英特尔等。

（3）关键配件厂商。例如触摸屏、摄像头、传感器等关键零部件的厂商。手机触摸屏较大规模的供应商主要有日本的JDI、夏普，韩国的三星、LG等。摄像头较大规模的供应商主要有索尼、夏普、三星等。这个环节具备一定的技术含量，利润率比较可观。

（4）零部件厂商。手机的零部件一般包括内置件、外制件、电子组件、包装材料。其中内置件为手机内部的塑胶、五金、排线等；外置件为手机外壳、前后面板支持架；电子组件为电路板、电池、耳塞；包装材料为说明书、保修卡、包装盒。

（5）应用软件开发商。随着智能手机的普及，手机应用成为手机的核心卖点之一。苹果App Store开启了一种崭新商业模式。其商业模式是开发者开发应用，上载至App Store，通过用户下载付费的形式获得收入，苹果公司统一代收，然后将应用收入按照一定比例与应用开发者分成。手机应用开发者可以是个人，也可以是公司。应用开发收益的方式主要有两种：一是用户直接付费，二是开发者在应用中嵌入广告，由广告商间接付费。苹果的App Store是其利润的一大来源，这个环节的特征是价值分化。

（6）手机商组装厂商。目前，多数的手机商不直接生产组装，而是通过代工的方式委托代工商组装，如富士康即为当前高端手机品牌一流的代工制造商。

三、线损管理生态化的可行性探讨

（一）线损管理生态化的意义

（1）深度市场化是企业生态化的突出表现，可以激发企业活力，提升企业效益。企业市场化能为企业带来利润最大化是一个普遍共识。长期以来央企的运营并不完全是以市场为核心的，尽管随着国有企业改革和电力体制改革的深入推进，电网企业已经逐步迈向市场化，但仍有一定的行政化色彩，存在通过市场竞争提升效率的空间。

“市场化”最核心导向是鼓励大家聚焦市场：不仅是提升现有市场的份额，更多的是创造全新市场的契机。定义和创造全新市场的契机能够产生凝聚人心的崇高目标，并让人们团结一心向着这个改善客户痛点甚至人类生活的目标进发。

在对成功企业进行研究的过程中，人们发现他们的生态组织能力非常注重以市场为导向，这不仅仅是因为企业集中资源和能力致力于在外部市场获胜，也是因为在生态组织内部，这些企业同样显现出以市场为导向的强烈倾向。通过市场机制——透明公开、双赢合作，而不是来自高层的命令和协调，生态组织的不同部分进行互动或交易。

生态组织的逻辑是通过各独立组织单元的互联互通和共享，提升顾客导向、创造力及敏捷灵活性。单一强调效率、匹配或者内部组织能力，企业并不能实现预期目标。企业之所以获得成功，是因为它植入了由内部团队和外部合作伙伴组成的更广阔的信息、资源和能力网络，能够对瞬息万变的情况做出更加迅速的反应。

现阶段随着互联网技术的发展，电网企业建立生态链就是实现市场化的具体手段。首先，近期要在电网企业内部各专业上下游间，形成市场关系，下游是供应商，上游是客户，形成无缝的市场机制。将来在有条件时，建立电网企业与供应商、客户之间的生态链。最终，实现市场机制，把市场竞争带入企业中。

（2）线损管理生态化是电网企业建立生态链的核心。电网企业生态链的建立，一是需要打通链条上的信息交流，二是建立公平公正的交易机制，三是建立清晰的结算机制。将线损环节数字化、透明化，通过在线连接能源生产、传输与消费各环节的人、机、物，实现状态全面感知、信息高效处理、应用便捷灵活，实现能源互联网中发－输－变－配－用、源－网－荷－储－人的状态感知、量值传递、环境监测、行为追踪，以海量数据驱动业务融合、服务提升、模式创新，促进电网技术提升、资源匹配、质量与效率变革、产业生态在线及用户的参与和获得。

例如，分布式能源具有利用效率高、环境负面影响小、提高能源供应可靠性和经济效益好等特点，已成为世界能源技术的重要发展方向。随着我国持续推进能源供给侧结构性改革，推动能源发展方式由粗放式向提质增效转变，天然气、光伏、风电、生物质能、地热能等分布式能源，已成为我国应对气候变化、保障能源安全的重要内容。但由于分布式发电技术所采用的电源和机组具有多种类型，主动通过对配电网各部分的协同优化控制，解决分布式能源的渗透消纳问题，提高电网的安全稳定性和经济性能，具有非常重要的价值。通过线损管理生态化的推进，主动推进分布式能源的优化选址和定容优化分析；开展基于供电预测信息、需求负荷信息以及分布式能源设备运行状态等情况进行未来某段时间的可中断负荷供电优化调度控制；通过充分调动用户的积极性，采集用户侧的用电信息、向用户获取用电计划等，通过综合控制有功和无功负荷预测，实现系统运行的安全性和经济性，并根据制定的主动控制策略，提供功率输出调整计划，向用户发出调节信号并从用户的反馈和配合中加强需求侧管理控制，实现整个配用电系统的协调经济性。

（二）线损管理生态化的可行性分析

1. 具备弹性和开放性

基于互联网技术，生态发展的空间较联盟形态大幅放大，组织间的边界和内外边界进一步模糊，创新成为更强劲的驱动力，资源的流动更加自由和迅速，创新的成效、收益成为支配各方力量、各类资源参与、组合、协同的支配性力量。生态发展促使线损管理成为生态环境中的一个组成部分，赋予其新的生命力，使其创新成果的产生和转化有了更多的可能性。

2. 价值回报逻辑清晰

围绕线损工作价值货币化，在线损计算和展示中引入电价概念，按照工业用电、商业用电等不同用电性质，直观展示线路平均电价，展示评价电网设备和供电企业各层级的“量价费损”，将线路损失与经济直接挂钩，实现线损货币化展示，应用于电网五分经济效益评价和新用户并网后的平均电价模拟预测。

3. 目标协同、规则清晰

基于互联网技术，线损管理所处的生态环境将日趋复杂，能够凝聚各方力量、协调各方运作的基石就是协同的目标。参与各方根据目标的协同性，主动调整自身的参与方式、相互的协同方式，形成自动化的线损管理生态发展协同，将是最为理想的情况。

4. 突破限制性

基于互联网技术，线损管理的生态发展不必受限于组织、地域等限制因素，可以采用有利于创新的任何聚合方式，突破不利于创新的种种限制因素。在根本上创新工作方式和组织形态，创新的机制有利于促使产生突破性的创新成果。

5. 持续成长性

基于互联网技术，拓展了线损管理在空间和时间上的成长空间，使其能够达到的成熟度进一步提升。同时，因为支撑基础的更加丰富和牢固，线损管理的生态发展具备更强的自我修复、自我优化能力，使其具备持续成长性。

第二节　线损管理生态化内涵

一、线损管理生态化的发展方向

在信息化、智能化的时代背景下，线损管理的范围、手段、技术、工具快速演进，呈现从集中式向分布式、单一型向综合型发展趋势，其特点包括：

（1）管理重点上，从以分专业条线管理和班组综合作业为核心的线损管理向多专业协同的生态培育发展。由于线损管理的技术复杂性逐步提高，单一领域的线损管理能够解决问题的范围有限，对线损管理专业融合性的要求逐步提高。专业融合程度越高，数据要素的流动性越好，可利用的管理资源范围越宽，管理的效率就越高。这要求公司对线损管理的重点从分专业条线的线损管理，向多专业协同的线损管理生态培育发展。“线损管理生态体系”借喻生态学概念，其核心特征即建设拥有富饶资源的线损管理环境，促进环境内线损管理物种和群落的融合共生和不断演化。

（2）管理模式上，从内部管理向开放管理发展。在技术进步加快、新一轮产业变革提速的驱动下，各种创新要素和资源在不断扩大的全球范围内加速流动。即使在以单个企业为核心的线损管理生态系统内，开放性仍然是生态体系流畅运行的主要前提，企业链接范围越广，可依据的创新资源越充分。在合理保护自身产权的前提下，引入多样外部资源和能力，是培育创新生态的必然选择。

二、线损管理生态体系的定义

线损管理生态体系是由线损管理各利益方组成的群体，其相互间是市场化的交易关系，形成各方广泛参与的群体，共同形成通过市场化的手段合理化配置资源，激活各参与主体，实现线损管理高质量持续发展。

利益方包括政府、发电企业、电网企业、综合能源服务供应商（方案、技术、运营）、电力及通信设备供应商、高校及科研机构、客户，或以上利益方的组合。

（1）电网企业。打造数据共享平台，开展信息共享服务，通过能源互联网全面采集系统运行信息和用户用能信息，在保障用户隐私的前提下，向用户自身、科研机构、政府部门及发电企业等其他主体共享相关数据和信息，支撑用户用能行为优化、科研工作开展、政府监督管理、可再生能源并网消纳，最大化发挥数据价值。打造业务融合平台，开展价值共享服务，在智能电网、能源互联网建设领域，创新业务模式，以 PPP、BOT、BT 等模式引入其他主体、资本，共同开展综合能源服务相关业务，建设互惠共赢能源互联网生态圈，带动产业上下游主体协同发展，实现价值共享。例如：一是为清洁能源大规模开发利用提供配置平台，通过搭建能源云平台，以大数据为支撑进行精细化、实时化的计算和调配，为新能源开发利用和高效配置提供有力支撑。二是为各种新型能源设施提供便捷服务，通过不断提高系统智能化水平，促进“源网荷储”协调互动，有力支撑分布式能源、电动汽车、储能等各种能源设施的灵活便捷接入；同时也有力支撑各类可调节负荷资源参与电力系统调节。三是为提高全社会能效提供解决方案，通过对电网企业拥有的海量数据资源进行挖掘利用，在提高电网资产运行效率、促进电网节能减排的同时，为居民和企业用户、建筑楼宇、工业园区等提供用能诊断、能源管理等各种能效服务，引导各类用户科学高效节约用能，助力提升全社会终端用能效率。

（2）发电企业。转变企业定位，由传统的电力供应起始端转变为多类型能源流和信息流协同供应起始端，打破多元主体间数据壁垒，推动能源流与信息流的深度交互，支撑综合能源服务等新业态、新模式发展；丰富企业角色，由发电商转变为综合能源供应商，逐步提高服务意识与创新意识、扩展综合能源服务、打造全新发展引擎，实现向“能源服务商”的转型；扩大业务范围，以市场需求为导向，积极拓展综合能源服务业务，扩展用户资源，增大用户粘性，开辟多元化的发展道路。

（3）综合能源服务供应商。把握能源互联网建设机遇期，创新综合能源服务模式。就当下我国综合能源服务公司的发展现状而言，由于公司规模、组织体系、人才队伍、投资能力、技术储备等方面的限制，使得其在系统建设、风险管理、核心技术等方面都存在较为明显的短板。为此，综合能源服务公司必须从两方面入手，一方面，整合资源，与政府背景投资企业、电网公司、发电企业、互联网企业、信息通信企业等主体形成利益共同体，争取稀缺业务资源，建设良性竞争、合作共赢的能源互联网生态圈；另一方面，以能源互联网为支撑，发掘各类用户深层次服务需求（如能源信息服务、能源定制服务等），制定灵活的市场营销策略，满足客户差异化能源服务需求。

（4）电力、通信设备供应商。提升智能电网基础设施建设所需设备生产水平和供应能力。坚强智能电网涵盖特高压、主网、配电网等各层级，包含交流、直流等不同技术类型，建设工程量大、技术攻关难、质量要求高，部分核心设备仍完全依赖于进口。因此，电力设备制造商应加强与高校、科研机构合作，尽快实现智能电网核心设备的国产化和规模化生产，在保证设备质量的同时降低设备成本，支撑坚强智能电网建设。提升电力系统终端信息采集装置、信息传输装置、数据中心处理器等核心装备的生产水平和供应能力。能源互联网的最终目标是要实现电力系统各个环节万物互联、人机交互，需要大量的、面向各类设备的信息采集装置，适应各种信号和地理环境的信息传输装置以及大规模、高效快速数据处理器，这些都是通信设备制造商需要关注的领域。

（5）高校、科研机构。互惠共赢能源互联网生态圈的顶层设计、规划与业务布局研究。开展能源互联网生态圈建设，涉及整个产业链条的融合发展，需要做好政策机制的顶层设计、基础设施建设的合理规划和业务体系的提前布局。高校、科研机构在电力系统规划、综合能源系统规划、政策研究与决策支持方面具有强大的研究团队和深厚的研究基础，能够为互惠共赢能源互联网生态圈的顶层设计与规划布局提供科研支撑。

三、线损管理生态体系的核心

通过经济化手段将线损相关利益方变成参与者，激发各参与者的主观能动性，从而激发市场活力，提高参与动力，不断挖掘创新潜力，形成自组织、自适应、自愈合、自迭代、自调控的大市场内循环。

（1）激发市场活力。市场主体是经济的力量载体，是经济活动的主要参与者、就业机会的主要提供者、技术进步的主要推动者。将线损相关利益方引入进来，培育出各类市场主体，并通过优化市场环境促进其发展壮大，是打造线损管理生态体系的基础。

（2）提高参与动力。在引入和培育壮大各类市场主体的同时，创建以线损管理为基础的参与平台和交易平台，使各类市场主体能在其中获得相应的收益，才能提高其参与动力。

（3）挖掘创新潜力。通过激发市场活力、提高参与动力，各市场主体在线损管理生态体系中充分参与并获取收益的同时，也将不断激发其创新潜力，包括技术创新、管理改进、业务提升三方面，从而不断提高其核心竞争力。

线损管理生态体系示意如图5-6所示。

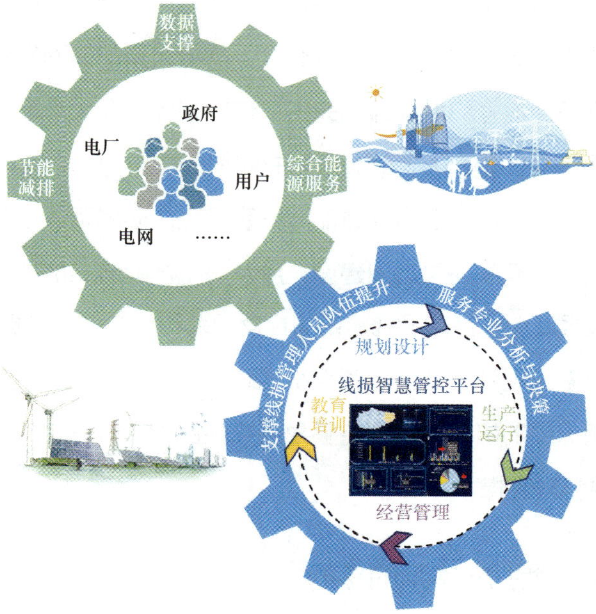

图5-6　线损管理生态体系示意图

第三节　线损管理子生态构建

线损管理生态体系主要围绕节能降耗建立，从大的层面上讲，其最终产品为用户的节能产品和服务；从小的层面看，在为用户提供节能产品的过程中，涉及了一系列的产品和服务，而这些产品和服务本身的生产和交易则构成了智能监测、用能诊断、节能改造和经济运行四个线损管理生态子体系，如图5-7所示。

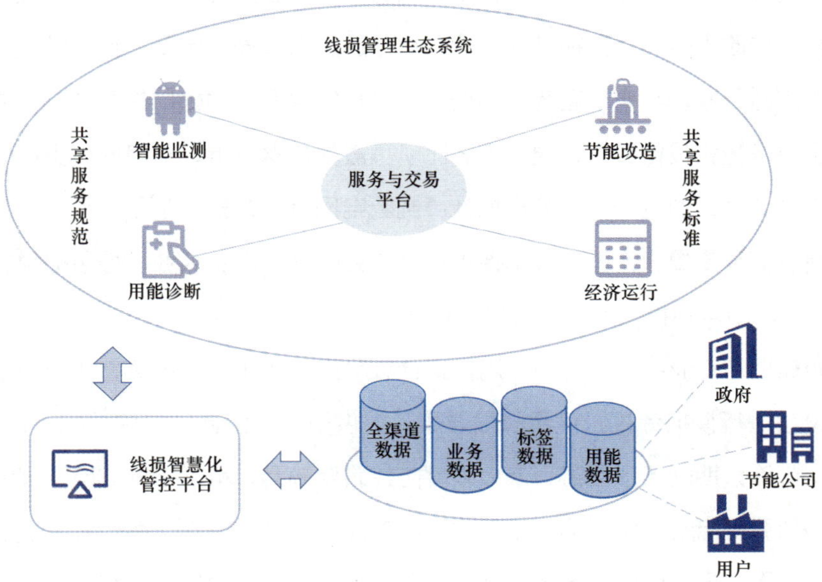

图5-7　线损管理子生态示意图

一、智能监测

用户节能降耗的基础是相关用能数据的智能监测，电网企业具有多年的用户基础、广泛的用户群体、大量的智能表计等终端感知设备，同时具备各类生产系统积累了大量的电力数据，是智能监测信息的供应主体。基于智能电能表的用户用电行为感知技术通过采集用户总进线的电压和电流来辨识用户的电器种类、启停状态、耗电量等信息，能够实现全时段、精细化的用户用电行为感知以及用电电器工况监测，支撑节能设备改造和优化错峰用电等业务的开展。

1. 智能监测数据的内部应用

由于电力生产经营的专业化等原因，电力大数据的专业化特征也十分明显，在电力企业内部进行分享和交易非常重要。

基于线损可视化系统的实时指标、费损融合、智能诊断、工单管控、台区理论线损五大模块，以及行业电量监测、大用户电量监测等12个功能点，为各专业提供分类清晰、获取即时的电力数据，服务于公司生产经营计划、电网投资、经济运行、技改大修、业扩报装等专业分析。通过对公司售电量、行业电量、设备情况的实时日监测与变动趋势、同期对比分析结果等，为公司生产经营计划制订提供全息电量和设备数据；通过容载比、负载率数据分析，对电网投资后评价提供经济性支撑；通过线损五分模拟计算判断电网运行方式调整是否合理，为经济运行提供信息支撑；为技改大修提供技术降损数据信息；为业扩报装提供实时数据分析，判断用户接入点是否合理、节能、经济。

如在规划专业中，一方面应用模拟计算功能，运用理论计算方法对配电变压器移位等进行模拟计算，演示降损效果，提供更为经济合理的建设和运行方案，合理安排检修期间各项业务，最大限度防控跑冒滴漏，科学指导配电网规划。模拟降损计算可自动识别高损、重载线路和变压器，并在更换导线型号、变压器型号的情况下，模拟原始潮流重新计算线路损耗，从而评价现有线路改造方案是否有利于线路技术降损、理论线损较高的线路是否能通过降损改造实现技术线损优化、线路是否能通过负荷切改实现技术线损优化。通过配电网理论计算结果分析高损原因，根据分析结果制定降损方案（如更换导线、更换重载或高损变压器等），最后通过降损分析功能计算改造结果，更加直观地看到线路改造后的成效。最后经过技术经济性分析确定是否实施该方案。另一方面，对于电网建设中涉及的方案调整、物资标准化管控，线损专业介入进行经济性校验，提高产出效率，最大限度地避免因前期规划不到位导致的运行不经济问题。

同时可将线损数据用于电网精益规划，首先抽取各网格的负荷电量数据，计算各区域电量负荷增长变化率，研判区域发展趋势。在部分区域间将出现负荷迁移变化的情况下，能够精确超前定位区域负荷、电量变化情况，涵盖区域、行业及用户用能画像，为地区电网规划提供参考。有了精准负荷预测数据，就可以进行自动布点布线。自动布点功能主要是基于空间负荷预测结果，完成开关站、分界室的自动布局，包括数据校验、供电单元划分、站点自动生成三个步骤。自动布线是在完成开关站与分界室的自动布局后，由系统自动完成变电站与开关站、分界室，分界室与分界室之间的线路规划。智能路径规划两个约束条件：一是躲避网格，沿道路规划路径；二是自动完成双环网、“两供一备”的接线模式。自动布线采用改进蚁群算法，遍历所有可行路径，综合考虑初始投资和理论线损，寻找经济最优布点布线方案。

在生产专业中，可以通过“电力地图”将各个街区信息、用户个人信息、用户用电信息、地理信息、气象信息以及当地的经济信息等汇聚分析，得出用户用电行为规律，为电网负荷预测提供重要依据；还可以辅助能源决策与投资旧线路检修，根据环境、日期等因素对用户用电需求进行周预测，利用用户感知模型对其用电需求曲线进行修正，扫描2周内用户感知最小的时间段安排检修计划。

2. 智能监测数据的外部交易

外部交易中主要面向政府和企业提供数据分析产品。目前电网企业在电力大数据价值变现交易的初期，主要的需求方应该设定为政府和企业。企业是当前电力大数据价值变现交易的潜在用户。电力企业技术资本密集，自然会形成相关企业的关注，这是电力大数据面向企业交易的物理基础。电网企业可以研究这些企业的数据需求，在场景设计的基础上，通过建立数学模型和计算方法，研究满足这些企业需要的数据产品，通过数据产品价值变现交易实现电网企业与相关企业的供应链价值最大化。

下一步，电网企业还可以通过与外部专业数据公司合作，更进一步挖掘数据价值，开展大数据经营。大数据经营与电力生产经营另一个区别是社会用电量需求是确定的，而大数据市场需求规模却在一个很大的范围内变化，很多潜在需求只有经过挖掘后才能变成现实的有效需求。由于数据变现交易非常复杂和特殊，电网企业技术人员对此并不熟悉，特别是在市场开拓的初期，无论从拓展市场的角度，还是从风险分担机制的角度，电网企业应该与外部专业数据公司合作，共同开发电力大数据价值变现这个蓝海。

内部应用变现与外部交易变现其实不是孤立的，可以也应该相互配合。比如向政府提供更多更高质量的外部数据服务后，国家会受益，这样可能导致政府在意愿和财务能力上对电网企业采取更加宽松的管制政策。根据有关资料，欧洲国家把大数据运用到公共领域，政府每年可以减少1000亿欧元的开支，每年支出降低15% ~20%，效率提高0.5%，政府则通过宽松的管制政策让企业分享收益。

3.引入其他智能监测商数据交易

当前部分公司已经为客户提供了各种各样的用电智能监测系统。如腾讯基于物联网的安全用电智能监测系统，基于物联网的数据感知与采集，基于云计算的大数据存储与分析，基于Android、IOS的智能手机应用程序，通过手机、IPAD等移动终端设备，用户实时查看电压、电流、温湿度、剩余电流等安全用电参数；同时对企业整体用电结构进行建模，配合企业生产自动化控制系统，为用户提供问题原因和处理措施建议。腾讯云服务器CVM帮助用户快速部署可扩展、故障自修复的低压配电监测应用程序。云端SDK支持低压配电监测应用程序快速、稳定调用已有设备数据。腾讯云商业智能分析服务为用户提供负荷、线损等低压侧数据的多维分析和报表展现。通过智能AI算法和边缘计算，优化三相不平衡和无功补偿的优化策略，提高供电效率，保证经济运行。智能监测子生态可以通过构建一套标准的数据规范体系，将其他智能监测商的用户监测数据纳入其中。

二、用能诊断

从德国售电市场分析可知，高质量的信息和数据处理经验是售电公司的隐形竞争力。高质量的信息和数据处理经验本身并不是营销的直接手段，却是将公司业务拉开差距的基础，是售电公司在自身发展壮大的过程中长期积累的核心竞争力。高质量、广覆盖的用户信息不是每一家公司可以轻易拿到，营销工作中的数据挖掘也不是简单的数据处理，要做好这两点，除了有技术之外，还需要依靠公司的规模、实力和经验，这也是为何德国售电市场上成功的公司多有传统能源集团背景的原因。

用能诊断可分为浅层诊断服务和深层次诊断服务。如电网企业可以通过客户的用电历史数据，基于大数据浅层次分析，为用户提供近年来的用电数据趋势等。如动态地分析（以小时为单位）电力用户的目前用电状况和未来的可供选择的电力使用方式，为电力用户提供可供选择的电力使用方式的经济分析。

第二个层次是节能降耗的咨询单位通过对用能单位的深入分析提供的咨询服务报告，需要专业知识和数据支撑，所以需要第一个层次的支撑，此深层次的分析工作可以由电网企业自己完成，也可以有其他的节能降耗咨询单位参与或独立完成。

通过市场化的能源供应及能源服务吸引用户，捕捉用户用能需求，通过用户参与、用户互动等方式，将用户流量吸引到能源数据挖掘，通过创新商业模式获取利益及价值；以能源管理为业务核心即通过信息化管理手段帮助用户管理能源使用情况、统计能耗数据、维护客户关系、处理日常业务；以能源数据挖掘为价值创造点即利用大数据、人工智能等技术，结合丰富的优质算法，为用户提供能效分析、设备诊断、虚拟电厂调度等增值服务。

政府方面，电力需求变化能够真实、客观地反映国民经济的发展状况与态势。通过分析地区、行业、企业、居民的用电信息，并与电价、补贴、能耗指标等相关联，有助于政府和社会更好地了解和预测区域和行业发展状况、用能状况以及各种政策措施的执行效果，为政府就产业调整、经济调控等做出合理决策提供依据。用户用电数据、电动汽车充电站充放电数据以及包含新能源和分布式能源在内的发电数据也是政府优化城市规划、发展智慧城市的重要依据。例如通过电力经济指数分析“电力经济指数趋势图”，可以按月度与季度将不同地域、不同产业的经济波动情况简洁、直观地进行呈现。加入如数据表示某地区第三产业经济增速持续稳固提升，通过第三产业下沉到具体的行业分析，可以发现增速平稳与该地区产业结构调整大力发展数字经济存在正相关关系。在此基础上，可以按照数字产品的工艺流程，组装图标与文字，编写形成《某地区电力经济指数报告》提供给政府。通过指数分析，可以快速获取区域与产业最新发展趋势，对政府发展和改革委宏观经济分析监测预测工作具有很高参考价值。

三、节能改造

狭义上的节能改造是为了运行方式、多联供等改造，围绕节能改造有技术供应商、工程实施单位等，电网企业通过建立平台，可以对节能改造提供支撑，也可以作为节能改造的集成商。

节能改造是指由专业节能服务机构对客户能源使用状况进行全面检测、诊断及分析，帮助客户查找用能的缺陷和问题，提出可供选择的节能措施、建议设计方案和预测节能量，在与客户签订服务合同后，组织能源使用改进或改造项目设计和实施节能改造，帮助客户实现用能系统优化和节能降耗、节省用能费用的全程式服务。合同能源管理是节能服务通常采取的方式，它是一种集前期各种检测、诊断、设计、中期融资、采购、安装、后期节能测定及跟踪服务为一体的系统服务方式，有的还包含能源审计、运行管理及维护等工作。

节能改造的对象主要为电力客户的终端用能设备，以及与用电环境条件有关的设施，主要有六个方面：一是电力客户端的主要用电设备，如电动机系统、照明系统、空调系统、电热、冷藏、电化学、热水器等；二是能够与电能相互替代的用能设备，如以燃油、燃煤、燃气、沼气、太阳能等作为动力的替代设备；三是与用电有关的余热回收，如热管、热泵、余热和余压发电等；四是有关电能利用的蓄能设备，如热水蓄热器、蒸汽蓄热器、电动汽车蓄电瓶等；五是自备发电厂，如抽汽式、自备背压式热电厂，以及柴油机电厂、燃气轮机电厂等；六是与有关用电的环境设施，如建筑物的自然采暖、保温和自然采光及遮阴等。

目前，从国内外节能服务市场运行情况看，实施节能项目都是通过节能服务公司与用能单位合作完成。总结双方合作的基本战略、主要方式，以及节能服务公司利用各自的行业资源、专业技术等优势，逐渐形成了四种具有代表性的运营模式，即节能效益分享型、能源费用托管型、节能量保证型和节能设备租赁型。

（1）节能效益分享型。这种模式在目前最为普遍，一些办公用电单位以这种模式与节能服务公司开展合作。其主要特征为：实施节能项目所需要的资金由节能服务公司承担，同时在项目实施中全程、全方位服务，并在约定的合同期内，对实施客户节能项目所产生的节能效益按照与客户约定的比例分享，在合同期满后客户全权拥有节能项目及节能效益。

（2）能源费用托管型。这种模式的主要特征为：客户单位节能项目的实施委托有资质的节能服务公司来完成，其能源节能系统的运行和管理也由节能服务公司全面负责，客户按照合同约定支付能源托管费用。在此过程中，节能服务公司的收益除了客户支付的托管费外，更多的则来源于通过能源效率提高而降低能源费用支出、按照合同约定全部拥有或部分拥有节省的能源费用。而客户的收益则主要来源于减少的能源费用承包额。

（3）节能量保证型。这种模式的主要特征为：实施节能项目所需要的资金由节能服务公司承担，并负责项目实施中的全程、全方位服务及最终节能效果。客户单位则按照能源管理合同约定，支付服务费用给节能服务公司。但如果在双方约定的合同期限内，节能项目达不到承诺保证的节能量或节能效益，则由节能服务公司按照合同约定向客户赔偿节能量或节能效益的差额。

（4）节能设备租赁型。这种模式的主要特征为：客户单位与节能服务公司签订能源管理合同，以租赁方式使用节能服务公司出资购买的节能设备，并按照合同约定在一定期限内向节能服务公司支付租赁费用，租赁期限结束，节能设备归属客户单位全权拥有。

四、经济运行

经济运行包括但不限于节能改造，其主要内容包括五个方面：

（1）提高能效。即通过激励措施使客户改变用电浪费习惯，淘汰低效用电设备，使用高效用电设备，从而实现在满足正常用电效果中减少电力消耗和需求。

（2）管理负荷。管理负荷又可称为负荷整形。采用合理的技术和经济措施调动客户积极性，调整其负荷曲线形状，从而降低电力峰荷需求或增加电力低谷需求，提高系统的用电能效和企业的生产效益，实现可靠供电。

（3）余能回收及能源替代。通过成本效益分析，一旦电力客户的设备使用其他能源比使用电能效益更好，就应当采取能源替代措施，更换使用其他能源形式的设备，从而减少电力使用。同时，客户还可以在条件允许时利用余能回收发电，减少从电力系统取用电能。

（4）分布式电源。在电能利用中，客户一般考虑可靠、经济和因地制宜相关因素，有的自装了各种自备电源，如电池储能逆变不间断电源（UPS）、柴油发电机、自备热电站、风力发电系统、太阳能发电系统、联合循环发电系统等。电力系统把这些自备电源接纳并统一调度，则能实现减少电力系统中的电能供应量。

（5）新用电服务项目。为了电能利用效率的提高，电网企业要开展宣传和咨询活动，如节电咨询、节电宣传教育和能源审计等。根据地区情况差异，需求侧管理工作的重点也不一样。如在新建电厂造价昂贵、负荷峰谷差较大、峰期供电紧张的地区，应当将减少电力空耗放在首位。而在发电燃料比较昂贵、环境约束比较苛刻的地区，则应当以节电为重。

第四节　线损管理生态化支撑体系

一、线损管理生态系统的支撑体系

（一）硬件支撑体系

硬件支撑体系主要由三个层次构成，最底层为电网企业各类生产平台，中层为智慧线损管控平台，顶层为服务与交易平台。

智慧线损管控平台除信息集成分析外，必须具备信息共享功能。信息共享的主要内容包括电能量数据、设备档案数据（设备参数及拓扑）、用户档案数据（容量、性质、地点、接入点）、指标数据等。电网企业内部通过数据中台进行分享，外部通过服务与交易平台进行共享。同时服务与交易平台还需提供实时获取电能量数据、参考数值、排名、信息发布、信息搜索、信息聚类等关键分析功能。

（二）软件支撑体系

软件支撑体系包括参与机制、信用机制、结算机制等内容。

1. 参与机制

电网企业内部参与方按专业岗位角色进行注册；外部参与方按用户类型、服务提供者类型进行注册，由服务与交易平台审核服务提供者资格。

2. 信用机制

电网企业内部各专业贡献度的评价机制以“每一分努力都有收获，精益化差异化考评”为原则进行建设，其中规划专业以对电网规划提出的改进点收益进行评价；运行专业以对电网经济运行优化的效果进行评价；生产专业以对电网经济运维的效果进行评价；营销专业以对用户用能优化的效果进行评价。

外部服务的评价机制包括用户评价和平台评价。用户评价指用户根据所购买服务的质量和效果，对服务提供方进行评价；平台评价主要为资质类评价，根据服务提供方资质情况和用户评价累计情况，对服务提供方进行资质评级。

3. 结算机制

电网企业内部结算机制根据绩效指标进行差异化考评，根据贡献点结算单位整体来分降损效益。外部结算机制由服务供应方和用户直接进行经济结算。

二、线损管理生态系统的商业模式

线损管理生态系统将供应商和客户通过渠道进行连接，并提供数据信息服务、金融服务和中介服务等平台服务，从而不断培育线损管理生态系统的商业模式，如图5-8所示。

与其他企业生态系统相比，在线损管理生态系统平台提供的三大服务中，金融服务中的碳交易和碳金融服务是线损管理生态系统商业模式的创新和特色之处。

碳排放权作为金融资产的特殊性，主要体现在被市场赋予的双重属性——商品属性和衍生的金融属性。前者反映碳排放权本身供求关系的变化对价格走势的

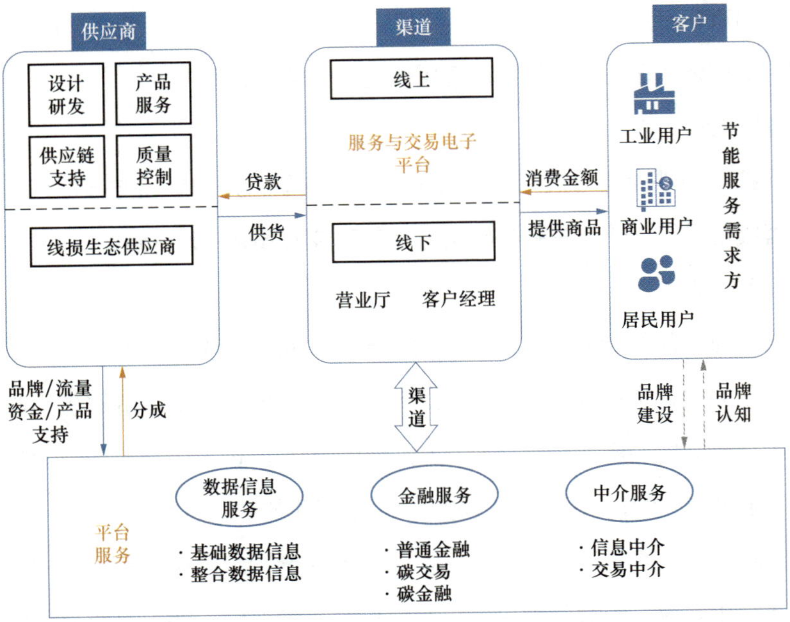

图5-8　线损管理生态系统的商业模式

作用，后者则主要体现在利用金融杠杆促进市场流动的市场行为。

碳排放权首先作为商品买卖，各国为达到碳减排指标或自身碳中和需要而进行买卖，这类简单的碳商品现货买卖主要体现出的是商品属性。随着碳市场的扩大，各类具有投资价值和流动性的金融衍生工具，如碳期货、碳期权、碳互换、碳排放信用、碳排放证券等逐渐开发出来，吸引大量投资资金介入，利用金融杠杆投机炒作，从而体现了其“泛金融属性”的特征。与此同时，它的特殊的价值取向也推进了其从商品属性向金融属性的转换。

碳排放权交易紧密连接了金融资本与低碳实体经济：一方面，金融资本直接或间接的投资于节能减排的企业与项目；另一方面，来自不同企业和项目产生的碳减排量进入碳金融市场进行交易，并被开发成碳金融现货及碳衍生品。碳排放权逐渐衍生为一种金融资产，以金融资产的模式活跃在金融市场。

如碳排放权抵质押融资就是一种新型的绿色信贷产品和融资贷款模式。控排企业可将自身拥有的碳排放权作为抵押物实现融资，大大降低了融资成本。发展基于碳排放权等环境权益融资工具，以碳配额作为抵押物发挥担保增信功能，是碳配额作为企业权利的具体化表现，不但能有效盘活企业碳资产，拓宽企业绿色融资渠道，更能破解环境权益抵质押融资难题，促进企业节能减排、绿色转型发展。

三、线损管理生态体系发展场景模拟

1. 孵化阶段

在孵化阶段，智能监测和用能诊断市场初步建立，节能改造和经济运行市场初步探索。

电网公司在线损智慧管控平台功能基本完善的基础上，初步建立服务与交易平台，初步建立交易结算机制和配套机制，吸引部分用能客户、节能公司、配套公司（设备提供商、施工单位等）参与进来，在平台中注册并完善信息。为吸引并孵化节能公司，电网公司提供优惠政策扶持，包括3年的免费信息服务、必要时提供技术咨询等。

电网公司利用线损智慧管控平台，统一挖掘有节能需求和潜力的用户，例如梳理月度力调电费超过一万元的用户清单；同时在交易平台中开展网上招商，对报名的节能公司进行资质审核；对潜力用户和节能公司进行匹配，提供双方联系信息，撮合双方达成节能服务交易。

平台孵化的节能服务公司主要可分为三种类型：一是独立的节能服务公司，其服务范围比较广泛，根据其专业优势和市场定位，可包括学校、医院、商业建筑、公共服务设施、政府机关、居民和工厂企业等。二是附属于节能设备制造商的节能服务公司，此类公司主要目标是通过节能服务推销自身所生产的设备，以自己所生产的设备，组合各种成熟技术，打开节能服务市场。三是附属于公用事业公司（电力公司/天然气公司/自来水公司）的节能服务公司，如电力公司开办的附属节能服务公司，不仅能弥补因节电而引起的电力公司的销售损失，还可以通过节能服务公司的服务提高供电质量，改善电力公司在电力供应市场中的竞争地位。

孵化阶段的交易流程为：第一步由电网公司根据供需双方信息，撮合双方对接，双方先通过交易平台进行初步交流，然后根据需要进行线下实地深入交流；达成交易意向后，由电网公司根据电费缴纳信用，为双方进行信用担保，收取佣金；双方正式签订合同，进行节能改造实施，期间电网公司为节能公司提供数据，同时根据需求指导节能公司技术或者服务，为节能公司提供设备供应商名单、施工方名单等。

2. 发展阶段

在发展阶段，智能监测、用能诊断、节能改造和经济运行四个市场的市场主体进一步增加，市场进一步活跃。

电网公司方面，随着线损智慧管控平台功能完善，数据共享和分析能力进一步提升；服务与交易平台不断发展，相关规则进一步完善，越来越多的客户和厂商入驻，平台交易日趋活跃，交易量和交易规模大幅增长，电网公司开始适度按照合同金额比例收取服务费。

客户方面，随着免费用能信息的获取，客户习惯逐步改变，部分客户逐步养成按期购买进阶版专业用能诊断报告、按需购买节能服务的习惯。

节能公司方面，随着市场的发展，在平台中注册和提供服务的节能公司数量增加，平台中已有的部分节能公司规模进一步扩大。

设备供应商：随着节能服务市场的不断发展，市场竞争逐步激烈，设备供应商研发性价比更高的节能设备的创新动力更足，各种节能设备技术创新不断增加，节能效果进一步提升。

3. 繁荣阶段

在繁荣阶段，智能监测、用能诊断、节能改造和经济运行四个交易市场基本成型。

电网公司方面，线损智慧管控平台功能数据共享和分析能力优异；服务与交易平台基本完善，平台交易量和交易规模达到一定规模，电网公司按照合同金额比例收取的服务费已成为公司盈利点之一。

客户方面，多数用户养成订阅节能诊断报告的习惯，规上企业都养成了在平台中购买节能服务的习惯。

节能公司方面，已培育出一定数量的专业型供应商和综合型供应商，其中有3～5家在国内市场处于竞争优势。

第五节　线损管理生态化的实施路径

线损管理生态化的实施路径分为近期（2022年）、中期（2025年）和远期（2035年）三个发展阶段，如图5-9所示。

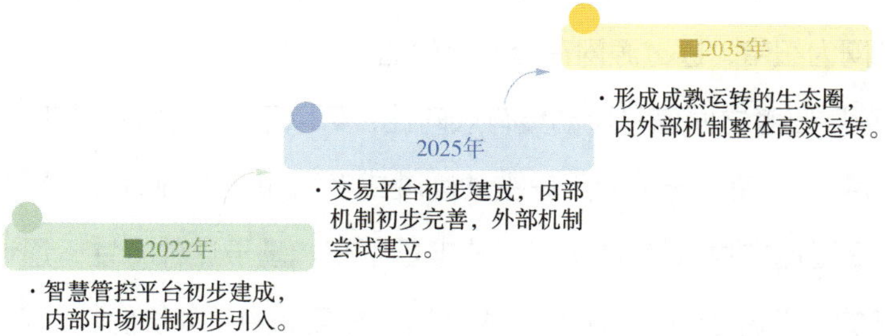

图5-9　线损管理生态化的实施路径示意图

一、近期目标（2022年）

智慧管控平台初步建成，内部市场机制初步引入。

（一）建立线损精益管理交易机制

通过货币化、积分等方式使线损价值显性化，鼓励各方开展交易、友好互动，推进价值生态链形成。

1.建立经损概念

在线损计算和展示中引入电价概念，按照工业用电、商业用电等不同用电性质，直观展示线路平均电价，展示评价电网设备和供电企业各层级的“量价费损”，将线路损失与经济直接挂钩，实现线损货币化展示。

2.探索多元化价值交易

随着数字化手段和线损价值显性化日趋成熟，鼓励价值自由流动，各方自发开展交易，例如以绩效奖励、积分等，基于员工自身需求相互交易工作任务、培训机会、休假；给予企业用户降损节能积分，以积分兑换优先抢修、用电指导等服务。逐步形成内外部各方基于自身需求的交易机制，最终形成线损精益管理价值生态链。

（二）初步探索线损管理价值共创

通过源网荷储把电力生产的上下游各角色纳入价值生态链、与客户开展多方式共创节能，在互动服务中实现精准节能，进一步促进价值生态链形成。

1.以电网为纽带，通过源网荷储聚合价值

“网源荷”三者之间信息流动具有双向性，可以不通过调节常规电源出力，而是利用市场手段，使得一部分用户主动削减或者增加一部分负荷去平衡发电侧出力的变化，即通过需求侧管理实现系统电量平衡。基于这种特性，通过源网荷储把电量生产的上下游各角色纳入价值生态链，在互动中共创价值。

开展了源网荷储试点，针对当地农村户用分布式光伏数量多、分布广、台区存在倒送的特点，选择白天光伏上送负荷较大、夜晚用电负荷较大的典型台区，开展微电网试点，在现场安装储能充放电控制设备，将监测到的数据实时传送到云平台，通过合理控制充放电量，实现双向精准节能。

2.以客户为中心，与客户共创价值

通过优选引进国内最先进的124888编码多挡全相精准无功补偿装置，填补了中低压无功补偿的空白。一方面为客户提供技术支撑，为客户量身定制一户一案的无功补偿方案，引导客户进行设备投资，大幅减少客户力调电费，帮助客户提升经济效益。另一方面保障电网末端安全，实现10kV线路无功补偿精准配置，提高末端电压质量和供电能力。同时，借助全相无功补偿装置控制器的物联终端，建设客户综合能源管理云平台，实时监测客户功率因数、设备运行状态、用电习惯等信息，为客户提供能耗分析、负荷特性分析、用电成本分析等服务，指导客户进行节能管理、损耗治理和设备改造。

二、中期目标（2025年）

交易平台初步建成，内部机制初步完善，外部机制尝试建立。

到2025年，线损管理生态化内循环链条基本完善，班组内部线损管理分工明确，价值核算清晰，交易机制运转完善；专业间线损相关工作价值回报清晰，交易机制初步建立。外循环链条初步建成，电网企业和政府、客户等外部机构间的价值共享共创机制初步建成。综合线损管理水平达到国内领先水平。

三、远期目标（2035年）

形成成熟运转的生态圈，内外部机制整体高效运转。

到2035年，线损管理生态化内循环链条和外循环链条整体高效运转，综合线损管理水平达到国际领先水平。

1.以市场为导向的跨组织资源聚合

借助互联网技术，基于大联盟构建，将地方科委等事业单位联盟、高等院校等科研单位、公司内外优秀创新工作室、可信度高的风投基金等聚合起来，创造满足市场需求的技术和产品。甚至可以基于长期项目合作和深度市场研究，长期开展趋势研究，预测市场需求，做好资源整合计划和初步研究，占据市场前沿，建立较为稳固的技术和产品优势。

交易机制，可以引入其他方、投资，给客户提供服务，与其他企业保持密切合作，填补资源或产品的短板，并依托超越企业自身边界的生态伙伴拓展顾客群体。

合作伙伴助推生态组织中的业务团队迅速抓住市场机遇，提供更充实的内容和服务，扩围自身核心技术和能力，以及快速规模化满足市场需求。伴随着合作伙伴数量的日益增加，市场化生态组织需要知晓如何以最佳方式使用和构建合作伙伴模式。

2. 超越区域与组织的协同价值提供

借助互联网技术，极大的延展线损管理的工作界面，使不同地域、不同组织、不同专业的优秀人才以及各种资源参与到创新项目中，形成有序、高效、稳定的跨区域、组织协同开发模式。创新的主体甚至发起方都将是多元的，线损管理成为创新项目中的一个活跃因素，发挥自身优势积极参与创新，获得相匹配的收益。

3. 平台扩展，创新服务形式、提供新的产品、服务

借助互联网技术，使创新技术或产品的推广、发布和交易更加便捷。一是扩大推广、发布的范围，使更多的潜在客户了解新技术或产品。二是精准化推送和宣传，通过数据的积累和分析，快速准确的找到目标客户，在成果完成阶段即可推送项目进展、成果，甚至可以吸引目标客户参与成果转化，协同完成产品化及后续的推广和销售。

附录 A
基于数字化平台的线损在线监测流程再造

A.1 关口

A.1.1 变电站关口

1.新增

变电站关口新增主要发生在设备新增或变更时，首先，由调控中心下达投运批准书（属于分区关口的设备新增时，发展部同时下达关口文件），并在PMS系统和SCADA系统内进行铭牌创建和设备维护；接着，运检部完成PMS系统模型创建及参数录入工作；属于10kV公用线路，PMS系统建模投运后直接推送至SG186系统，否则需营销部创建线路信息，然后才能进行表计挂接、GIS拓扑图维护和用户信息归档工作。以上流程完成后，源端系统完全具备建档接入条件，各专业按照职责划分进行同期系统档案接入和维护，完成设备和关口新增流程，如图A.1所示。

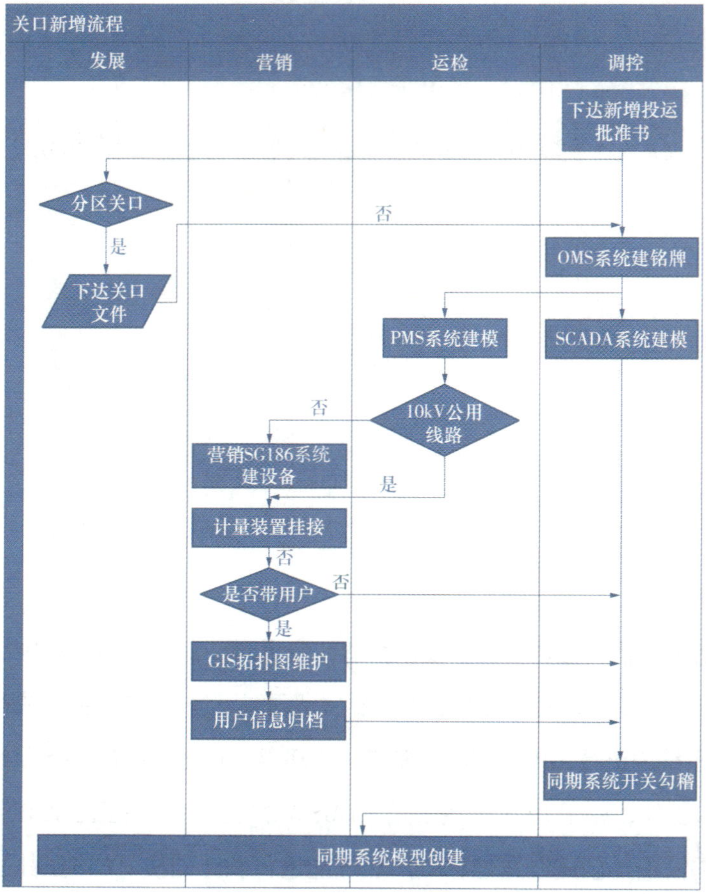

图A.1 变电站关口新增流程图

2. 退运

变电站关口退运主要发生在设备退役/停运或运行方式变化时，属于用户设备退运的，流程从营销部接到用户销户申请书开始；属于供电资产退运的，流程从运检部发起设备退运申请单开始；调度安排停电计划，设备解引后，属于分区关口的，发展部下达分区关口取消文件，退运相关设备或计量装置转运检（冷备用）或拆除。其中，带用户的关口，需要先在GIS拓扑图中删除拓扑关系，拆除计量装置，同时在营销SG186系统中完成销户流程。相关专业按照职责划分分别在同期系统内将模型设置为失效，次年将模型删除。变电站关口退运流程如图A.2所示。

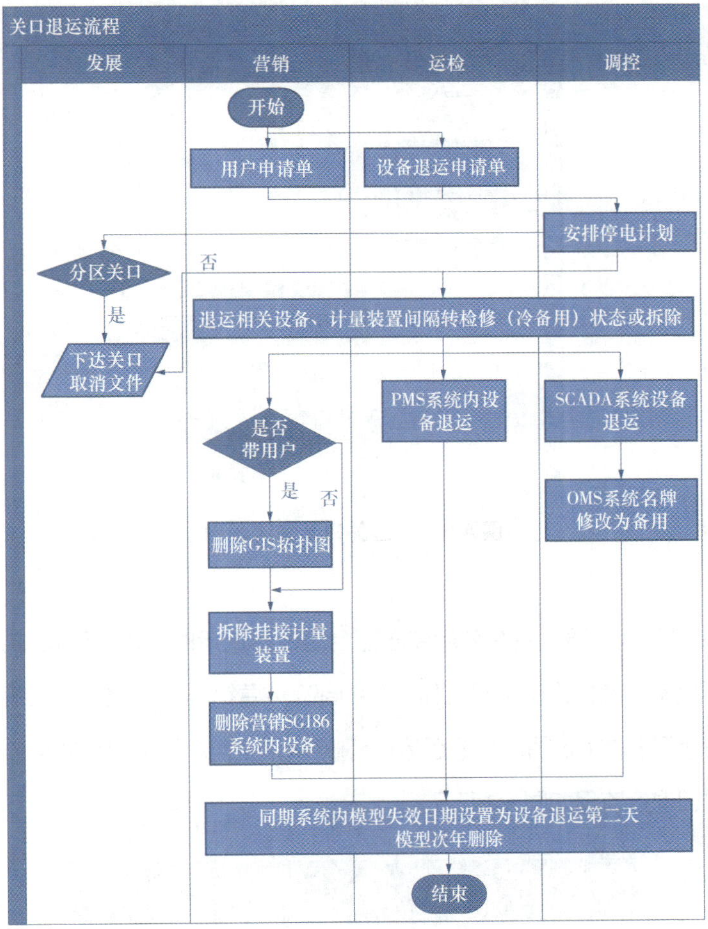

图A.2　变电站关口退运流程图

A.1.2　台区关口

1.新增

台区关口新增主要发生在设备新增或用户资产移交时，主要由各县公司自行管理，首先由运检部确定新增方案；现场施工完成后，运检部负责完成现场定位并在PMS系统内进行模型创建和参数录入；设备投运后，由营销部进行表计挂接及用户档案接入工作，之后推送至同期系统，手动生成模型后即可在同期系统内进行台区线损率计算。台区关口新增流程如图A.3所示。

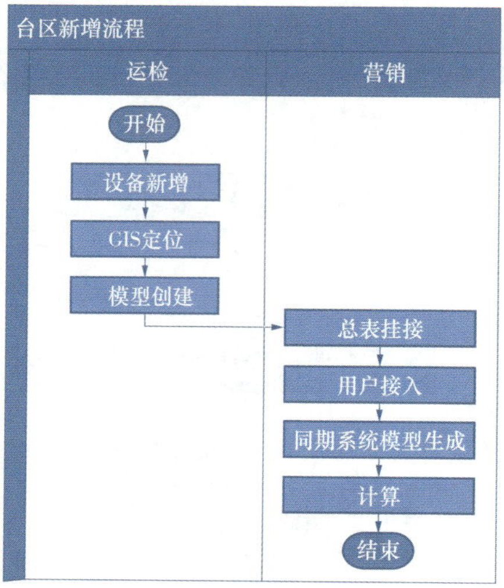

图A.3　台区关口新增流程图

2.退运

台区关口退运主要发生在公用变压器台区设备退运时，首先运检部完成台区所带用户现场倒接、台区设备拆除工作，营销部完成营销SG186系统内用户所属台区倒接，拆除总表及删除GIS图形，最后运检部删除台区相关资料，同期系统自动退出计算。台区关口退运流程如图A.4所示。

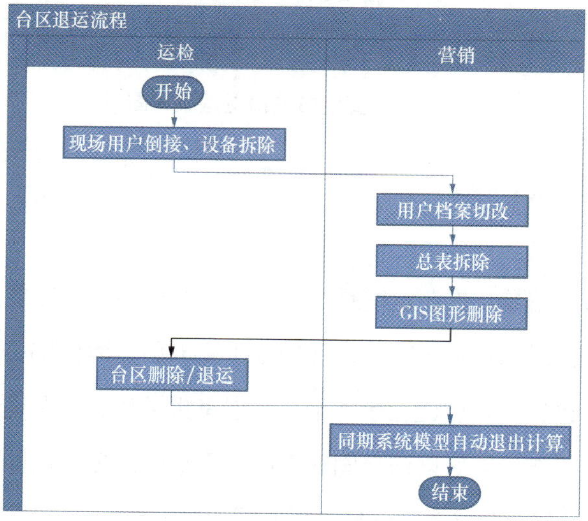

图A.4　台区关口退运流程图

A.2 母线

因母线与输电线路和主变压器的计算原理、异常原因及解决方法类似，故下面仅对母线进行说明。

A.2.1 计算模型

母线计量规则是流出母线为正极性，流入母线为负极性，以110kV母线为例说明计算模型的配置，如图A.5所示。

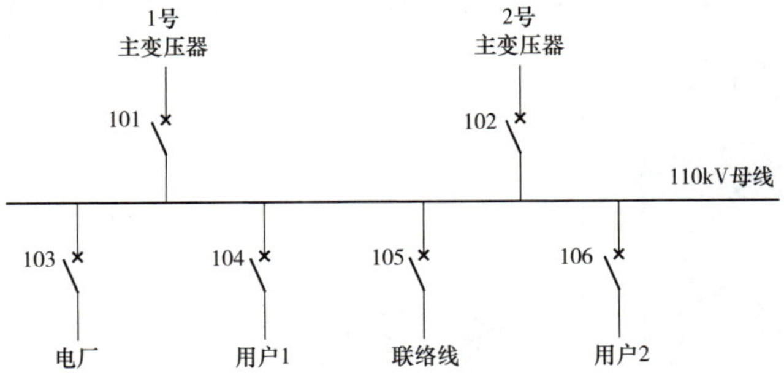

图A.5 10kV母线计算模型示意图

母线输入=101（反）+102（反）+103（反）+104（反）+105（反）+106（反）

母线输出=101（正）+102（正）+103（正）+104（正）+105（正）+106（正）

A.2.2 系统建模流程

系统建模流程如图A.6所示。

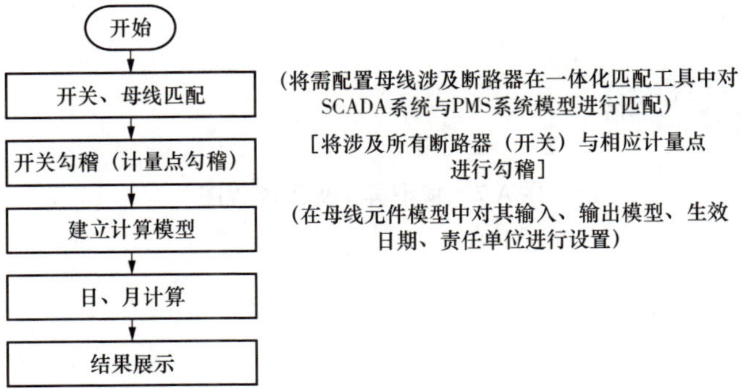

图A.6 系统建模流程图

A.2.3 异常分析定位流程

母线电量不平衡异常原因包括模型异常、档案异常、采集异常、计量异常、无功功率因数较低、负荷较小等。

1. 模型异常

模型异常处理流程如图 A.7 所示。常见模型异常原因和修正办法见表 A.1。

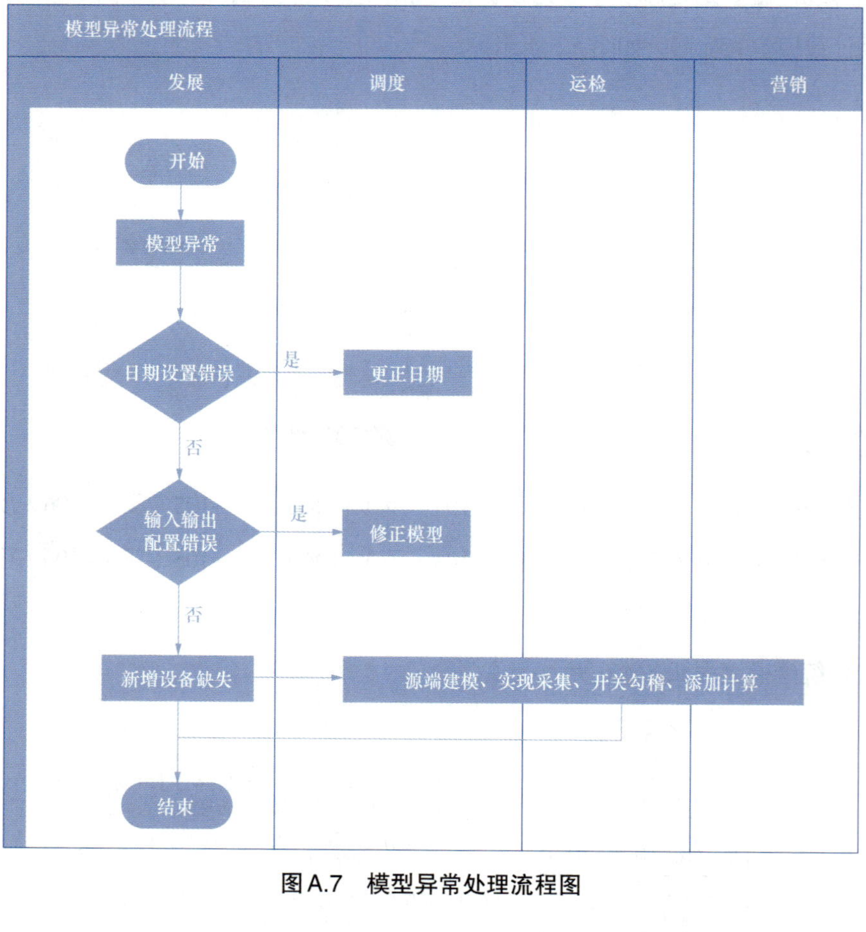

图 A.7　模型异常处理流程图

表 A.1　　常见模型异常原因和修正办法

异常类型	异常原因说明	修正办法
日期设置错误	在运母线模型生效日期在计算日期之后	元件模型配置中找到相应的母线修正
	在运母线模型失效日期在计算日期之前	元件模型配置中找到相应的母线修正
	在运输入、输出开关生效日期在计算日期之后	元件模型配置中找到对应开关修正
	在运输入、输出开关失效日期在计算日期之前	元件模型配置中找到对应开关修正
	在运计量点生效日期在计算日期之后	计量点抄表例日配置中找到对应计量点修正
	在运计量点时效日期在计算日期之前	计量点抄表例日配置中找到对应计量点修正
输入/输出配置错误异常	同一开关只配置一个方向但另一个方向有电量	元件模型中配置对应开关的另一个方向
	不属于本母线开关配置在该母线模型中	元件模型配置中删除不匹配开关
	输入/输出开关表计方向、计算关系勾选错误	元件模型配置中更正
	开关与勾稽计量点不对应	关口配置中更正
新增设备缺失	未将新增设备添加参与计算	母线元件模型配置中新增输入/输出
	新增设备未进行开关勾稽	关口配置中进行相应开关计量点/测点勾稽
	新增设备未进行断路器匹配	数据治理工具中将SCADA和PMS断路器匹配
	采集系统无此开关，即此开关无采集	SG186系统挂接计量装置并通过采集调试
	采集系统该表计电压等级无效	厂站采集系统中将表计电压等级进行修正
	SCADA系统未建模导致无法进行开关匹配	SCADA系统完成模型创建发布
	PMS系统未建模导致无法进行开关匹配	PMS系统完成模型、台账参数录入和归档
	OMS系统未建铭牌导致PMS\SCADA无法建模	OMS系统完成铭牌创建工作

2. 档案异常

档案异常处理流程如图 A.8 所示。常见档案异常原因和修正办法见表 A.2。

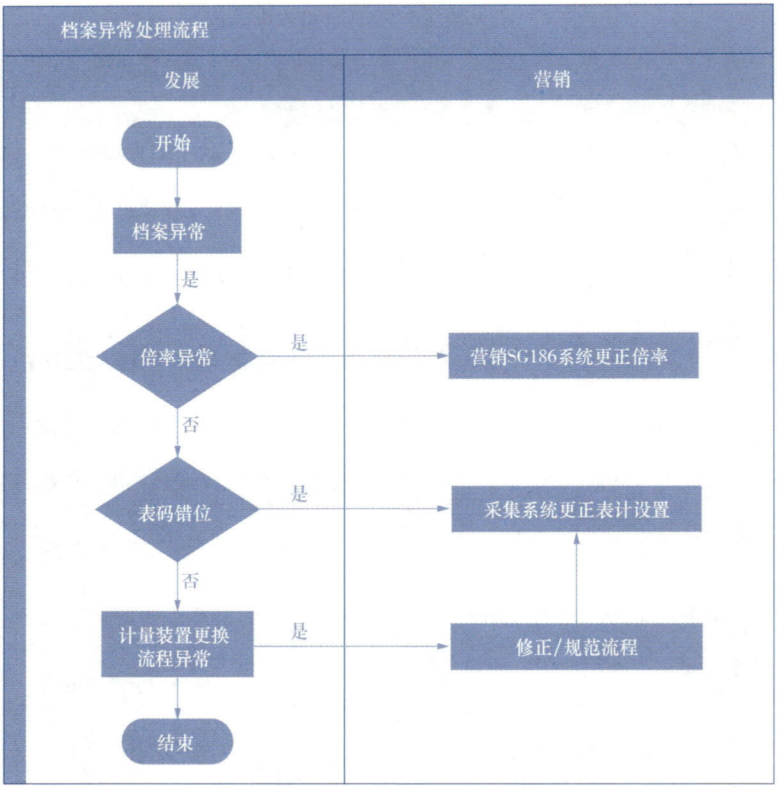

图 A.8　档案异常处理流程图

表 A.2　常见档案异常原因和修正办法

异常类型	异常原因说明	修正办法
倍率异常	SG186 系统倍率录入错误/与现场不符	SG186 系统更正正确互感器
	SG186 系统电压互感器未维护	SG186 系统发起流程维护电压互感器信息
表码错位	系统调试原因导致表码错位	SG186 系统发起流程至采集系统调试修正
	新增表计型号表码位数录入错误	变电站采集系统档案维护模块进行修正
计量装置更换流程异常	换表流程滞后	规范流程
	换互感器流程滞后	规范流程
	换表（互感器）前后表码录入错误	修正换表记录

3. 采集异常

采集异常处理流程如图 A.9 所示。常见采集异常原因和修正办法见表 A.3。

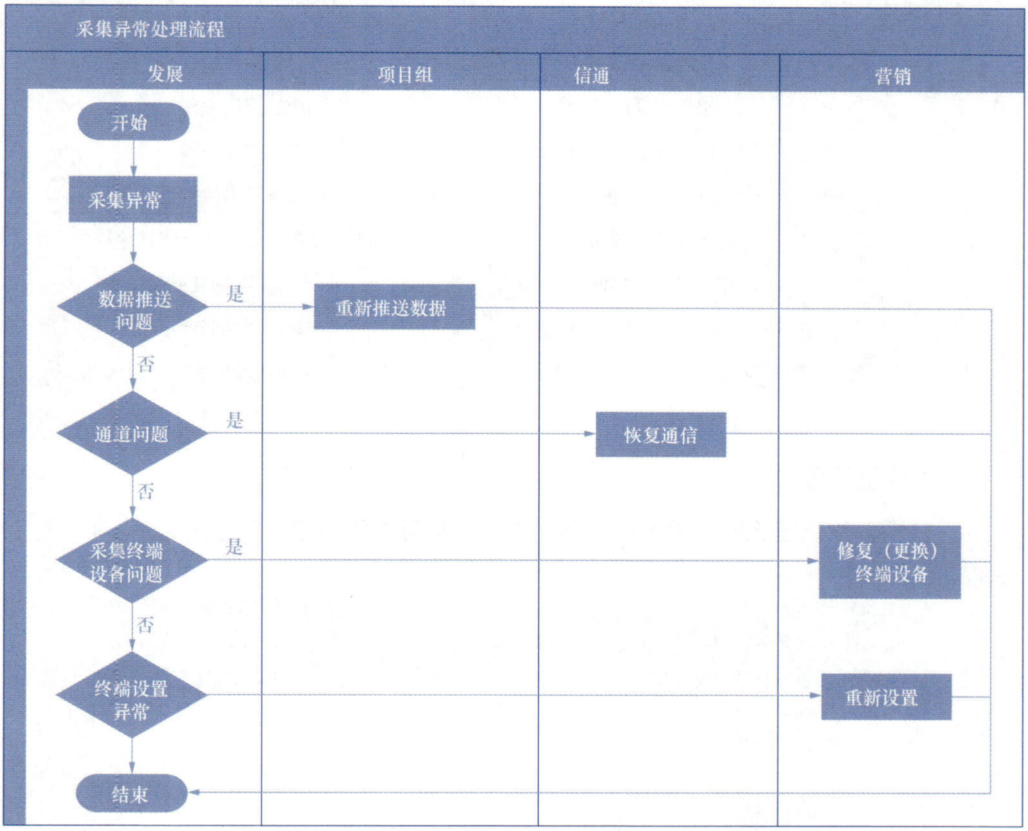

图 A.9 采集异常处理流程图

表 A.3 常见采集异常原因和修正办法

异常类型	异常原因说明	修正办法
数据推送异常	源端数据推送失败	源端厂家重新推送
	同期系统获取数据失败	同期系统重新获取数据
数据传输通道异常	网关不通	调试网络，恢复通信
	IP 不通	现场排查网络硬件故障
	路由器毁坏	更换路由器

续表

异常类型	异常原因说明	修正办法
数据传输通道异常	设备接口松动（毁坏）	重新插拔电缆（更换接口）
	电缆断裂	找出断点，恢复电缆，恢复通信
采集终端设备异常	采集终端接口损坏	更换接口
	采集终端死机	重启终端设备
	终端设备损坏（黑屏）	更换终端设备
终端设置异常	表通信地址设置错误	设置正确通信地址
	终端序号顺序错误	采集终端重新设置表计终端序号
	终端冻结时钟偏差	重新调整终端时钟点数
	未在终端设备中添加新增表计	采集终端内添加表计信息体
	未在系统内设置信息体	变电站采集系统内添加新增表计信息体

4. 计量异常

计量异常处理流程如图 A.10 所示。常见计量异常原因和修正办法见表 A.4。

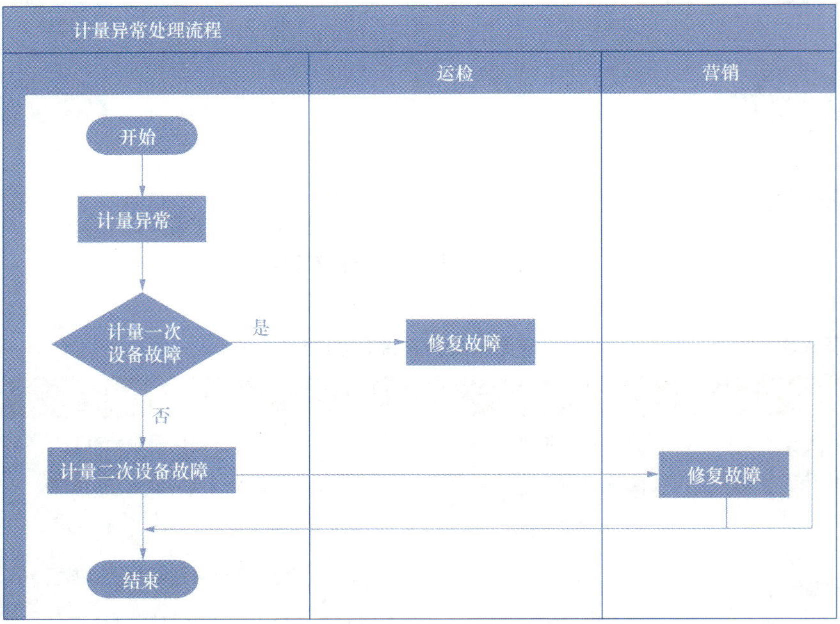

图 A.10 计量异常处理流程图

表 A.4　　常见计量异常原因和修正办法

异常类型	异常原因说明	修正办法
计量一次设备故障	失压	检修
	失流	检修
	TV（TA）烧损	更换
	互感器实测计量误差较大	更换
计量二次设备故障	表计损坏	更换
	表计计量不准/实测误差不满足要求	更换
	表计接线错误	恢复正常接线
	互感器二次接线错误	恢复正常接线
	光纤（数字表）等计量不准	更换智能电表

5. 功率因数偏低

功率因数偏低处理流程如图 A.11 所示。常见功率因数偏低的原因和修正办法见表 A.5。

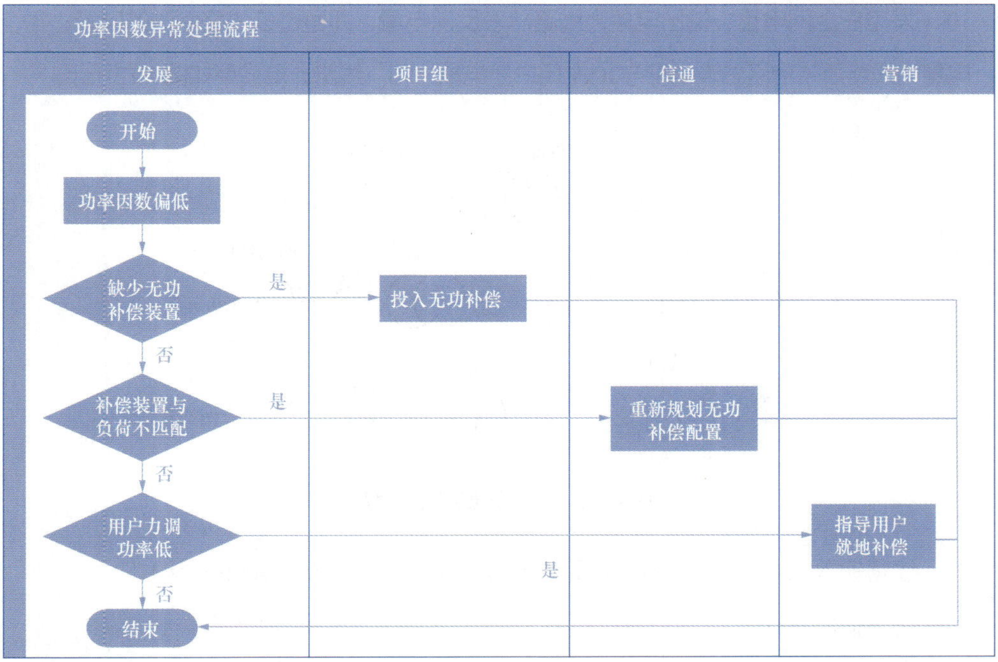

图 A.11　功率因数偏低处理流程

表 A.5　　常见功率因数偏低的原因和修正办法

异常类型	异常原因说明	修正办法
缺少无功补偿装置	变电站缺少无功补偿装置	增加配套无功补偿装置
	35kV 及以下配电网缺少无功补偿装置	按照就地补偿、分线路补偿的原则配置无功补偿装置
补偿装置与负荷不匹配	容量满足要求，谐波、电压平衡不满足要求	配置对应的串联电抗器解决谐波问题
	容量不满足要求	增加/减少并联电容器数量、配置点
用户力调功率较低	用户未自主投运无功补偿装置	使用力调电费作为引导手段、帮助用户配置无功装置
	用户已配置但投退不合理导致无功补偿不足	辅助用户配置和投退无功装置
	用户负荷不满足电网无功运行要求	重新核查负荷性质配置无功装置

A.3　配电线路

A.3.1　线路计算模型

配电线路模型计算以计量点为计算单元，输入输出模型通过同期系统配置，售电量通过源端档案和采集电量计算。输入电量为线路总表正向电量、台区反向电量和10kV 发电户上网电量；输出电量为线路总表反向电量，即通过该线路倒送的电量；售电量为线路所带台区总表电量与10kV 用户售电量之和。线路计算模型如图 A.12 所示。

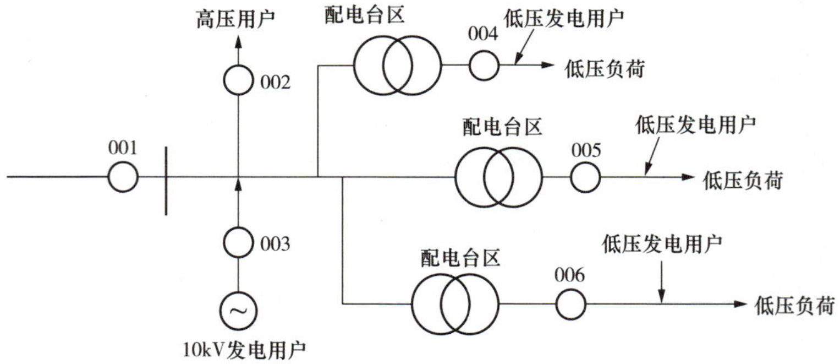

图 A.12　线路计算模型示意图

线路输入 =001（正）+003（反）+004（反）+005（反）+006（反）

线路输出 =001（反）

售电量 =002（正）+003（正）+004（正）+005（正）+006（正）

A.3.2 系统建模流程

系统建模流程如图 A.13 所示。

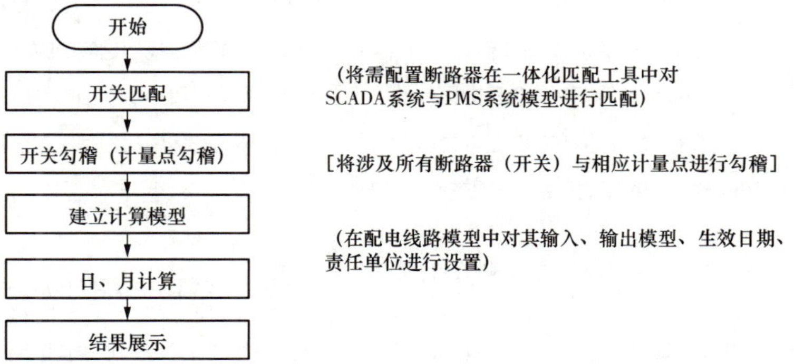

图 A.13 系统建模流程图

A.3.3 异常分析定位流程

配电线路电量不平衡异常原因包括模型异常、档案异常、采集异常、计量异常以及窃电、功率因数低、线路末端电压低等。

1. 模型异常

模型异常处理流程如图 A.14 所示。常见模型异常原因和修正办法见表 A.6。

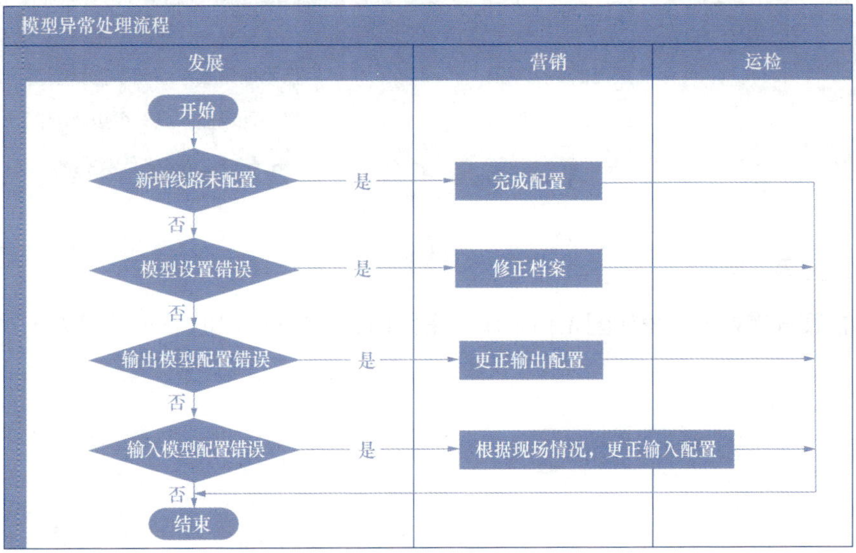

图 A.14 模型异常处理流程

表 A.6　　常见模型异常原因和修正办法

异常类型	异常原因说明	修正办法
新增未配置	表计挂接滞后	SG186 系统发起流程，完成计量装置挂接
	同期系统未配置	元件模型配置中找到相应的线路进行配置
模型设置错误	模型生效日期在计算日期之后	元件模型配置中找到相应的线路修正
	模型失效日期在计算日期之前	元件模型配置中找到相应的线路修正
	在运输入、输出开关生效日期在计算日期之后	元件模型配置中找到对应开关修正
	在运输入、输出开关失效日期在计算日期之前	元件模型配置中找到对应开关修正
	在运计量点生效日期在计算日期之后	计量点抄表例日配置中找到对应计量点修正
	在运计量点时效日期在计算日期之前	计量点抄表例日配置中找到对应计量点修正
	管理单位设置错误	元件模型配置中找到对应线路修正
	未设置日、月计算	元件模型配置中设置参与日计算和月计算
输出模型配置错误	开关有反向电量、输出未配置模型	元件模型配置中找到相应的线路修正
	光伏下网电量重复配置	元件模型配置中找到相应的线路删除重复计量点
	表计接线反接	元件模型配置中找到相应的线路修改极性关系
输入模型配置错误	表计接线反接	元件模型配置中找到相应的线路修改极性关系
	未配置光伏上网电量	按照现场接入点关系重新配置
	未配置台区反向	按照现场接入点关系重新配置
	开关与线路不一致	核开关和线路关系重新配置

2. 档案异常

档案异常处理流程如图 A.15 所示。常见档案异常原因和修正办法见表 A.7。

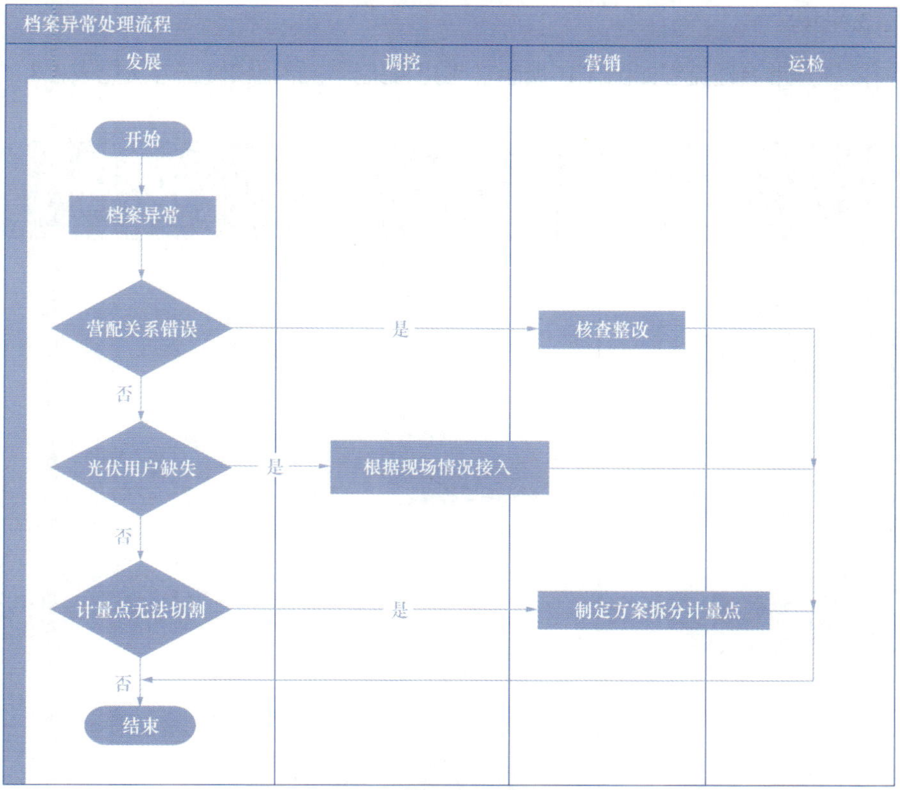

图 A.15　档案异常处理流程

表 A.7　常见档案异常原因和修正办法

异常类型	异常原因说明	修正办法
营配关系错误	新增线路，营配流程滞后导致线路－变压器关系缺失	GIS 系统维护线路－变压器关系并推送至营销系统
	线路切改，造成营配线路－变压器关系未及时调整	GIS 系统维护切改后的线路－变压器关系并推送至营销
	营配关系和现场不一致	现场核查后更正营配线变关系
	专用变压器用户线路追溯错误	GIS 系统根据现场情况修正对应关系
光伏用户缺失	光伏流程滞后导致光伏用户无法及时维护	SG186 系统按照现场并网情况及时发起流程
	光伏流程错误导致系统无法接入光伏用户信息	SG186 系统核对关键字段修正错误
计量点无法切割	双电源用户共用一个计量点	分计量点装表计量
	多用户共用一个计量点	进行户表改造

3.采集异常

采集异常治理流程如图A.16所示。常见采集异常原因和修正办法见表A.8。

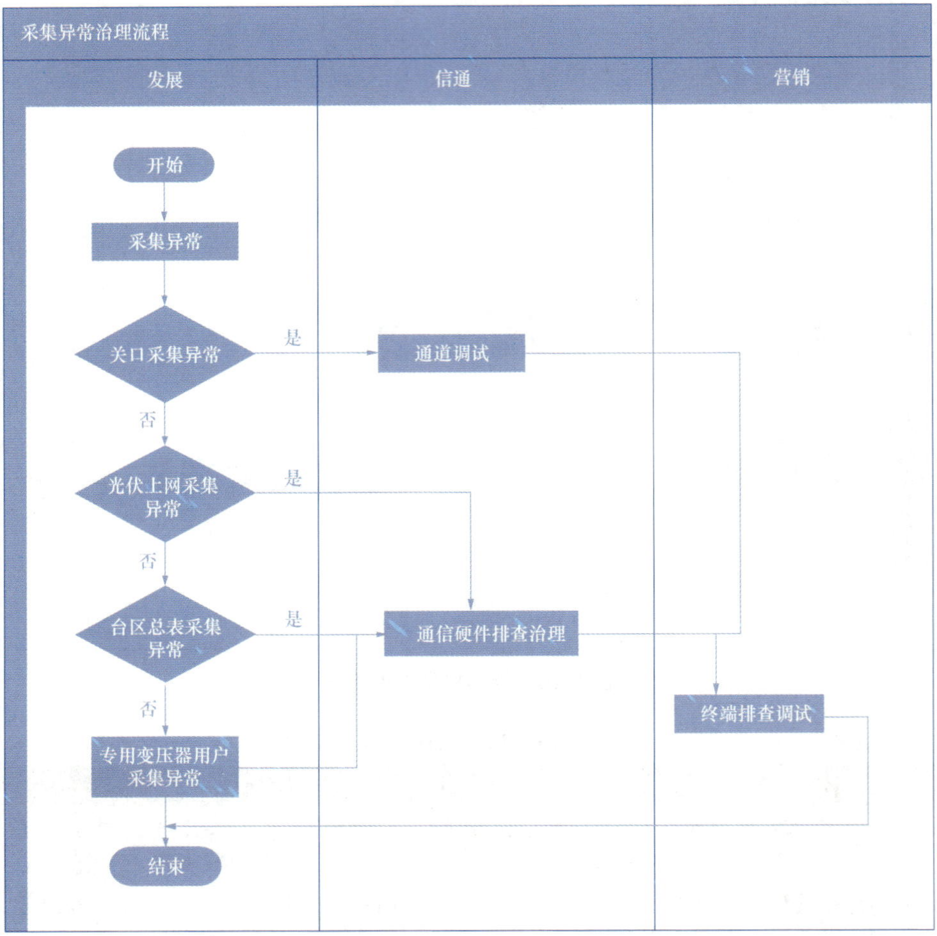

图A.16　采集异常治理流程

表A.8　常见采集异常原因和修正办法

异常类型	异常原因说明	修正办法
关口采集异常	源端数据推送失败	源端厂家重新推送
	同期系统获取数据失败	同期系统重新获取数据
	网关不通	调试网络，恢复通信

续表

异常类型	异常原因说明	修正办法
关口采集异常	IP 不通	现场排查网络硬件故障
	路由器毁坏	更换路由器
	设备接口松动（毁坏）	重新插拔电缆（更换接口）
	电缆断裂	找出断点，恢复电缆通信
	采集终端接口损坏	更换接口
	采集终端死机	重启终端设备
	终端设备损坏（黑屏）	更换终端设备
	表通信地址设置错误	设置正确通信地址
	终端序号顺序错误	重新设置表计终端序号
	终端冻结时钟偏差	重新调整终端时钟点数
	未在终端设备中添加新增表计	采集终端内添加新增表计信息体
	未在系统中设置信息体	厂站采集系统内添加表计信息体
光伏/台区总表/专用变压器用户采集异常	采集模块损坏	更换模块
	SIM 卡损坏、欠费	更换 SIM 卡或缴费
	跨零点停电	积极推广 4G 模块
	采集终端损坏	更换终端
	终端参数错误	根据采集对象设置参数
	通信连接不良或断裂	找到端口恢复通信
	换表流程滞后	SG186 系统发起流程
	业扩流程滞后	SG186 系统发起流程

4. 计量异常

计量异常治理流程如图 A.17 所示。常见计量异常原因和修正办法见表 A.9。

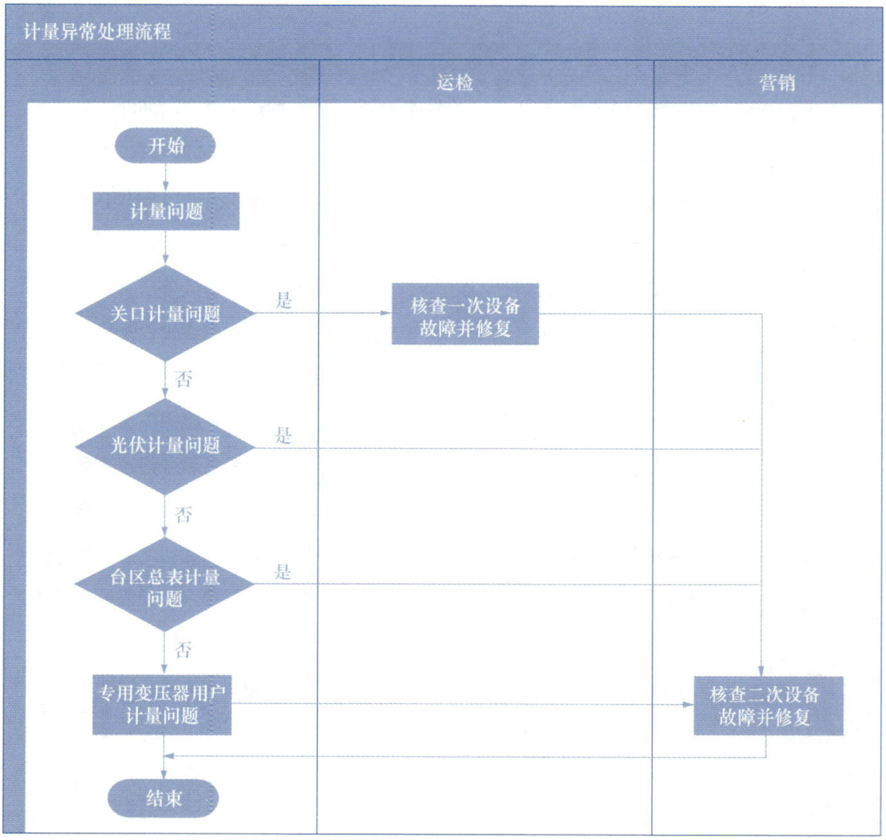

图 A.17　计量异常处理办法

表 A.9　常见计量异常原因和修正办法

异常类型	异常原因说明	修正办法
关口计量问题	失压	检修/追补电量
	失流	检修/追补电量
	TV（TA）烧损	更换
	互感器实测计量误差较大	更换
	互感器与负荷不匹配	调节分接头（更换互感器）
	表计损坏	更换
	表计计量不准/实测误差不满足要求	更换
	表计接线错误	恢复正常接线

续表

异常类型	异常原因说明	修正办法
关口计量问题	互感器二次接线错误	恢复正常接线
	光纤（数字表）等计量不准	更换智能电表
光伏/台区总表/专用变压器用户计量问题	表计接线错误	恢复正常接线
	互感器二次接线错误	恢复正常接线
	互感器损坏/与负荷不匹配	按照负荷情况更换变比
	采集跳字	远程清参重新召测
	表计跳字/飞走	更换表计

5. 窃电

窃电治理流程如图 A.18 所示。常见窃电方法和排查办法见表 A.10。

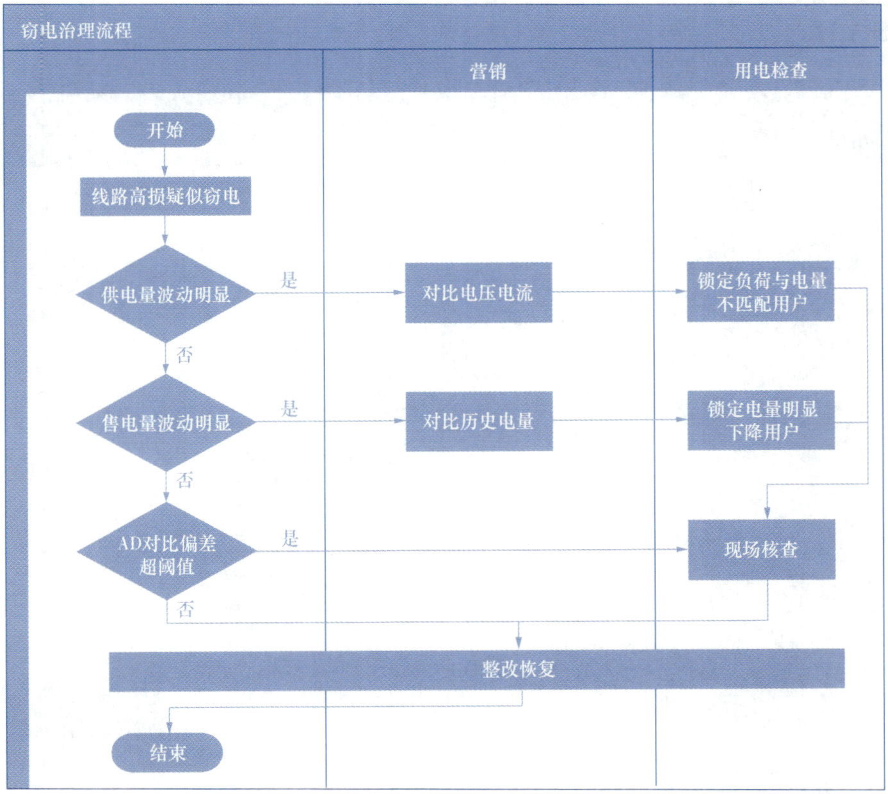

图 A.18　窃电治理流程图

表 A.10　　常见窃电方法和排查办法

异常类型	异常原因说明	排查办法
供电量波动明显	在线路高压侧绕越计量装置窃电	对比电压电流和采集电量不符的为嫌疑用户
	新增负荷未装表用电	纵向对比理论计算分线段损耗情况
售电量波动明显	干扰自身计量装置窃电	查看表计事件、智能线路曲线拐点锁定嫌疑用户
	绕越计量装置窃电	对比历史电量明显减少的为嫌疑用户
AD 对比偏差超阈值	计量异常/窃电	将用户功率积分电量和表计计量电量对比，偏差率超过 5% 的用户计量装置存在问题，可能存在现场窃电，进入现场排查

6. 功率因数偏低

功率因数偏低治理流程如图 A.19 所示。常见功率因数偏低的原因和修正办法见表 A.11。

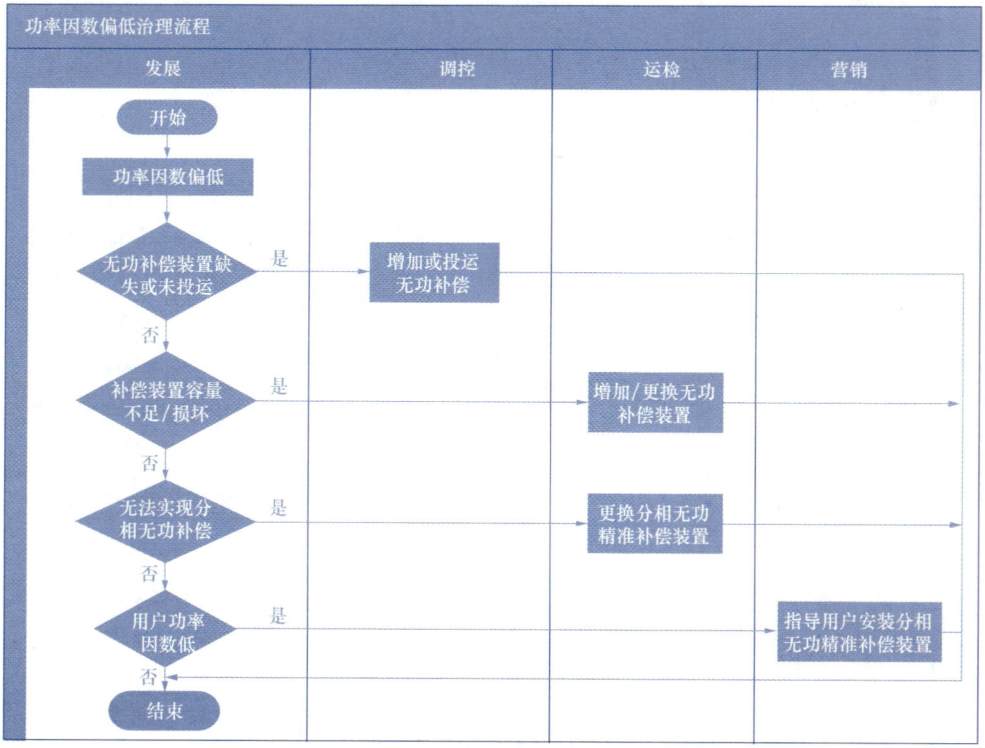

图 A.19　功率因数偏低治理流程

表 A.11　　常见功率因数低的原因和修正办法

异常类型	异常原因说明	修正办法
缺少无功补偿装置	缺少线路无功补偿	研究线路负荷特性，进行分线补偿
	缺少专用/公用变压器台区随器补偿	对有感性负荷的台区/用户接入点进行补偿
补偿装置与负荷不匹配	容量满足要求，谐波、电压平衡不满足要求	在对应负荷接入点配置无功补偿装置
	容量不满足要求	增加容量配置
用户力调功率较低	用户未自主投运无功补偿装置	使用力调电费作为引导手段、帮助用户配置无功装置
	用户已配置但投退不合理导致无功补偿不足	辅助用户配置和投退无功装置
	用户负荷不满足电网无功运行要求	重新核查负荷性质配置无功装置

7. 线路末端低电压

线路末端低电压治理流程如图 A.20 所示。常见运行方式影响高损的原因和修正办法见表 A.12。

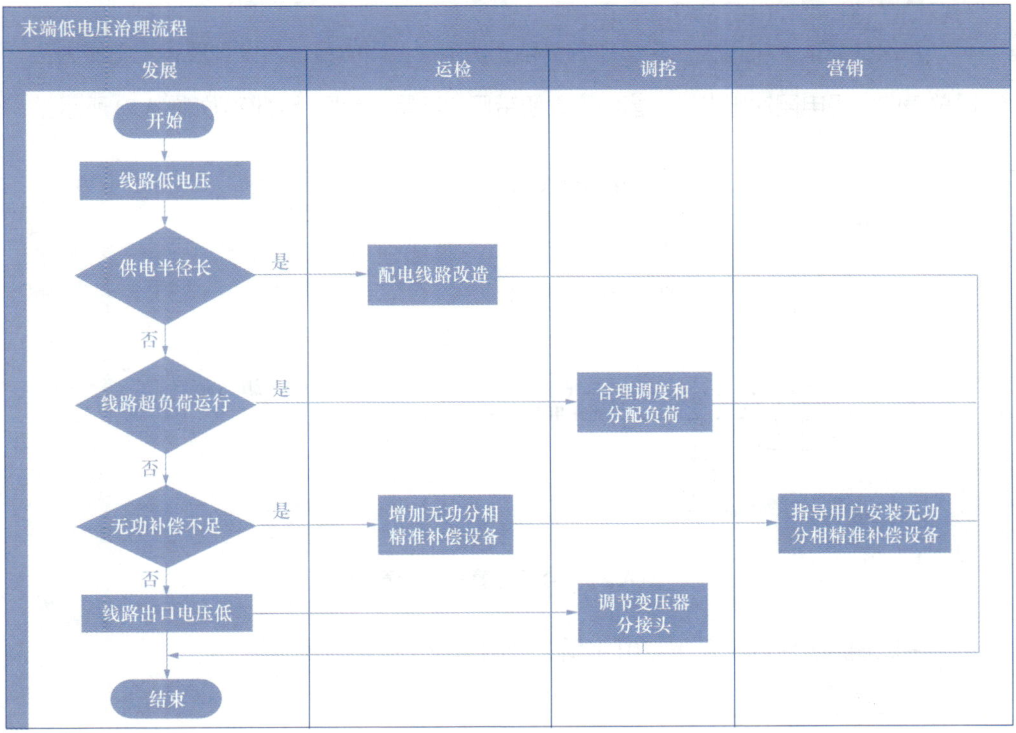

图 A.20　末端低电压治理流程

表 A.12　　常见运行方式影响高损的原因和修正办法

异常类型	异常原因说明	修正办法
供电半径长	末端负荷无切改条件	末端配置升压变压器
	末端负荷有切改条件	切改负荷
线路超负荷运行	部分变压器重载运行	增加变压器布点、合理分配专用变压器用户负荷
	全线路重载运行	重新规划电源点，分配负荷
无功补偿不足	支线、公用变压器台区未就地补偿	加强无功管理就地补偿
	专用变压器用户无功补偿不足	加强专用变压器用户无功管理
线路出口电压低	主变压器高压侧电压正常	调节低压侧分接头
	主网无功补偿不足	主网经济运行

A.4　分台区

A.4.1　台区计算模型

台区计算输入电量为台区总表电量和光伏用户上网电量，台区计算输出电量为台区总表向上级电网输出电量，售电量为所带用户电量。台区计算模型如图 A.21 所示。

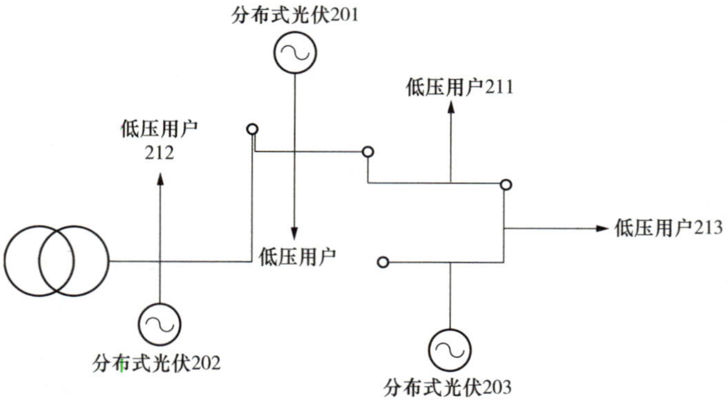

图 A.21　台区计算模型示意图

台区输入 = 台区（正）+201（反）+202（反）+203（反）

台区输出 = 台区（反）

售电量 =211（正）+212（正）+213（正）+201（正）+202（正）+203（正）

A.4.2 系统建模流程

系统建模流程如图A.22所示。

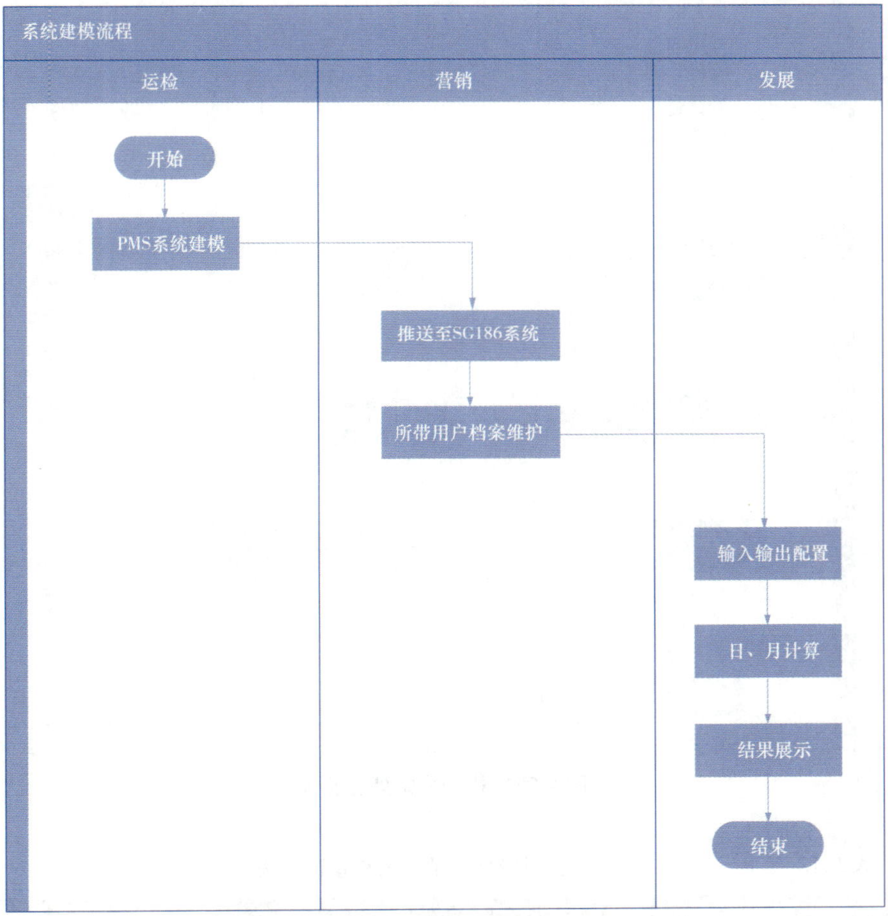

图A.22 系统建模流程图

A.4.3 异常分析定位流程

台区电量不平衡异常原因包括模型异常、档案异常、采集异常、计量异常以及三相不平衡、窃电等。

1. 模型异常

模型异常处理流程如图A.23所示。常见模型异常原因和修正办法见表A.13。

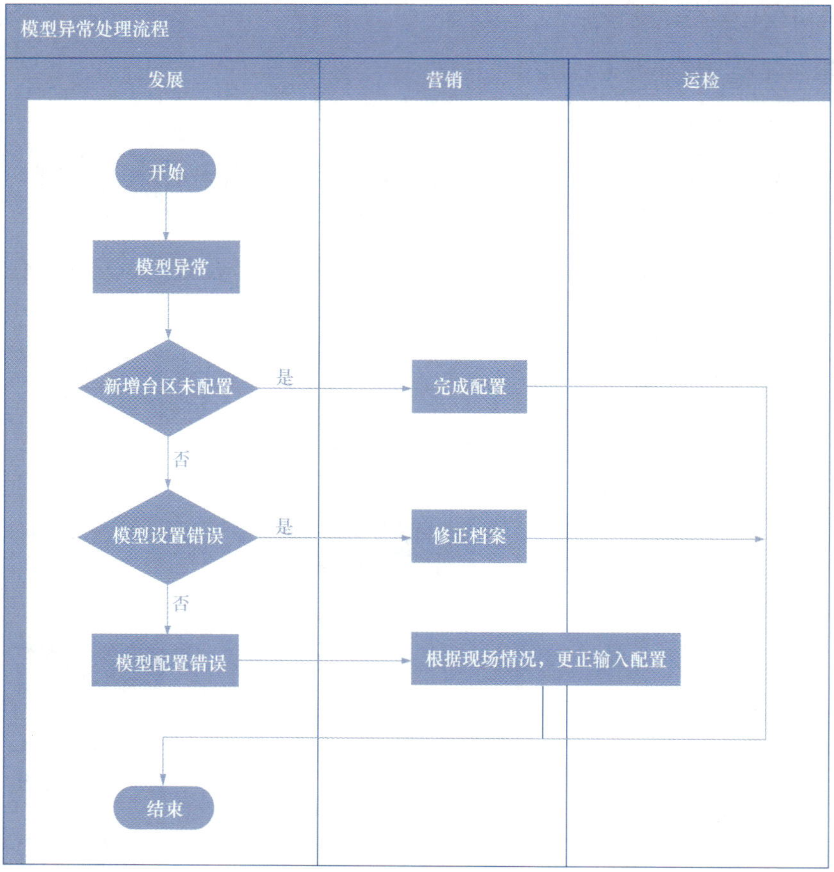

图 A.23　模型异常处理流程

表 A.13　常见模型异常原因和修正办法

异常类型	异常原因说明	修正办法
新增台区未配置	缺失台区总表	SG186系统发起总表挂接流程
	同期系统未生成模型	台区模型配置中找到相应的台区进行配置
模型设置错误	模型生效日期在计算日期之后	台区模型配置中找到相应的台区修正
	模型失效日期在计算日期之前	台区模型配置中找到相应的台区修正
	责任单位设置错误	台区模型配置中找到对应线路修正
	模型设置计算关系与现场表计极性不一致	根据现场表计极性修正模型计算关系
	未设置日、月计算	台区模型配置中设置参与日计算和月计算

续表

异常类型	异常原因说明	修正办法
模型配置错误	反向有电量模型未配置反向	台区模型配置中配置台区反向输出
	光伏上网未配置	台区模型配置中分布式电源配置增加输入关系
	光伏下网重复配置	台区模型配置中删除重复模型
	光伏用户串台配置	台区模型配置根据现场并网情况修正模型

2. 档案异常

档案异常处理流程如图 A.24 所示。常见档案异常原因和修正办法见表 A.14。

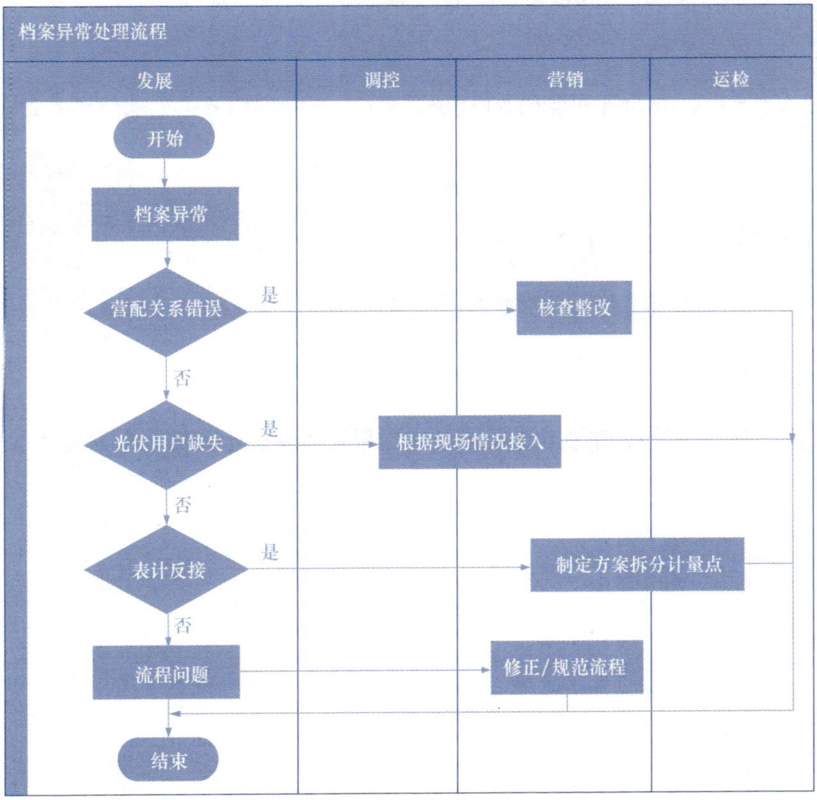

图 A.24　档案异常处理流程

表 A.14　常见档案异常原因和修正办法

异常类型	异常原因说明	修正办法
营配关系错误	新增台区，流程滞后导致台户关系缺失	SG186系统新增用户或批量更改用户所在台区
	台区切改，导致营配关系未及时调整	SG186系统批量更改用户所在台区
	台户关系和现场不一致	现场核查后更正SG186系统台户关系
光伏用户缺失	光伏流程滞后导致无法进行模型配置	SG186系统按照现场并网情况及时发起流程
	光伏流程错误导致系统无法接入光伏用户信息	SG186系统核对关键字段发起流程修正错误
表计反接	光伏用户表计反接	现场更正错误接线并在SG186系统追补电量
	台区总表反接	现场更正错误接线
	低压用户表计反接	现场更正错误接线并在SG186系统追补电量
流程问题	业扩流程滞后	SG186系统发起新装流程并采集调试成功
	换表（互感器）流程滞后	SG186系统按照实际装表时间上底码发起流程并规范
	换表（互感器）示数或倍率录入错误	规范流程、及时录入并修正有问题的流程

3. 采集异常

采集异常治理流程如图A.25所示。常见采集异常原因和修正办法见表A.15。

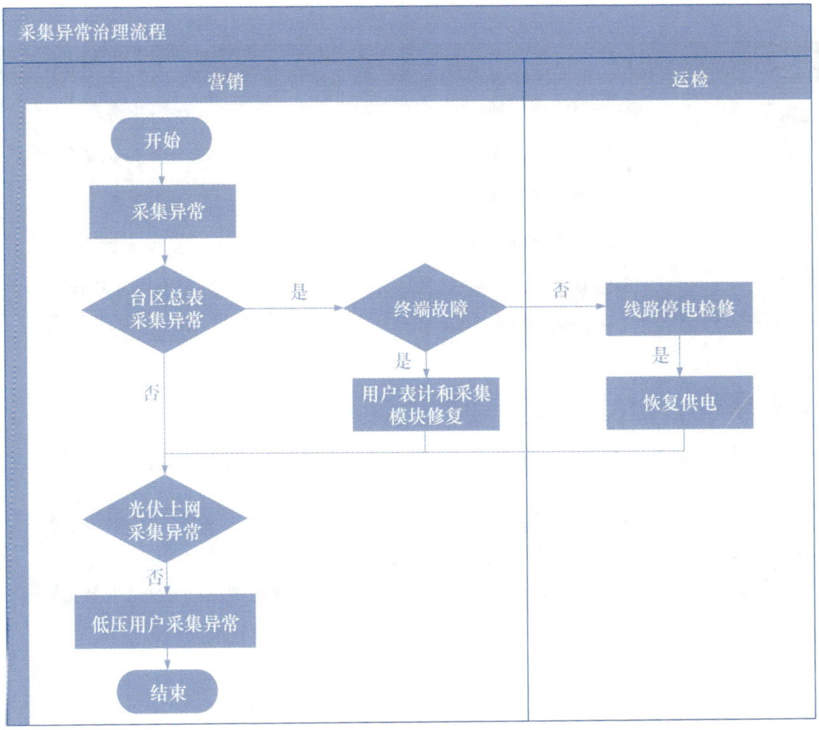

图 A.25　采集异常治理流程图

表 A.15　　常见采集异常原因和修正办法

异常类型	异常原因说明	修正办法
台区总表采集异常	线路停电	恢复供电
	采集模块损坏	更换模块
	SIM 卡损坏、欠费	更换 SIM 卡或缴费
	跨零点停电	积极推广 4G 模块
	采集终端损坏	更换终端
	终端参数错误	根据采集对象设置参数
光伏上网采集异常	采集模块损坏	更换模块
	发电设备停电	告知客户积极修复
	SIM 卡损坏、欠费	更换 SIM 卡或缴费
	跨零点停电	积极推广 4G 模块

续表

异常类型	异常原因说明	修正办法
光伏上网采集异常	采集终端损坏	更换终端
	终端参数错误	设置发电用户采集参数
低压用户采集异常	采集模块损坏	更换模块
	用户表计问题	更换表计
	SIM卡损坏、欠费	更换SIM卡或缴费
	终端参数错误	重新设置参数

4. 计量异常

计量异常处理流程如图A.26所示。常见计量异常原因和修正办法见表A.16。

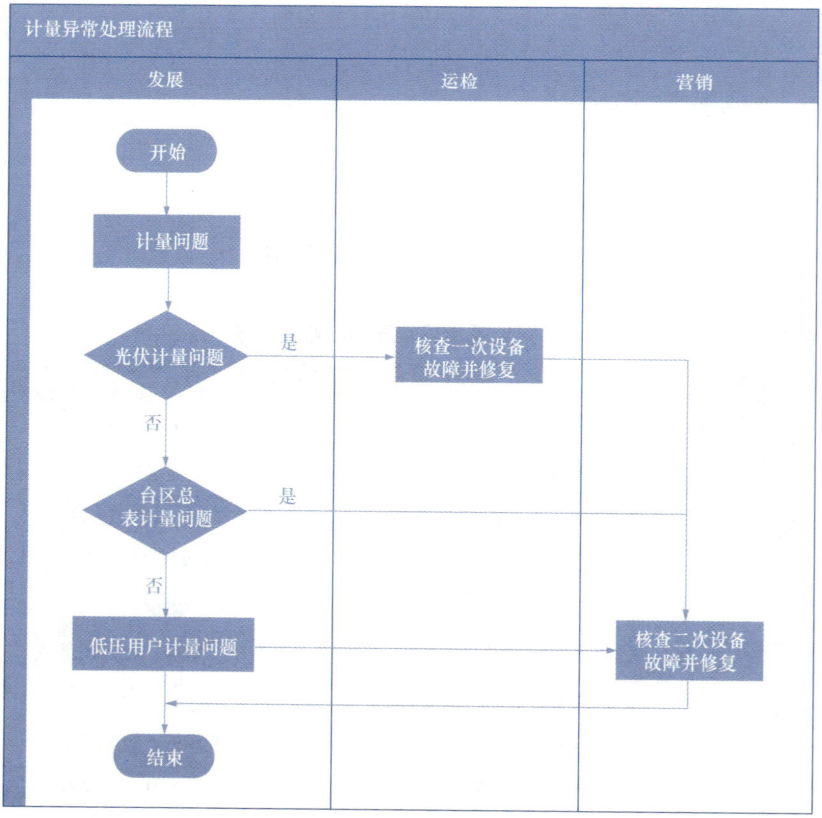

图A.26　计量异常处理流程图

表 A.16 常见计量异常原因和修正办法

异常类型	异常原因说明	修正办法
光伏/低压用户计量异常	互感器实测计量误差较大	更换
	互感器与负荷不匹配	重新核查用户容量
	表计损坏	更换
	表计计量不准/实测误差不满足要求	更换
	表计接线错误	恢复正常接线
	互感器二次接线错误	恢复正常接线
	采集跳字	远程清参重新召测
台区总表计量异常	互感器实测计量误差较大	更换
	互感器与负荷不匹配	计算更换匹配的互感器
	表计损坏	更换
	一次设备故障	及时修复和处理
	表计计量不准/实测误差不满足要求	更换
	表计接线错误	恢复正常接线
	互感器二次接线错误	恢复正常接线
	采集跳字	远程清参重新召测

5. 三相不平衡

三相不平衡治理流程如图 A.27 所示。三相不平衡排查治理办法见表 A.17。

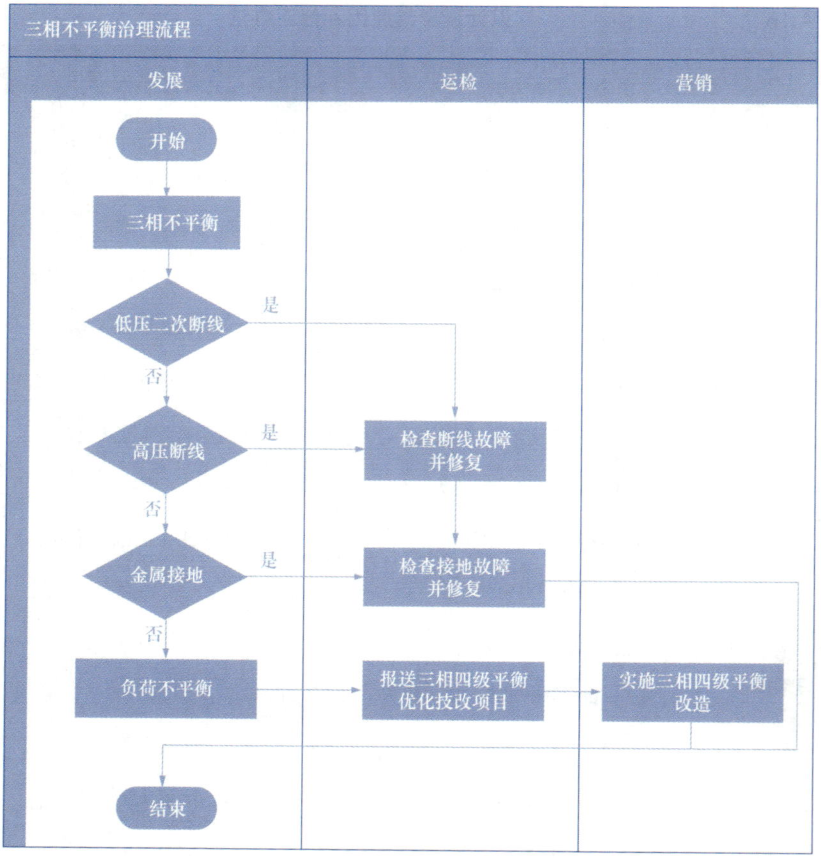

图 A.27　三相不平衡治理流程

表 A.17　三相不平衡排查治理办法

异常类型	异常原因说明	排查办法
低压二次断线	保护跳闸	核查故障点尽快恢复
	线路老旧断线	低压改造
高压断线	高压单相故障	核查故障点尽快恢复
金属接地	配电变压器故障接地	故障修复
	用户故障接地	用电检查派发隐患通知书
负荷不平衡	持续性负荷不平衡	重新核查三相负荷情况，重新挂接
	季节性负荷不平衡	过重负荷考虑增加接入点

6. 窃电

窃电治理流程如图 A.28 所示。常见窃电方法和排查办法见表 A.18。

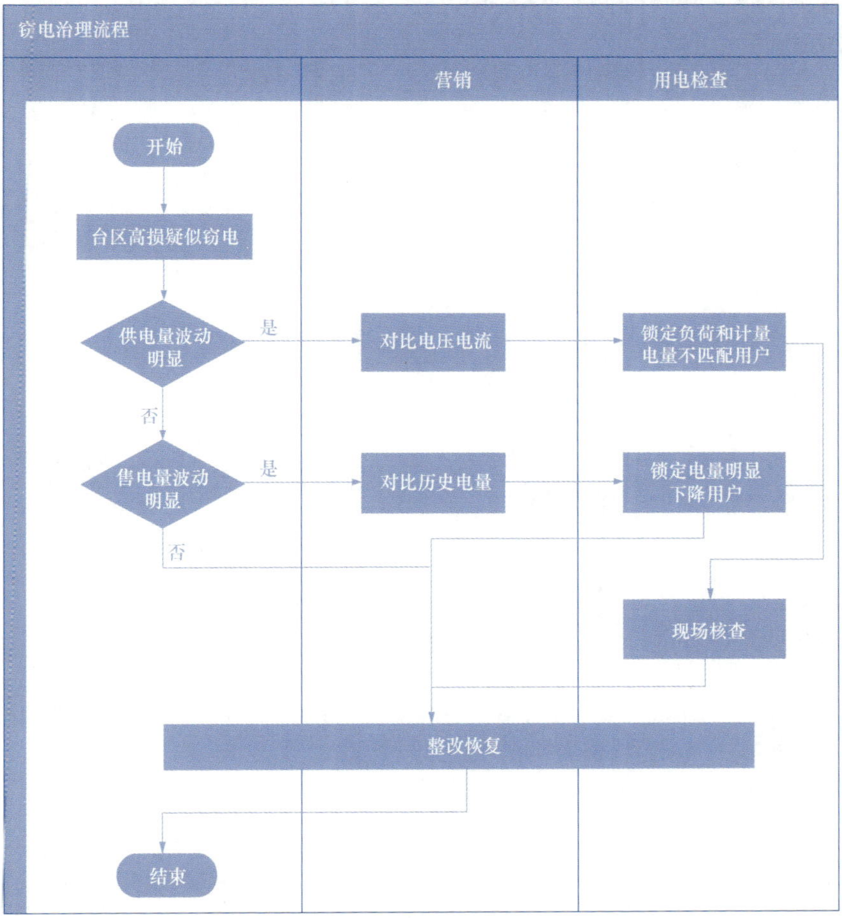

图 A.28 窃电治理流程图

表 A.18 常见窃电方法和排查办法

异常类型	异常原因说明	排查办法
供电量波动明显	在线路高压侧绕越计量装置窃电	对比电压电流和采集电量不符的为嫌疑用户
	新增负荷未装表用电	纵向对比理论计算分线段损耗情况

续表

异常类型	异常原因说明	排查办法
售电量波动明显	干扰自身计量装置窃电	查看表计事件、智能线路曲线拐点锁定嫌疑用户
	绕越计量装置窃电	对比历史电量明显减少的为嫌疑用户

结语

国网山西省电力公司以一个方向、两个路径、三维提升，构建价值管理与共享平台，最终形成以线损为核心的价值生态链。一个方向指以聚合相关角色，最终形成以线损为核心价值的生态链方向。两个路径一个是精益化流程再造，以精益理念为主线消除流程中的各要素浪费，使价值创造活动成为业务的主流；另一个是数字化应用支撑，开发在线化、移动化、智能化的应用系统，高效满足内外决策层、专业管理层、现场操作层和服务客户的多方需求。三维提升分别为向下渗透、横向扩展、顶层延伸。向下渗透指精细化、规范化基础管理，构建基本的管理架构，为提升管理要求、向价值生态链发展奠定基础。横向扩展指通过将线损管理环节有机嵌入相关专业，以数字化手段打造线损管理全链条，提升线损管理经济性。顶层延伸指首先通过提供价值吸引企业内外部相关方参与，实现线损管理过程的数字化与货币化，最终逐步建立有序的交易机制，实现价值共创共享、生态发展。

线损精益管理的有效推进，实现了优化管理模式、实现挖潜增效、提升服务水平的多重目标。首先，优化管理模式，提升治理质效。以同期线损系统功能拓展和线损管理体系精益优化为支撑，大幅降低线损监测、分析、治理的时间成本，提高线损治理质效。其次，实现挖潜增效，提高经济效益。显著降低线损率，在遭遇新冠疫情、经营环境严峻的情况下，落实国家电网有限公司党组“坚决有效抓好全年目标任务落实”的要求，提高了公司全年的经济效益。最后，提升服务水平，凸显社会效益。提升对用电客户计量装置的电量数据收集与维护的精益化管理，提高用户满意度，优化了营商环境，提高了“获得电力”指数。

参考文献

[1] 《电网企业营配信息集成精益化管理》编委会. 电网企业营配信息集成精益化管理. [M]. 北京：中国电力出版社，2015.

[2] 赵勇. 精益转型实践之旅[M]. 北京：机械工业出版社，2018.

[3] 江克宜，薛冰，彭翎等. 用数据说话：迎接电力营销服务的大数据时代[M]. 北京：中国电力出版社，2014.

[4] 王继业. 大数据在电网企业的应用[M]. 北京：中国电力企业管理，2015.

[5] 黄文思，许元斌，邹保平，等. 基于大数据的线损计算分析研究与应用[J]. 电气应用，2015（20）.

[6] 陈宏. 基于关联规则挖掘算法的用电负荷能效研究[J]. 电子设计工程，2017.

[7] 《中国电子科学研究院学报》编辑部. 大数据时代[J]. 中国电子科学研究院学报. 2013（1）：27–29.

[8] 孟小峰，慈祥. 大数据管理：概念、技术与挑战[J]. 计算机研究与发展，2013，50（1）：146–149.

[9] 鲍亮，李倩. 实战大数据[M]. 北京：清华大学出版社，2014.

[10] 吴凯峰，刘万涛，李彦虎，等. 基于云计算的电力大数据分析技术与应用[J]. 中国电力，2015，48（2）.

[11] 王春毅. 电力行业的大数据发展解析[J]. 电力信息化，2013，11（2）：8–9.

[12] Ian Ayres. 大数据思维与决策[M]. 宫相真，译. 北京：人民邮电出版社，2014.

[13] 郑海雁，金农，季聪，等. 电力用户用电数据分析技术及典型场景应用[J].

电网技术，2015，39（11）：3147–3152.
[14] 沈杰. 数据可视化在大数据时代中的应用探究[J]. 电子世界，2014（23）：10.
[15] 王继业. 电力大数据技术及其应用[M]. 北京：中国电力企业管理，2017.
[16] 钟庭剑，袁葛桦，周明华. 基于有效降低台区线损的精益化管理措施的研究[J]. 江西电力职业技术学院学报，2017，30（3）：11–12.
[17] 张军. 研究配电台区在线线损分级管理和智能异常[J]. 科技尚品，2017（9）：95.
[18] 施红健. 降线损 促管理 提服务——国网江苏启东市供电公司台区线损管理工作纪实[J]. 农村电工，2016，24（09）：44.
[19] 李国强. 北京市海淀供电公司线损分析及管理措施研究[D]. 北京：华北电力大学，2011.
[20] 毕林贵. 提高电力线损管理工作效率的有效途径[J]. 中外企业家，2016（33）：136.
[21] 何蔚. 电力企业线损管理问题分析及应对措施[J]. 信息化建设，2015（06）：77+79.
[22] 田俊锋. 电力系统线损管理中存在的问题及其优化措施分析[J]. 科技经济市场，2015（02）：188–189.
[23] 李珏，马晓东，张果谋，等. 大数据分析在用电采集数据分析与智能监测系统的设计与实现[J]. 电气应用，2015（增刊）：558–561.
[24] 蔡文璇. 电力产业链的能源生态圈发展路径[J]. 中国电力企业管理，2019（12）：92–93.
[25] 单周平，曾麟. 构建综合能源服务生态圈探讨[J]. 大众用电，2019（8）：4–5.
[26] 国外节能服务产业发展特点及趋势[J]. 大众用电，2019（8）：4–5.
[27] 徐杰彦，张薇，谢婷等. 基于电力生态圈的电力综合服务平台业务框架研究[J]. 电力需求侧管理，2019，21（3）：77–80.
[28] 孙立梅. 节能服务产业发展前景展望[J]. 中小企业管理与科技（中旬刊），

2020（01）：44–45.

[29] 董兆一．节能服务公司实现综合能源服务的应对策略研究[J]．神华科技，2019，17（07）：7–10.

[30] 马云鹏，刘蓓涵，刘晓焜，等．面向电力需求侧的大数据应用分析与探究[J]. 信息通信，2019（10）：157–158.

[31] 徐钰强，姚海强，冯国平，等．用电采集数据分析和智能监测系统中大数据分析的设计研究[J]. 机电信息，2018（30）：135–137.